KB266157

TRUE NORTH
트루 노스

TRUE

트루 노스

NORTH

월드와이드 드림빌더스 WWDB를 만든 12가지 성공 원칙

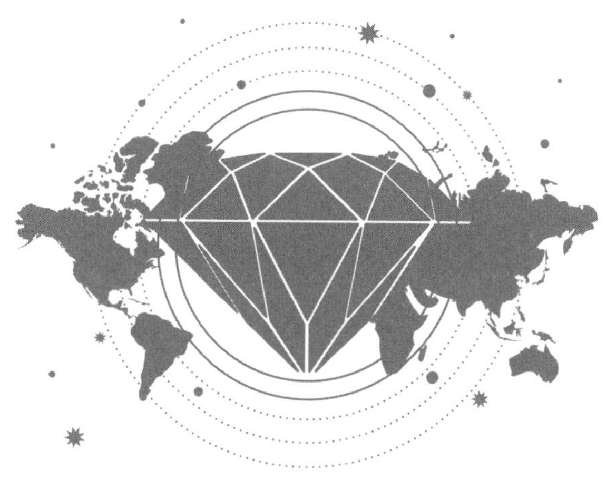

조지아 리 퓨리어 지음 | 김한석 옮김

전나무숲

가장 먼저 주님께 이 책을 바칩니다.
언제나 저희에게 길을 보여주심에 감사드립니다.

그리고 우리가 그 길을 잘 갈 수 있도록 이끌어준
나의 영원한 사랑, 롼에게 이 책을 바칩니다.

마지막으로, 월드와이드 드림빌더스의
모든 리더에게 이 책을 바칩니다.
우리가 끝까지 이 길을 함께 걸어가길 소망하며.

I Love You More,
조지아 리 퓨리어

한국 월드와이드 드림빌더스
가족 여러분께

먼저 론과 저는 여러분이 이뤄낸 모든 성과가 얼마나 자랑스러운지 전하고 싶습니다. 여러분이 걸어온 여정은 우리에게도 언제나 큰 감동과 영감을 주었습니다.

수년 전, 김일용 & 김천희(Eugene & Sarah Kim), 그리고 김일두 & 오영옥(Leonard & Esther Kim)을 통해 한국 월드와이드 드림빌더스의 시작을 함께할 수 있었던 것을 진심으로 감사하게 생각합니다. 암웨이를 '월드와이드 방식(World Wide Way)'으로 한국에 전하겠다는 그들의 비전은, 이 나라에 선한 영향력을 만들어갈 매우 강력한 씨앗이 되었습니다.

이 책《True North》에 담긴 원칙들이 여러분의 비즈니스를 다음 세대까지 이어가는 데 도움이 되기를 바랍니다. 이 원칙들을 마음에 새기고, 사업에 적용하고, 여러분의 것으로 만드십시오. 비록 자주 직접 만나지는 못하지만, 여러분이 우리 가족이라는 사실과 언제나 마음으로 응원하고 있다는 것을 기억해주세요. "I Love You More"

축복을 전하며….

Georgia Lee

조지아 리 퓨리어

독자 여러분께

《True North》 한글판 출간을 진심으로 축하드립니다.

월드와이드 드림빌더스의 톱 리더이자 우리 모두의 영원한 멘토이신 론 퓨리어(Ron Puryear)께서는 늘 암웨이 성공의 방향성인 '트루 노스(True North)'에 대해 강조해오셨습니다.

1. 먼저 하나님 나라와 그의 의를 구하라.
2. 우리 세대는 물론, 앞으로 다가올 세대에게도 하나님께서 우리를 위대하도록 창조하셨다는 진리를 심어주어라.
3. 우리는 평생 현역 ABO 리더이기에 지속 성장 가능한 Q12 비즈니스를 구축해야 한다.
4. 언제나 남을 돕고 섬기며, 봉사하는 삶을 살아라.
5. 고생은 잠깐이지만 영광은 영원하다. 절대 포기하지 말라. 꿈은 반드시 실현된다.

2026년은 한국 월드와이드 드림빌더스 창립 35주년을 맞는 뜻깊은 해입니다. 지금까지 우리는 파운더스 카운슬 15조를 비롯해 수많은 다이아몬드 리더를 배출해왔습니다. 이 모든 여정은 전적으로 하나님의 은혜입니다.

이 책이 독자 여러분에게 흔들리지 않는 방향을 제시하고, 각자의 삶과 비즈니스에 분명한 기준이 되기를 바랍니다.

Everyday Christmas!
See You at the FC!

Global FCA 김일두 & 오영옥

왜 월드와이드는 성공하는가

이 책의 마지막 페이지를 덮으며 읽기를 참 잘했다는 생각이 들었다. 우선 룐과 조지아 리에 대한 나의 존경심을 언급하는 것이 우리의 관계를 이해하는 데 도움이 될 것 같다. 지난 15년간 두 사람과 알고 지내면서 이들이 얼마나 훌륭한 인격의 소유자인지는 알고 있었지만, 이 책을 통해 그들의 결혼 초반 상황과 사업에 관한 이야기를 접하고 나니 그들과 조금 더 가까워진 느낌이 든다. 나는 종종 강의에서, 우리 인생에서 가치 있는 것들을 얻는 과정은 언제나 오르막길을 오르는 것과 같다고 말하는데 룐과 조지아 리의 여정이 시작부터 끝까지 그랬다. 그들의 성공 과정은 분명 오르막길이었고 험난했다. 부모의 반대를 무릅쓰고 사업을 진행해야 하는 상황은 넘어야 할 큰 바위였을 것이다. 조지아 리가 레스토랑 데니스(Denny's)에서 받아온 팁을 생활비에 보태야만 하는 상황에서 그 바위가 사라질 거라고 기대할 수 있었을까? 사업 설명을 앞두고 긴장한 탓에 헛구역질을 하던 롼…. 만약 이 상황들이 바위였다면 그들은 매주 그 바위들을 옮겨야 했을 것이다.

이 책은 월드와이드 그룹의 일원이 되고자 한다면 반드시 읽어야 할 책이다. 페이지를 넘기다 보면 이 그룹이 탄생하기까지 얼마나 많은 사람들의 피, 땀, 눈물이 있었는지 알게 될 것이다. 희망이 없었던 한 부부가 의외의 장소에서 우연한 상황을 통해 불가능해 보였던 꿈들을 실현하게 되었다는 사실도 알게 될 것이다. 그들이 해냈다면 당신도 할 수 있다.

월드와이드 드림빌더스가 어떻게 성공적인 단체로 성장할 수 있었는지 그 비결을 소개하려 한다. 먼저 자부심을 갖기 바란다. 지금부터 내가 하려는 이야기는 퓨리어(Puryears) 부부에 관한 이야기이지만 동시에 당신의 이야기이기도 하기 때문이다.

가치(Values)

가치 있는 삶을 배우고 실천하면 본인, 나아가 타인의 삶의 가치를 높일 수 있다. 이 책은 모든 지면을 할애하며 가정과 비즈니스의 초석이 되는 긍정적인 가치에 대해 이야기한다.

지혜(Wisdom)

란과 조지아 리, 그리고 월드와이드 다이아몬드들의 삶의 원칙은 역경을 통해 만들어졌고, 그 원칙들이 앞으로 당신의 사업 여정에 도움이 될 거라는 사실은 이미 검증되었다.

희망(Hope)

월드와이드 리더들은 희망의 전도사다. 희망은 긍정적으로 생각하는 것 이상의 의미가 있다. 희망은 긍정적으로 행동하는 것이다. 이 사업은 정직하게 일한 것에 대한 보상을 준다. 꿈꾸는 것은 공짜지만 그 여정은 그렇지 않다.

기회(Opportunity)

나의 친구 척 스윈들(Chuck Swindoll)은 이렇게 이야기하곤 했다. "우리는 불가능한 상황으로 위장한 많은 기회에 둘러싸여 있다." 란과 조지아 리도 끊임없는 '불가능한 상황'에서 직면한 문제들을 해결했고, 결국 기회를 그들의 것으로 만들었다.

집요함(Tenacity)

롼과 조지아 리가 평소 존경했던, '철의 여인'이라는 별명을 가진 영국의 전 수상 마가렛 대처(Margaret Thatcher)는 이렇게 이야기했다. "전투에서 승리하려면 한 번 이상 싸워야 할 수도 있다." 당연하다. 끈기, 집요함 그리고 결단력은 이 사업에서 성공하기 위해 반드시 필요한 자질이다. 월드와이드 다이아몬드 리더들은 이러한 창업자의 정신을 그대로 이어오고 있다.

가족(Family)

가족의 가치는 월드와이드 드림빌더스의 핵심 가치이다. 강한 조직은 강한 가정에서 시작된다. 가족을 우선시하는 월드와이드의 문화는 이 사업의 뼈대와도 같다. 성공이란 나를 가장 잘 알고 사랑하고 존경하는 사람들과 함께하는 것이고, 그것이 이 사업의 문화이기도 하다.

믿음(Faith)

희망을 정의하기란 쉽지 않지만 믿음 없이는 희망을 이야기할 수 없다. 롼과 조지아 리는 초창기부터 월드와이드 리더들에게 신앙 중심의 삶의 본보기를 보여주었다. 언젠가 롼과 오후 내내 하나님에 대해 마음을 나누었는데 아직도 그때의 기억이 생생하다. 그는 나에게 주일에 진행되는 스프링 리더십 컨퍼런스(Spring Leadership Conference)에서 말씀을 전해달라는 부탁을 했고, 그날 예배를 통해 수많은 사람들이 하나님을 받아들였다. 그 순간은 아직도 내 인생의 잊지 못할 장면 중 하나로 남아 있다.

이 책은 2012년 스프링 리더십 행사에서 룐이 전한 말로 끝을 맺고 있는데 그 스피치의 제목은 〈이상적인 비즈니스〉이다. 결국 그가 청중들에게 전하고 싶었던 것은 '암웨이 사업이 그 어떤 사업보다 이상적인 사업'이라는 점이고 그것을 뒷받침할 수 있는 11가지 요건을 제시했다(부록 A 참고). 매우 설득력 있으니 꼭 읽어보기 바란다. 그는 언제나 그렇듯 특유의 겸손함으로 이렇게 스피치를 마무리했다.

"조지아 리와 내가 해냈다면 여러분도 할 수 있습니다. 우리 얘기는 다들 아시겠지만, 우린 정말 특별한 구석이 하나도 없었습니다. 우리는 그저 인생 전반에 걸쳐 궁지에 몰려 있던 아주 평범한 사람들이었고, 운 좋게도 누군가가 우리 삶에 관심을 보이며 기회를 내밀었을 뿐입니다. 이 독특하고 특별한 사업의 기회를 말이죠. 처음에는 이 사업이 얼마나 독특하고 특별한 사업인지 알지 못했지만, 한 가지는 알고 있었습니다. 나도 할 수 있는 일이라는 것이요. 내 하루의 일정 어딘가에 어떻게든 끼워넣을 수 있을 것 같은 그런 일이었습니다.

어떻게 그 일을 알아들었냐고 묻는다면? 나는 가족을 위해 더 많은 것을 주고 싶은 꿈을 갖고 있었기 때문이라고 답하겠습니다. 그 꿈 때문에 이 일을 시작했고, 즐거울 때나 힘들 때나 화날 때나 낙심할 때도 일희일비하지 않고 그저 묵묵히 이 일을 꾸준히 해왔습니다. 원래 인생이 다 그런 거 아닌가요? 모든 사업이 비슷할 거라 생각합니다. 어차피 인생이 쉽지 않은 거라면 나 자신과 가족을 위해 무언가 만들어가면서 그 과정을 겪으면

어떨까요? 우리는 어떠한 보상이 우리를 기다리고 있는지 알았
고, 그것을 위해 달려왔습니다."

당신은 어떤가? 당신의 꿈은 무엇인가? 그 꿈은 당신을 얼마나 먼 곳
까지 데려다줄 수 있을까? 롼이 말했듯이, 이제는 당신이 직접 그 해답
을 찾아보기 바란다.

_ 존 맥스웰(John C. Maxwell)
목사, 리더십 전문가, 작가,
《당신 안에 잠재된 리더를 키워라》 외 100여 권의 도서 집필

하나님이 세우신 위대한 사람들

하나님의 선택을 받은 사람들은 하나님이 함께하심을 믿었기에
하나님을 위해 위대한 일을 한 약한 사람들이었다.

허드슨 테일러
영국 선교사(1832~1905)

란(Ron)과 조지아 리 퓨리어(Georgia Lee Puryear)를 생각하면 사도 바울의 '오직 약한 그 때에 그리스도 안에서 자신의 강한 힘을 찾을 수 있다'는 고백이 생각난다(고린도후서 12:10).

바라건대 그것이 당신이 이 책을 읽고 도달하게 될 결론이길 희망한다. 조지아 리는 가장 우아하고 정직한 방식으로 그동안의 여정을 우리에게 들려준다. 그녀는 자신들이 겪은 역경, 약점, 의심, 그리고 두려움을 가감 없이 서술하고 있지만, 무엇보다 이 모든 것을 통해 역사하시는 하나님의 변함없는 신실하심을 나누고자 한다.

나는 월드와이드 그룹의 많은 다이아몬드 리더들처럼 란과 조지아 리와 친밀한 관계를 맺는 특권을 누렸다. 이 책을 읽는 동안 울고 웃었

고, 그동안 알지 못했던 사실들도 알게 되었다.

투명할 만큼 정직하고, 열린 마음으로 본인의 어려웠던 상황을 스스럼없이 당당히 나누는 그들의 모습에 매료되었다. 이미 수많은 사람들의 영웅으로 자리매김한 그들이지만 결코 그들은 스스로를 그렇게 생각하지 않는다.

크리스토퍼 리브(Christopher Reeve)*는 "영웅은 감당하기 힘든 상황을 만났을 때도 견디고 인내하는 힘을 찾는 평범한 사람"이라고 했다. 영웅에 대해 슈퍼맨보다 더 잘 알 만한 사람이 누가 있겠는가.

그러한 영웅에 대한 정의가 가장 잘 어울리는 사람이 바로 롼과 조지아 리이다.

롼과 조지아 리는 강하고 단호하며 빈틈이 없지만, 동시에 누구에게나 다정하고 마음이 따뜻한 사람들이다. 그들은 말이나 행동으로 다른 사람들에게 상처 주는 것을 극도로 꺼렸다.

목사이자 고문으로 처음 WWDB(World Wide Dreambuilders)에 합류하면서 나와 아

내, 빌리 케이(Billie Kaye)는 롼과 조지아 리를 만났다. 아직도 2000년 그날이 어제처럼 선명하다. 우리는 리버하우스** 근처 식당에 함께 둘러앉았다.

---

* 영화 〈슈퍼맨〉에서 슈퍼맨 역을 맡은 영화배우. 훗날 낙마로 전신마비가 됨.
** 퓨리어 부부가 살았던 집.

롼은 이렇게 말을 시작했다. "저와 조지아 리는 하나님이 우리에게 예비하신 그 어떤 일도 감당하며 이루어보기로 결정했습니다. 누가 그 공로를 인정받든 그건 상관없습니다. 사람들을 도울 수 있고 그 일을 통해 하나님께 영광을 돌릴 수만 있다면."

그의 말을 듣는 순간 그들이 어떤 사람들인지, 그리고 그들이 드림빌더스 리더들의 꿈을 어떻게 키워갈지에 대한 믿음을 엿볼 수 있었다.

롼과 조지아 리는 다이아몬드 리더들을 사랑하고 인정하고 또 존중했다. 그들을 공개적으로 칭찬하거나 하지는 않았지만, 이 책이 그 리더들과 그들에 대한 애정 없이는 불가능했을 것임을 그들도 잘 알고 있다고 확신한다.

어떤 이가 말했다.

"울타리 기둥 위에 거북이 한 마리가 앉아 있는 건 거북이를 그 위에 올려놓은 누군가가 존재한다는 것을 뜻한다."

그 '누군가'가 바로 WWDB 다이아몬드 리더들이다. 그들의 사랑과 지혜가 롼과 조지아 리가 월드와이드라는 소중한 유산을 이어나가는 데 얼마나 큰 힘이 되었는지 잘 알고 있다. 그리고 그 유산은 지금도 이어지고 있다. 내가 글을 적고 있는 이 순간에도.

이 책은 한 경이로운 부부와 그들의 꿈에 관한 경이로운 이야기들로 가득 찬 경이로운 책이다. 마음껏 즐기기를 바란다.

_ 폴 시카(Paul E. Tsika)

목사, WWDB 고문

감사의 마음을 전합니다

사랑하는 며느리 바비(Bobbie), 아들 짐(Jim)과 언니 캐시(Kathy)의 도움이 아니었다면 이 책은 시작하지도, 끝내지도 못했을 것입니다. 한 명 한 명에게 감사의 마음을 전합니다.

WWDB의 모든 다이아몬드 리더들에게도 감사의 뜻을 전하고 싶습니다.

Theron & Darlene Nelsen	Ryder & Nicole Erickson
Terry & Linda Felber	David & Jaimee Felber
Bill & Sandy Hawkins	Leif & Bonnie Johnson
Dave & Jan Severn	Ross & Leslie Hall
Jim & Judy Head	Greg & Laurie Duncan

Steve & Chris Cummins

Toshi & Bea Taba

Ken & Gail Stokes

Bill & Nancy Kelly

Roger & Joyce Fix

Joe & Norma Foglio

Dave & Darlene Duncan

Jeff & Leslie Rice

Dave & Mary Timko

Glen & Joya Baker

Matt & Sandee Tsuruda

Mike & Michi Woods

Greg & Kathy Gilmour

Howie & Theresa Danzik

Larry & Julie Koning

Gary & Dorothy Lowary

Dayne & Ivanette Kaneshiro

Bob & Shelly Kummer

Nam-Deuk Kim & Jungyun Lee

Tracey & Kimberly Eaton

Francis Cho & Hyunkyung Kim

Ty & Venessa Crandell

Ryan & Noella Olynyk

Gator & Connie Strong

Al & Kathy Gallo

Terry & Fran Woodhead

Gene & Sheryl Lamazor

Brad & Julie Duncan

Norm & Pam Kizirian

Debbie Shores

Dan & Sandy Yuen

Rod & Penny Alcott

Scott & Cris Harimoto

Frank & Lynn Radford

Randy & Sandy Sears

Mike & Robin Carroll

Hal & Ann Golden

Rick & Bonnie Marshall

Samir & Theresa Attalah

Ed & Karen Grosboll

Tom & Valerie Gonser

Sunki Kim & Misun Yoon

Jay & Jeong Lee

Dean & Marcie Whalen

Trevor & Lexi Baker

Pete & Rachael Herschelman

Mandy Yamamoto

Randy & Raye-Lynn Jassman

Jon & Jen Rosario

Shane and Joey Yadao

Kelly and Darci Ewing

Terry & Jenny Brown

Matt & Briley Nguyen

Kevin and Andrea Phillips

Kenny and Ashlea Toms

롼에 대한 여러분의 존경과 지지에 감사드리고, 하나님께서 롼에게 부여하신 책임도 감사드립니다. 그동안의 이야기를 모두 나열하려면 아마도 몇 권의 책을 써도 모자랄 것입니다. 여러분과 함께했던 모든 순간을 가슴에 간직하며 함께할 수 있음에 하나님께 감사드립니다. 저에게 여러분은 축복입니다.

WWDB를 위해 지속적인 지원과 정성을 쏟아주신 폴(Paul) 목사님과 빌리 케이 시카(Billie Kaye Tsika) 사모님께 감사드립니다. 하나님의 계획은 언제나 완벽하십니다.

바쁜 삶 속에서도 롼에게 격려의 메시지를 보내주신 존 맥스웰(John Maxwell) 목사님께도 감사의 마음을 전합니다. 당신의 지혜로운 말은 보석이고 당신의 유머와 농담은 기쁨이었습니다.

또한 모든 WWDB 임직원들에게 감사를 드립니다. 월드와이드를 향한 여러분의 헌신과 섬김을 어떻게 간과할 수 있겠습니까. 롼은 언제나 감사했고 여러분을 자랑스러워했습니다. 여러분은 정말 최고입니다.

_ 조지아 리 퓨리어(Georgia Lee Puryear)

차례

트루 노스의 길

어둠보다 빛으로부터 더 많은 것을 얻듯
어리석음보다 지혜로부터 더 많은 것을 얻게 된다는 것을 알았다.

솔로몬[1]

1971년, 저와 론(Ron)은 암웨이 회원 IBO(Independent Business Owner)가 되었습니다(정확히 말하자면 론은 1971년에 사업을 시작했고, 저는 그 이듬해에 합류했습니다). 그때만 해도 하나님이 우리를 어디로 인도하고자 하시는지 알 수 없었습니다. 훗날 우리가 얻게 될 교훈, 경험하게 될 개인적·사업적 성장, 맞이하게 될 승리와 투쟁, 그리고 오늘날 세계에서 가장 크고 빠르게 성장하는 성공 지원 시스템인 월드와이드 드림빌더스 가족의 탄생과 성장으로 인해 만끽하게 될 기쁨도 전혀 알지 못했습니다. 그렇게 가족처럼 작게 시작했던 월드와이드는 현재까지 40년 넘게 운영되고 있지만, 저는 오리건주 선리버(Sunriver)에서 있었던 월드와이드 그룹의 시초가 된 미팅을 아직도 기억하고 있습니다.

　제가 이 책을 쓰기로 한 이유는 WWDB(World Wide Dreambuilders)의 지나간 이야기를 전하기 위해서도 아니고, 롼에 대한 존경의 마음을 표현하기 위함도 아니며, 그에 대한 사랑과 그리움을 나누기 위해서는 더더욱 아닙니다. 일단 우리 부부가 월드와이드 다이아몬드 리더 여러분과 함께 나눴던 멋진 모험과 같은 순간들을 모두 담기에는 이 책 한 권이 부족할 것입니다. 그렇다고 여러 권에 나누어 적어 내려간다면 분명히 재미있고 흥미롭겠지만 제가 이 책을 통해 전달하고자 하는 내용을 강조하지는 못할 것입니다. 60커플이 넘는 다이아몬드들에게, 여러분이 저에게 얼마나 소중한지 일일이 적을 지면이 부족한 것은 안타깝습니다. 여러분 한 명 한 명을 있는 그대로 사랑하고 여러분의 성취를 존경하며 우리 가족에게 보내준 사랑에 깊이 감사드린다는 말씀을 먼저 전하고 싶습니다. 저는 나 자신에 대해 언급하는 것을 그다지 좋아하지 않습니다. 롼과 제가 다른 사람보다 특별한 사람인 척하고 싶은 생각도 없습니다. 우리는 정말로 특별하지 않습니다. 우리는 단지 꿈을 꿀 수 있는 기회를 얻은 평범한 사람들이고 그 과정에서 많은 것을 배웠을 뿐입니다.

　이것이 제가 이 책을 쓴 이유입니다. 월드와이드가 지금과 같은 모습일 수 있는 이유를 알아야 우리가 그동안 쌓아온 일들을 토대로 더 나은 일들을 해나갈 수 있다고 생각합니다. 저는 여러분이 우리의 경험을 통해 실패는 방지하고 우리가 시도하고 발견한 진실한 원칙을 받아들였으면 합니다. 그것이 여러분의 꿈을 이루는 데 도움이 될 것이기 때문입니다. 그런 의미에서 이 책이 앞으로 40년 동안 여러분 사업의 기반이 되기를 소망합니다. 여러분이 오늘날의 월드와이드가 있기까지 어떤 과정이 있었는지 이해하고 그 기반 위에 더 나은 시스템을 구축할 수 있게 되기를 기대합니다.

월드와이드를 구축한 원칙들은 새로운 것이 아니기 때문에 더욱 중요합니다. 성실, 명예, 결단력, 그리고 사랑은 결코 지나간 유행처럼 낡은 가치가 되지 않을 것입니다. 수 세기 동안 인간은 더 나은 방법을 찾으려고 노력했고 그로 인하여 생활방식과 기술은 개선되었지만, 가정과 삶을 만드는 사람과 사람 간의 관계와 가치는 수천 년 동안 변하지 않았습니다. 사업 구축의 열쇠는 소중한 인간관계 네트워크(그리고 사람들이 꿈을 찾는 것을 도와줄 수 있는 사업)이며 이는 여전히 변하지 않습니다. 그렇습니다. 사람마다 성격과 시각은 다를 수 있습니다. 그러나 북쪽은 언제나 북쪽에 있듯 삶과 사업을 이끄는 기준과 방향은 변하지 않습니다. 이것이야말로 우리에게 다행스러운 일입니다. 지금 어떤 위치에 있든, 그 변하지 않는 방향을 기준으로 삼는다면 우리는 원하는 목적지를 향해 나아갈 수 있기 때문입니다.

**그렇습니다.
사람마다 성격과 시각은 다를 수 있습니다. 그러나 북쪽은 언제나 북쪽에 있듯 삶과 사업을 이끄는 기준과 방향은 변하지 않습니다.**

이제 여러분이 우리를 뛰어넘을 수 있도록 롼과 제가 진리라고 느낀 것들에 대해 나누려고 합니다. 저는 여러분이 지금 있는 곳에서 가고 싶은 곳으로 가는 것으로 그치지 않고 그 이상을 가길 원합니다. 그러기 위해서 먼저 롼이 온 힘을 다해 가르친 그의 생각을 이해해야 하며 이는 사업 성공의 핵심입니다. 그는 우리의 삶과 사업이 트루 노스를 따라 가야 한다고 강조했습니다.

이것이 도대체 무슨 뜻일까요? 한번 떠올려보세요. 꿈을 향해 나아가는 여정은 북극으로 가는 여행과도 같습니다. 그 길을 제대로 가려면 우리를 안내해줄 몇 가지 도구가 필요합니다. 아마 가장 먼저 떠오르는 것은 나침반일 것입니다. 그러나 안타깝게도 나침반은 항상 목적지까지 우리를 정확히 데려다주지는 않습니다.

왜 그럴까요? 나침반은 자력에 반응해 북쪽을 가리키는데, 이때 가리키는 북쪽은 실제 북극이 아니라 '자북(Magnetic North Pole)'이기 때문입니다. 자북은 고정된 지점이 아니라 해마다 이동합니다. 실제로 자북은 1년에 약 35마일씩 움직이며, 2005년에는 캐나다 북극 지역에 있었지만 이 글을 읽고 있는 지금쯤에는 시애틀 방향으로 북극에서 250마일쯤 남쪽에 위치해 있을 것입니다(이 책의 원서가 출간된 시점 기준). 남쪽에서는 그 차이가 크게 느껴지지 않지만, 목적지가 북극에 가까워질수록 그 오차는 점점 커집니다. 경우에 따라서는 지리적 북극과 자북 사이의 거리가 600마일 이상 벌어지기도 합니다.

이 때문에 여러분이 미국 어느 지역에 있든, 나침반은 대략적인 방향을 잡는 데에는 충분히 유용합니다. 나침반을 보면 '서쪽으로 가면 태평양이고 동쪽으로 가면 대서양'이라는 큰 방향감은 얻을 수 있습니다(물론 나침반에는 기본적인 '편각'이 존재합니다). 그러나 만약 광야를 하이킹하며 작은 목적지, 예를 들어 물이 있는 지점을 찾아야 하는 상황에서 편각을 정확히 계산하지 못한다면 결국 목표 지점에서 수 마일이나 떨어진 곳에 도착할 수도 있습니다.

더 나아가 목적지가 북극 그 자체라면 나침반은 오히려 길을 잃게 만들 수 있습니다. 나침반은 진북이 아니라 자북을 따라 우리를 이끌기 때문입니다.

이럴 때는 나침반보다 오히려 육분의(수평선 위에 있는 천체의 고도를 측정하는 도구)가 더 정확한 길잡이가 될 수 있습니다. 육분의는 태양의 위치를 기준으로 현재 위치를 파악하게 해주기 때문입니다. 이렇게 얻은 위치 정보는 훨씬 안정적이고 예측 가능해서 날짜와 시간을 알고 있다면 태양의 위치를 계산할 수 있고, 이를 바탕으로 좌표와 방향, 목적지까지의 거리를 보다 정확하게 산출할 수 있습니다.

만약 진북이 우리의 목적지라면 나침반은 개인의 성격과 독창성에 비유할 수 있고, 육분의는 오랜 시간 축적된 지혜라고 할 수 있습니다. 처음에는 각자의 성격과 추진력이 강력한 동기가 되어 우리를 움직이게 하고, 나아가야 할 방향으로 이끌어줍니다. 그러나 결국 자신의 생각과 판단에만 의지하게 되면 방향을 잘못 해석하기 시작합니다. 경험이 부족하고 시야가 제한된 상태에서는 문제가 생길 수밖에 없습니다. 롼과 저 역시 그 과정을 직접 겪었습니다. 머릿속에서는 '이 길이 맞다'고 확신하지만 실제로는 목표에서 점점 멀어지고 있었던 것이죠. 개인의 판단은 때로 우리를 잘못된 방향으로 끌고 갑니다. 그 자체로도 문제지만, 만약 다른 사람들까지 이끌고 있다면

나침반은 개인의 성격과 독창성에 비유할 수 있고, 육분의는 오랜 시간 축적된 지혜라고 할 수 있습니다. 처음에는 각자의 성격과 추진력이 강력한 동기가 되어 우리를 움직이게 하고, 나아가야 할 방향으로 이끌어줍니다. 그러나 결국 자신의 생각과 판단에만 의지하게 되면 방향을 잘못 해석하기 시작합니다.

그들 역시 함께 길을 잃게 됩니다.

다행인 점은, 이 길을 이미 먼저 걸어간 사람들이 있다는 사실입니다. 그들은 우리가 가고자 하는 목적지까지 안내해줄 신뢰할 수 있는 지도를 가지고 있습니다. 또한 우리가 활용할 수 있는 육분의, 즉 검증된 지혜를 이미 손에 쥐고 있습니다. 그들의 지혜는 우리가 꿈을 향해 나아가는 과정에서 현재 위치를 점검하게 해주고, 계속 앞으로 나아가도록 도와줍니다. 물론 여기에 각자의 장점을 더할 필요는 있습니다. 자신만의 여행 가방은 직접 꾸리되, 지도만큼은 새로 만들려 하지 말고 검증된 지도를 활용해야 합니다.

도너 파티(Donner Party)의 이야기가 생각난다.
그들은 캘리포니아로 가는 트레킹 안내서를 가지고 있었다.
그러나 그들은 경험이 풍부한 안내자의 조언을 무시하고
랜스포드 해스팅(Lansford Hastings)이라는 변호사가 작성한
안내 책자에서 추천한 지름길을 택했다.
(참고로, 해스팅은 자신이 추천한 지름길 전체를 트레킹한 적이
없었고 겨울에 트레킹한 경험은 더더욱 없었다.)

결국 조지 도너(George Donner)가 이끄는 무리는 식량도 없이
겨울내 산에 갇혀 있었고, 일부는 인육을 먹으며 살아남았다.

_ 짐 퓨리어

오해하지 마세요. 이것은 여러분에게 '회사 방침'을 강요하거나, 틀에 가두려는 것이 아닙니다. 우리가 나누고자 하는 것은 명령이 아니라 지혜입니다. 그들은 어떻게 목적지에 도달했는지, 육분의를 어떻게 읽었는지, 그리고 자신의 생각을 고집하다가 길을 잃었던 경험까지도 솔직하게 나눌 것입니다. 또한 경험 많은 이들의 안내를 따라 다시 올바른 길로 돌아올 수 있다는 사실이 얼마나 소중한지도 알려줄 것입니다. 그들은 원칙에 따라 안내했고, 그 안내를 받은 사람들은 실제로 목적지에 도달했습니다. 그 원칙이 제대로 작동한다는 사실은 이미 증명되었고, 시간이 지나면서 더 많은 사람들과 공유되며, 누구나 따르기 쉬운 하나의 시스템으로 발전해왔습니다.

이것이 바로 드림빌더스(Dreambuilders) 사업자들에게 정확한 로드맵과 최선의 조언을 제공하는 트루 노스입니다. 이 책은 우리가 사업을 구축하고 월드와이드 드림빌더스(World Wide Dreambuilders)를 세우는 과정에서 지켜온 원칙들에 관한 이야기이자, 진북을 찾아가는 데 도움이 되었던 수많은 경험을 담은 기록입니다.

오랫동안, 그리고 월드와이드가 존재하기 이전부터 하나님은 란과 저에게 우리가 어떻게 사업을 구축해야 하는지, 다른 사람들도 같은 방식으로 성장할 수 있도록 어떻게 도와야 하는지를 가르쳐주셨습니다. 그 과정에서 코어(Core) 사업자가 될 수 있는 개념과, 사업을 지속적으로 성장시키는 열 가지 습관인 이른바 '10코어'(부록 B 참고)가 만들어졌습니다. 우리는 사업 초기부터 윤리적인 운영을 무엇보다 중요하게 생각했고, 이를 위해 다섯 가지 불문율을 세웠습니다. 이것이 바로 란이 다이아몬드 리더들과 함께 정책위원회를 구성해 월드와이드 그룹을 운영하게 된 이유이며, 오늘날 IBO*들이 안정적이고 활기차게 성장할 수 있는 기반이 되었습니다.

이것이 제가 이 책을 통해 여러분과 나누고 싶은 원칙들입니다. 저는 여러분이 꿈을 향해 진북 방향으로 나아가기 위해 이 원칙들이 어떻게 형성되었는지를 먼저 이해하길 바랍니다. 수천 년 전 솔로몬왕은 지혜와 그 영속성에 대해 많은 글을 남겼습니다. 인간은 배운 것을 자기 방식대로 바꾸고 싶어 하는 존재이지만, 그것이 항상 지혜로운 선택은 아닙니다. 사업을 구축하는 과정에서 누구나 부딪히는 어려움 중 하나는, 언제 유연해야 하고 언제 원칙을 지켜야 하는지를 구분하는 일입니다. 우리는 방향에서 벗어나지 않았는지 수시로 점검해야 하며, 트루 노스 원칙에 따라 항로를 계속 조정할 필요가 있습니다. 그렇게 할 때 여정은 훨씬 더 빠르고 수월해집니다.

론은 우리가 사업을 성장시키는 것뿐 아니라, 다른 사람들이 같은 길을 갈 수 있도록 돕기 위해서도 트루 노스가 반드시 필요하다고 느꼈습니다. 그는 사람들이 과정 점검을 게을리하거나 지혜의 원리를 정확히 이해하지 못하면 결국 성장이 멈출 수밖에 없다고 보았습니다.

자북은 때때로 진북과 매우 비슷해 보여 구분하기 어려울 수 있지만

---

* 한국에서는 독립 자영사업자를 의미하는 IBO 대신 Amway Business Owner의 약자 ABO를 사용한다.

분명히 다른 방향입니다. 특히 꿈에 가까워질수록 그 차이는 더욱 분명해집니다. 그래서 지금, 롼이 하나님 곁으로 떠난 지 몇 해가 지난 이 시점이야말로, 월드와이드를 위대하게 만든 원칙들을 다시 점검하고 앞으로 40년 동안 어떻게 적용해나갈지 고민해야 할 때라고 생각합니다. 우리 시스템이 지닌 잠재력은 아직도 무궁무진합니다.

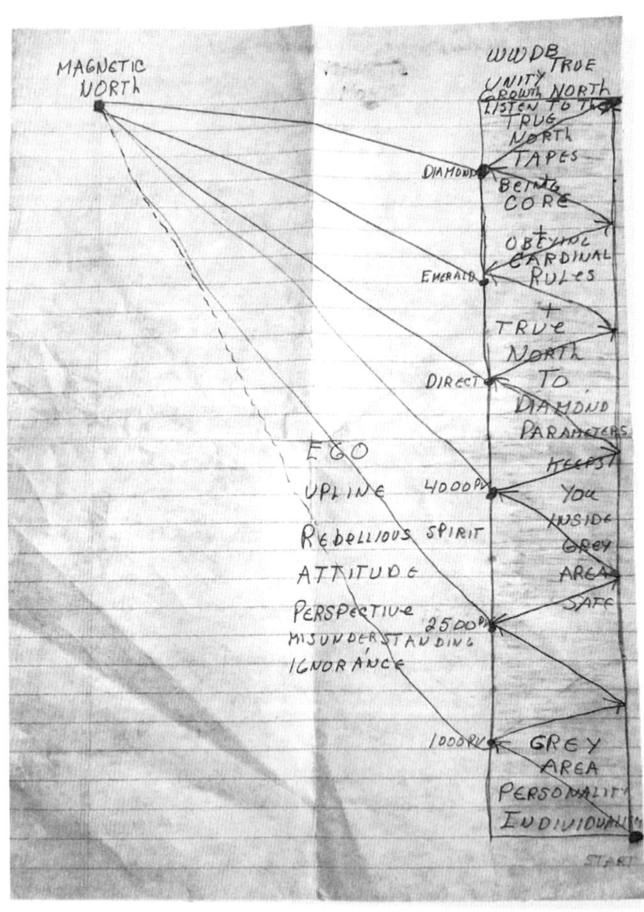

트루 노스 가르침을 적은 원본 노트

IBO로 사업을 시작하면 날개를 달게 되고, 월드와이드의 일원이 되면 뿌리를 얻게 됩니다. 뿌리는 성장의 과정에서 필요한 안정감을 제공합니다. 배우고 변화하는 동안 우리는 더 깊이 뿌리내리게 되고, 실패하더라도 언제든 돌아와 다시 시작할 수 있는 터전을 갖게 됩니다. 월드와이드의 뿌리는 빌(Bill)과 페기 브릿(Peggy Britt), 모든 다이아몬드 리더들, 그리고 회원들과 나눈 사랑과 존경, 우정 위에 깊이 내려져 있습니다.

뿌리가 우리에게 안정과 영양을 제공할 때, 날개는 잠재력을 일깨워 꿈을 향해 날아오르게 합니다. 하나님께서는 룐과 저에게 어떤 상황에서도 포기하지 않고 버틸 수 있는 태도를 주셨습니다. 날갯짓이 힘겨워 추락할 것 같은 순간에도 그 축복 덕분에 우리는 이 일을 계속할 수 있었고, 행동을 멈추지 않았으며, 결국 성취에 이르렀습니다. 이러한 태도는 우리가 더 높은 곳으로 성장하도록 이끌었고, 자유롭게 날 수 있도록 날개를 더욱 단단하게 만들어주었습니다. 또한 스스로를 다스리는 인내와 올바른 방향을 분별할 수 있는 안목을 길러주었으며, 이는 우리 삶 전반에 큰 영향을 주었습니다.

저는 여러분이 이 책을 통해 더 깊이 뿌리내리고 더 강한 날개를 갖기를 기도합니다. 어떤 상황에서도 버텨낼 수 있는 축복을 받아 참고 견디며 끝내 포기하지 않기를 바랍니다. 절대 꿈을 놓지 마세요. 꿈은 여러분이 이 자리에 있는 이유이며, 이 책을 펼친 이유이기도 합니다.

우리가 먼저 배우고 경험한 것들이 여러

분에게도 도움이 되기를 바랍니다. 월드와이드가 소중히 여기는 가치가 무엇인지 이해하려 노력하고, 그 지혜를 자신의 삶에 적용해보세요. 이러한 가치가 삶 속에 깊이 뿌리내릴수록 여러분의 날개는 더욱 강해질 것입니다. 뿌리는 가지가 하늘을 향해 뻗고 좋은 열매를 맺게 하는 토대가 됩니다.

이 책을 읽고 계신 모든 분께 진심으로 감사드리며, 이 여정에 작은 도움이 되기를 바랍니다. 여러분이 더 높이 날아오르기를 기대하겠습니다.

누군가에게 꿈꾸는 법을 가르치는 것,
그것은 우리가 다른 사람을 위해 할 수 있는
가장 위대한 일 중 하나이다.
꿈을 잃어버린 사람들이 너무나 많기 때문이다.

사람들은 좌절하고 상처받고 있다.
고달픈 삶 속에서
어느새 꿈을 내려놓은 채 살아간다.

누군가 단 한 번이라도
희망을 품을 수 있도록 도와주는 것,
그것은 우리가 다른 사람에게 줄 수 있는
가장 큰 선물 중 하나이다.

누군가는 꿈이라는 가능성을 보여주는 것만으로도
큰 격려가 되기 때문이다.

_ 존 맥스웰

Principle 1

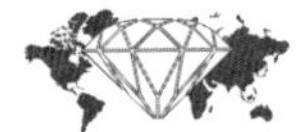

당신의 과거는 당신의 미래를
결정하지 못한다.

꿈꿀 수 있는 능력과
성장하고 기꺼이 일하려는 의지가
당신이 원하는 비즈니스와
삶의 토대를 만들어갈 것이다.

1

중요한 것은
방향성

만약 당신이 예전의 우리를 봤다면 롼과 내가 대단한 사람이 될 거라고는 절대 상상하지 못했을 것이다. 물론 우리가 함께 자라온 사람들 중에도 그렇게 된 사람은 거의 없다.

나는 아이다호 중부의 작은 농업 및 임업 마을에서 자랐다. 어린 시절에는 인구 3,600명 정도의 그랜지빌(Grangeville)에서 평범하게 보냈는데, 아이들과 함께 뒷마당에서 담요 요새를 만들고 인형 놀이를 했던 기억이 있다.

나는 항상 멋진 친구와 옷을 가진 하나뿐인 언니 캐시(Kathy)를 졸졸 따라다녔고, 우리 집은 언제나 어머니의 요리와 빵 굽는 향기로 가득 차 있었다. 지금도 갓 구워낸 빵 냄새를 맡을 때면 순간 그 시절로 돌아가곤 한다.

자라면서 부모의 사랑은 느낄 수 있었지만, 두 분 모두 엄격한 가정 교육을 받으며 자랐기에 겉으로 애정 표현을 하는 분들은 아니셨다.

어머니는 어떠한 상황에서도 언니와 나의 곁을 지켜주실 분이었다. 내가 기억하는 아주 어린 시절부터 시애틀에 있는 의사보조사 학교로 떠날 때까지 어머니는 항상 세상의 좋은 것들에 대한 기준이었다.

아버지는 독일 혈통에 걸맞게 세심히 주의를 기울여 가족의 삶을 꼼꼼하게 챙기는 책임감 있는 가장이었다. 그는 엄격한 교육자였고, 억척스러운 할아버지의 말투를 물려받아 마치 신병교육대 조교처럼 말했다. 전원생활을 사랑했던 그는 우리가 자연 그대로의 순수한 아름다움에 감사할 수 있도록 가르쳤다.

자기 사업을 하는 것만으로도 성공했다고 자부하는 사람들도 있지만 부모님은 그렇게 생각하지 않았다. 사냥과 낚시를 즐기는 마을에서 유일한 스포츠용품점을 운영하고 있음에도 불구하고 수익을 늘리기 위해 오랜 시간 일을 했다. 먹고 사는 것이 호락호락하지 않았기 때문이다. 부모님이 가지고 계신 아메리칸드림이 무엇이었는지는 정확히 모르지만 적어도 큰 집, 여행, 비싼 물건을 소유하는 것은 아니었던 것 같다. 그렇게 나와 언니는 부모라는 커다란 지붕 아래에서 부족함 없이 자랐지만, 그 이상을 기대할 수 있는 상황은 아니었다.

롼은 태평양 북서부에서 자랐다. 그는 중학생이 될 때까지 오리건주에서 살았고, 그의 부모는 그랜지빌에서 차로 15분 거리에 있는 코튼우드(Cottonwood)에서 세탁소를 운영하셨지만 그가 고등학교 2학년 때 사업을 그만두고 그랜지빌로 이사했다. 내가 고등학교 3학년의 농구 대표선수였던 롼의 존재를 처음 알게 된 것은 중학교 2학년 때였다. 그 랜지빌처럼 작은 마을에서는 스포츠를 좋아하고 인지도가 있는 스타 급 고등학생 선수는 지역 영웅이나 다름없었다. 롼은 실력이 좋은 선수 였기 때문에 마을 사람들이 그의 존재를 대부분 아는 것 같았다.

롼은 그의 아버지가 2차 세계대전에 참전하기 위해 해군에 입대하기 전 즈음에 태어났다. 아버지의 군 복무 기간 동안 그의 어머니는 생계 를 위해 세탁 서비스를 시작했다. 아기침대 안에 롼을 두고 일하는 경 우가 많았는데, 침대 바퀴가 삐걱이는 소리가 나 고개를 돌려 보면 롼 이 침대를 흔들어 문간 쪽으로 밀고 나와 어머니가 무엇을 하고 있는 지 관찰하고 있었다는 이야기를 가끔 하셨다. 결혼 후 내가 그의 이러 한 성향을 발견하기까지 시간이 걸리긴 했지만, 그는 원래 그렇게 적극 적이고 능동적인 사람이었다고 인정하는 것이 맞을 것 같다.

고교 졸업 후에 일자리를 찾지 못하자 롼은 군에 입대했다. 그는 신 병 훈련 캠프에 들어가기 전까지 제대로 된 소고기를 먹어보지 못했 다. 기껏해야 낚시하거나 사냥한 고기를 먹은 것이 전부였다. 신병 훈 련 후 그는 독일에 주둔하게 되었지만, 한국전쟁과 베트남전쟁 중간에 입대하여 실전에 투입되지는 않았다. 이 경험은 그가, 지금 우리가 누 리는 자유는 전쟁을 겪어낸 퇴역 군인들 덕분이라며 감사해하는 이유 가 아닐까 생각한다. 그는 그 어떤 일도 당연하게 여기지 않았다.

내가 롼을 알게 되고 몇 년 후, 그도 나를 의식하기 시작했다. 인생은 아름답다고 느낀 바로 그런 순간이었다. 고등학교 3학년 겨울, 그는 휴 가를 받아 그랜지빌로 돌아왔다. 이 시기에 롼은 어머니와 함께 고등 학교 농구 경기를 관람했는데, 관중석에 앉아 있던 롼이 어머니에게 이렇게 물었다고 한다.

"엄마, 가운데 있는 저 작은 치어리더는 누군지 아세요?"

롼의 어머니가 "페퍼(Pfeffer)네 집 아이 중 하나지"라고 하자 롼은 "엄마, 전 저 아이랑 결혼할래요"라고 했다고 한다. 그 치어리더가 바로 나였다.

경기가 끝난 후 롼은 나에게 와서 자기소개를 하더니 대뜸 데이트 신청을 했다. 하지만 나는 그때 다른 남자를 사귀고 있었기에 거절할 수밖에 없었다. 그러나 롼은 쉽게 포기할 사람이 아니었다.

그는 독일로 돌아갔지만 다음 해 여름에 휴가차 집에 돌아왔을 때 나를 다시 찾아왔고, 나는 마침 아무도 만나고 있지 않았기에 그와 사귀기로 했다. 그가 나를 기억하고 있었다는 사실에 기뻤고, 큰 키와 잘생긴 외모에 제복까지 갖춰 입은 그의 모습은 나를 살짝 설레게 했다.

우리는 첫 데이트로 영화를 보러 갔다. 롼은 내가 만났던 남자들과 비교해도 단연 돋보였다. 그는 예의 바르고 사려 깊었으며 다정했다. 군인들은 대부분 경제적으로 궁핍하다고 알고 있었는데 그는 내게 돈을 쓰는 것에 인색하지 않았다. 그가 워싱턴주 타코마(Tacoma) 교외의 포트루이스(Fort Lewis)로 복귀하기 전 우리는 여러 차례 데이트를 즐겼다. 그해 9월 전역하자 롼은 그랜지빌로 돌아왔고 나에게 다시 데이트 신청을 했다. 그리고 그때부터 우리는 서로 뗄 수 없는 존재가 되어버렸다. 우리 부모님은 롼이 예의 바르고 단정한 것을 높이 평가하셨지만, 처음 몇 년 동안은 가정환경 차이를 문제 삼았다. 그리고 롼이 제재소에서 일했다는 이유로 그를 다소 무시했다.

　나의 부모님에게 그는 딸을 주기에 충분한 사람은 아니었다. 그들의 평가에 란의 아버지도 한몫했다. 란의 아버지는 우리 가게에서 물건을 외상으로 구매하고 외상값을 제 날짜에 갚지 않고 미루기 일쑤여서 나의 부모님은 그를 신뢰하지 않았다.

우리 부모님은 란이
예의 바르고 단정한 것을
높이 평가하셨지만,
처음 몇 년 동안은 가정환경
차이를 문제 삼았다.

하지만 란은 여전히 나에게 자상했기에 결국 부모님은 그와의 교제를 허락해주셨다. 아마도 내가 만난 다른 남자들처럼 내가 그에게 싫증이 나길 바랐던 모양인데, 난 그러지 않았다.

　나는 친절하고 예의 바르고 조용한 란이 좋았다. 그는 결코 강압적이지 않았다. 여유로운 형편은 아니었지만, 항상 나에게 멋진 선물을 주었다. 어느 크리스마스에는 '블랙 힐스(Black Hills)'가 새겨진 금색 핀을 내게 선물했는데, 나는 그 핀과 함께 그후 여러 해에 걸쳐 받은 선물 대부분을 아직도 간직하고 있다.

　내가 1962년 6월에 고등학교를 졸업했을 때 란은 약혼반지를 주려고 했다. 하지만 나는 거절했다. 나는 그를 사랑했고 그와 결혼하고 싶었지만 부모님, 정확히 말해서 아버지가 뭐라고 할지 걱정스러웠다. 아버지는 란을 썩 마음에 들어 하지 않았고, 나는 아버지의 챔피언급 쓴소리가 겁이 났다. 내가 도대체 무슨 생각을 하고 있었는지 모르겠다. 그때를 생각하면 나 자신이 부끄러워진다. 좀 더 용기를 내야 했는데 하는 생각도 들지만, 난 겨우 열여덟 살이었고 성숙하지 못했다.

　그해 가을, 나는 의사보조사가 되기 위해 시애틀에 있는 학교에 들어갔는데 그 일이 너무 재미있었다. 시내에 있는 YWCA에 살면서 학교에 다녔고, 방과 후에는 매일 큰 회사의 엘리베이터 안내원으로 일했다. 당시 시애틀 거리는 그랜지빌 거리만큼 안전했기에 밤에 다니는 것이 문제가 되지 않았다. 그때는 지금과 상황이 많이 달랐다.

매주 토요일 밤에는 공중전화로 롼에게 수신자 부담 전화를 걸었다. 하지만 몇 달 후 나는 그의 집에 전화를 더 이상 걸 수 없게 되었다. 왜냐하면 그가 월급 대부분을 장거리 전화에 사용했다는 사실을 그의 부모님이 알고 화를 많이 냈기 때문이다. 우리의 데이트는 크리스마스에, 집에 돌아와서 비로소 재개될 수 있었다.

어느 날 밤 그의 차 안에서 수다를 떠는데 롼이 약혼반지를 꺼내 다시 청혼했다. 이번에는 승낙했다. 내 손가락에 반지를 끼워주는 그의 모습이 너무 행복해 보였지만 나는 여전히 겁쟁이였다. 그가 나를 집에 데려다줄 때면 부모님에게 들키지 않으려고 반지를 슬그머니 빼서 주머니에 넣었고, 집에서는 그 반지를 침실 서랍에 숨겼다. 롼이 데이트하려고 나를 데리러 오면 그제야 서랍에서 슬쩍 반지를 꺼내 집을 나서면서 손가락에 끼었다. 당연히 부모님은 눈치채지 못하셨다.

이 '반지 루틴'을 영원히 반복할 수 없다는 것을 알았기에 나는 학교로 돌아가기 전날 밤 부모님께 롼과 약혼한 사실을 고백했다. 부모님의 반응이 정확히 기억나지 않지만, 많이 당황하셨던 것 같다. 다음날 바로 학교로 돌아가기 위해 시애틀행 버스에 올랐다.

2년짜리 프로그램에 등록했지만, 롼과 집이 그리웠던 나는 10개월 만에 모든 과정을 서둘러 마쳤다. 나는 고등학교에서 C학점짜리 학생이었지만, 시애틀 학교에서는 모든 과목에서 A학점을 받는 학생이 되었다. 드디어 나의 배움에 대한 동기를 자극하는 일을 발견한 것이었다. 사람의 의지가 얼마나 많은 것을 성취할 수 있게 하는지, 놀라울 뿐이다.

나는 1963년 6월에 그랜지빌로 돌아와 인근 병원에 취직한 후 룐과 결혼 계획을 짜기 시작했다.

결혼식 약 한 달 전, 나는 부모님 댁의 '녹색 바나나' 의자에 앉아 있었다. 청첩장을 돌리고, 웨딩드레스를 사고, 신부 들러리 드레스를 주문하는 등 중요한 날을 위한 준비를 해나갔지만 그때까지도 부모님의 마음은 요지부동이었다. 어느 날 어머니는 나를 똑바로 쳐다보시며 이렇게 말씀하셨다.

"너랑 룐이 결혼하면 제대로 되는 일이 하나도 없을 거라는 쪽에 100달러 걸겠어."

그 말은 너무나 잔인하게 들렸고, 평소에 알던 어머니의 모습과 달라서 뭐라고 대응해야 할지 몰랐다. 아버지가 비슷한 말을 한 적은 있었지만, 어머니가 이런 식으로 말한 적은 없었기 때문이다. 어머니가 틀렸다는 것을 증명하고 싶었다. 그리고 어떻게든 부모님께 룐에 대한 평가가 잘못되었다는 것을 알려드리고 싶었다. 그래서 그들이 상상한 것보다 더 많은 것을 이루어내기로 마음먹었다.

몇 년 후 나는 어머니가 그런 내기를 했던 사실을 기억하고 계시는지 물었다. 다행히 걱정하는 마음에 한 말이었음을 알게 되었지만, 그 당시에는 그 말에 화가 머리끝까지 났고 상처도 많이 받았었다. 그러나 나는 결혼 10주년이 될 때까지 론에게 그 일을 얘기하지 않았다.

우리 결혼식에 찬물을 끼얹으려는 부모님의 악담에도 불구하고, 우리는 1963년 11월 3일 일요일에 그랜지빌 감리교회에서 성대한 결혼식을 올렸다.

결혼식 전 론은 잡초가 무성한 들판 한가운데 있는 트레일러 주택을 구매하고 계약금을 지불했다. 월세는 무척 저렴했다. 폭 10피트, 길이 55피트 크기의 트레일러는 집이라기보다는 긴 복도 같았지만, 중요한 점은 이 트레일러 주택이 우리 소유라는 것이었다. 이것이 50년 이상 지속된 우리 결혼생활의 시작이었다.

신혼여행 후 론은 제재소에서 일하기 위해 돌아갔고, 나는 코튼우드 병원에서 환자 진료 기록 카드를 옮겨 적는 일을 하게 되었다. 차는 론의 쉐보레 코르베어 몬자 한 대밖에 없었기 때문에 그가 일하러 간 동안에는 내가 매일 그 차를 운전했다.

가진 것은 많지 않았지만 우리는 드디어 함께하게 되었다. 다른 사람들이 우리를 어떻게 생각하든 신경 쓰지 않았다. 인생에서 성공하기를 꿈꿨고, 그것을 위해 제대로 도전하기로 결심했다. 문제는 방법을 몰랐다는 것이다. 적어도 그때까지는….

모든 것은 꿈에서 시작된다

어미 독수리는 둥지에서 새끼 독수리가 날 수 있도록 훈련시킬 때 가끔 둥지로 직접 가지 않고 옆에 있는 나무(또는 옆 벼랑)에 먹이를 둔다고 한다. 이 전술은 새끼 독수리가 둥지를 벗어나 날갯짓을 시험할 수 있도록 도와준다(대부분의 새끼 독수리는 날기를 원하지만, 개중에 안전지대를 벗어나게 하기 위해 긍정적 자극이 필요한 새끼 독수리들도 있다).

우리 역시 떠나기 힘들어하는 나만의 안전지대가 있다. 그곳이 독립하지 못한 채 살고 있는 부모님 집이거나 다른 누군가를 위해 일하고 있는 직장일 수도 있다. 안전지대에서는 미래를 쉽게 꿈꾸지만, 그 둥지를 떠나지 않으면 그 꿈은 결코 실현될 수 없다. 우리를 그곳에서 끌어내는 무언가가 필요하다. 하나님은 우리 인생에서 종종 예상치 못한 동기를 부여하신다. 예를 들면, 론과 내가 결혼하면 결코 성공하지 못할 거라며 100달러 내기를 하자던 어머니 사건처럼 말이다. 이런 동기 유발자들은 우리 발밑에 작은 불을 붙여서 우리를 안전지대로부터 몰아내려 한다. 이런 예상치 못한 동기 부여가 없었다면 론과 나는 하나님이 우리 마음속에 품게 하신 꿈을 찾을 수 없었을 것이다. 리스크 없이는 보상도 없다. 안전지대를 벗어나지 못한 사람에게서는 성공담을 들을 수 없다. 물론 때로는 부정적인 상황에서 오기가 더 발동한다. 누군가 이런 말을 하는 것을 들은 적이 있다.

"우리는 결코 변하지 않는다. 변하지 않아서 겪는 고통이 변해서 겪는 고통보다 커질 때까지."

그러나 분명한 것은 변화할 때 성장한다는 사실이다.

결혼 후 몇 년 동안 론과 나는 꿈에 도전하면서 힘든 일들을 경험했고, 과연 그 도전을 맞닥뜨리며 성장할 의지가 우리에게 있는지 끊임없이 고민했다.

많은 사람들은 고난 앞에서 체념한다. 장애물은 언제나 우리를 선택의 기로에 데려다 놓는다. 당신은 지금의 나로 남으면서 꿈과 타협할 것인가, 아니면 꿈을 이룰 수 있는 인간으로 성장할 것인가?

롼은 가족 때문에 결코 자신의 꿈을 포기할 사람이 아니었다. 그는 언제나 배우고 성장하려는 의지가 강했다. 아마도 그것이 그가 사람들로부터 존경받은 가장 큰 이유일 것이다. 성공하고도 그는 여전히 다음 꿈을 향한 배움과 성장에 목말라 했다. 그리고 주위 사람들도 그렇게 하길 격려했다.

성장하는 것이 생각만큼 쉽지 않은 일이지만 성장하면서 살 수 있다면 그보다 멋진 삶이 또 어디 있겠는가. 당신의 생각도 우리와 다르지 않다고 믿는다. 안전지대는 잠시 휴식하기에는 좋은 곳일 수 있으나 인생을 개척해나가기 원하는 사람들에게는 절대 오래 머물 곳이 못 된다.

롼과 내가 처음 도전을 시작할 무렵, 우리는 분명히 원하는 삶이 있었지만 어떻게 그곳에 도달할 것인가에 대한 비전은 없었다. 우리는 대단한 것들을 바라지 않았다. 좋은 집, 자동차, 일자리, 좋은 사람들과 함께 누군가를 도울 수 있고 가족을 건사하는 것 정도였다. 우리는 아메리칸드림의 청사진을 가슴에 간직한 채 무언가를 이루며 세상을 더 좋은 곳으로 만들 준비가 되어 있었다. 우리에게 도움이 될 만한 무언가를 함께 만들어가며 아이들과 그들의 가족들에게 물려줄 수 있는 일, 그리고 그 여정을 즐기기 위한 약간의 추가 소득을 원했다.

더 나은 삶을 꿈꾸지 않고 위대한 일을 해내거나 고난을 극복하는 사람은 없다. 어떤 사람도 우연히 꿈을 이룰 수는 없다. 꿈은 우리가 현실에 안주하며 아무 생각 없이 살지 않도록 도와준다. 꿈을 이루기 위해서는 위험을 감수하며 안전지대를 벗어나 더 나은 삶을 향해 나아가야만 한다. 꿈이 없는 사람들이 하기 싫어하는 일을 해야 하며, 그 무리로부터 스스로를 격리시켜야 한다.

란과 나는 하나님이 우리 안에 자신의 씨앗을 넣어 우리를 창조했다고 믿는다. 하나님은 우리가 자신과 공동 창조자가 되기를 원하셨다. 우리가 목표나 열망을 향해 성장하지 않는다면 우리는 정체되고 만다. 우리가 나 자신보다 위대한 것을 위해 살지 않는다면 절대로 모험과 성취가 있는 삶을 살 수 없다. 꿈을 잃어버린 사람들은 그들의 야망을 희망과 꿈을 갉아먹는 공허한 쾌락과 거래한다. 이들은 술과 향락, 마약과 음란물에 빠지는 등 스스로를 파괴하는 행동을 한다.

란은 이것을 두 개의 원(큰 원 안에 작은 원이 있는 도형)으로 설명했다. 큰 원은 우리의 꿈과 포부로 가득 차 있다. 우리가 인생에서 이루고 싶고 아이들과 그들의 아이들에게 물려주고 싶어 하는 유산이다. 우리는 보다 나은 삶의 본보기가 되기 위해 남들이 존경할 만한 그 무언가를 만들고 싶었다. 란과 나는 하나님이 이러한 마음을 손수 우리의 DNA 안에 심어놓으셨다고 믿는다.

어떠한 도전이나 장애물을 만나면 우리는 작은 원을 꿈의 크기인 큰 원만큼 성장시킬지, 아니면 꿈을 줄여서 지금의 삶인 작은 원에 맞출 것인지와 같은 선택에 직면한다. 이 결정은 언제나 서로 부딪칠 수밖에 없다. 우리는 이처럼 성장하는 삶과 꿈을 타협하는 삶 중 선택을 해야만 한다.

꿈을 키우는 드리머(Dreamer)는 다음 목표에 도달하기 위해 끊임없이 배우고 성장하기 위해 노력한다. 그렇다면 꿈이 없는 사람들은 어떨까? 아마도 그런 사람들은 이 책을 읽고 있을 리 만무하니 언급할 필요는 없을 것 같다.

드리머가 되기 위해서는 욕구가 있어야 한다. 롼과 나는, 삶의 욕구가 없는 사람들은 하나님이 주신 잠재력을 발휘할 수 없다고 믿는다. 욕구가 출발점이다. 욕구가 우리로 하여금 꿈꾸는 능력을 발휘하게 한다. 꿈이 있는 사람과 없는 사람을 구분 짓는 특징 중 하나는 긍정적인 자세이다. 꿈을 꾸는 사람들은 긍정적이다. 반대로 꿈을 꾸지 않는 사람들은 부정적인 경향이 있고, 장애물이 가능성을 가로막게 둔다. 그들은 "할 수 없어" 또는 "잘 안 될 거야"라는 말을 자주 한다. 꿈이 없는 사람들은 안전하고 잘 정비된 평탄한 길을 걷고 싶어 한다. 꿈은 불모지와 같은 부정적인 마음속에서 살아남을 수 없다. 그렇다면 이러한 마음을 어떻게 비옥하게 만들 것인가? 가능성을 열어두고 끊임없이 배워야 한다. 그리고 꿈꾸는 사람들과 어울려야 한다. 아무도 내 꿈을 훔치지 못하도록 꿈을 먹이고 키우고 성장시켜야 한다. 자신의 꿈을 가시화하고 매일 볼 수 있는 장소에 붙여놓아야 한다. 당신의 꿈을 마음의 최전선에 두어야 한다(이는 월드와이드 드림빌더스가 '코어사업자 되기'라고 부르는 행동을 실천하는 것의 일환이기도 하다).

이런 행동들이 당신의 꿈을 지켜주고, 당신이 성취할 수 있는 사람으로 성장하고 살아남을 수 있도록 도와줄 것이다. 도전에 맞서고 목표에 도달하기 위한 역경을 견뎌내려면 실력을 키워야 한다. 꿈을 내 것으로 만들기 위해 필요한 지식과 기술, 용기로 무장한 꿈의 수호자가 되어야 한다. 동시에, 성공에 필요한 인성과 태도도 길러야 한다.

언제나 내가 이 일을 시작한 이유, 즉 why를 잊어서는 안 된다. 그것이 꿈을 위한 영감이며 마음을 움직일 원동력이기 때문이다. why라는 질문에 집중하다 보면 how는 자연스럽게 따라오게 되어 있다.

성공을 원한다면 꿈에 불을 지펴야 한다. 끊임없이 배우고 성장하고 꿈꾸는 사람들과 어울리면서 꿈에 생명을 불어넣어야 한다. 그렇게 한다면 당신이 원하는 것을 얻는 것은 시간문제일 것이고, 어느새 더 큰 꿈을 꾸는 자신을 발견하게 될 것이다.

Principle 2

모든 역경은

더 큰 유익의 씨앗을 품고 있다.

역경이 기회의 문을 하나 닫을 때

당신은 더 나은 문을

열 용기가 있는가?

2

누구에게도
꿈을 빼앗기지 말라

룬은 종종 "인생을 위한 꿈이 있는 사람은 행복한 사람이다"라고 말했다. 사회생활을 막 시작한 젊은 부부로서 우리는 우리의 미래가 어떤 모습일지 꿈꾸는 것 말고는 할 수 있는 것이 없었다. 우리는 함께 무언가를 만들고 있었지만, 당시에는 그것이 무엇인지조차 알지 못했다. 그럴 때 방심한다면 꿈 도둑은 당신의 꿈을 좌절시키고, 행복을 훔치고, 결혼생활을 갉아먹을 수 있다.

스스로 뭔가 해보려고 할 때 역경은 기다렸다는 듯 우리의 삶 속으로 걸어 들어온다. 부모님의 보호를 받고 자란 사람이라면 성인이 되어 마주하게 되는 역경이 무척 당혹스럽기 마련이다. 우리는 그 순간을 위해 대비해야 할 필요가 있다. 그렇지 않으면 꿈이 아닌 역경이 우리의 인생을 지배하려 들 것이고, 그건 결코 우리가 원하는 삶이 아니다.

란과 나에게 있어 첫 번째 역경은 제재소에서의 사고였고, 그로 인해 란은 평생 장애를 안고 살아갈 수도 있었다.

란은 제대하고 얼마 되지 않은 어린 나이에 제재소에서 일을 시작했다. 그는 가장 힘들고 보수가 적은 작업을 맡았는데, 갓 제재한 목재를 옮기는 작업이었다. 가공되지 않은 목재는 젖어 있고 수액으로 가득 차 있어 무척 무겁다. 트럭에서 나무를 컨베이어 시스템인 '체인'으로 옮기는 일은 전문 지식이 필요하지 않아 누구든지 가장 먼저 맡게 되는 일이지만 아무도 하고 싶어 하지 않는 일이었고 신입사원의 패기를 시험하기 위한 일이었다. 만약 그 일을 잘해낸다면 바로 고용되지만, 그렇지 못할 경우 일주일 안에 정리될 수도 있었다.

힘든 일은 문제가 되지 않았다. 란이 원한 것은 더 나은 보수였다. 그는 하역장 일용직이 제재소에서 가장 많은 임금을 받는다는 사실을 알게 되었다. 그들이 하는 일은 가공된 목재를 선적할 수 있도록 화물칸에 옮겨 나르는 일이었고, 시간당 임금이 아닌 화물칸 개수에 따라 돈을 받았다. 더 빨리 상차할수록 더 많은 돈을 벌 수 있는 구조였던 것이다.

란은 남들이 쉬거나 점심을 먹는 시간에도 동료들과 TV 쇼에 대해 잡담하는 대신 하역장 인부들을 관찰했다. 어깨너머로 요령을 어느 정도 터득했다고 느낀 그는 일용직 자리가 나기를 간절히 소망하며 기다렸다. 결국 인부 교체가 필요한 상황이 왔고, 누군가가 작업반장에게 란도 그 작업을 할 수 있다고 말했다. 그리고 우리가 결혼하기 몇 달 전이었던 어느 날, 그는 하역장 일용직 일을 시작하게 되었다.

상차 작업은 고된 일이었을 뿐 아니라 무거운 목재를 최대한 빨리 쌓아야 하기에 위험한 작업이었다. 선로 위 3.6미터 지점에 있는 화물칸 가장자리에 서서 계속 움직여야 했기에 발을 잘못 디디는 날엔 심각한 낙상사고로 이어질 수도 있었다.

그러나 안타깝게도 그 일이 론에게 일어나고 말았다. 어느 날 급하게 작업을 하던 론이 화물칸 가장자리에 발을 올려놓았다가 균형을 잃고 레일 위로 추락한 것이다. 지금 생각하면 걷기를 기대하기는커녕 그가 살았다는 것이 신기할 정도였다.

병원에 다녀온 후 론은 곧바로 새로운 일을 찾아야 한다는 사실을 알았다. 그 사고 이후로 그는 평생 허리 통증에 시달렸지만 그는 그 문제로 한 번도 불평하지 않았고, 그 사고에 대해 누구에게도 말하지 않았다. 그가 자신의 몸 상태를 말하지 않으면 허리 통증으로 힘들어한다는 사실도 모를 정도였다. 오늘날 그와 같은 부상을 입은 사람이 있다면 안전한 업무 환경을 제공하지 않아서 영구 장애를 입게 되었다며 회사를 고소할 테지만, 론은 그런 생각조차 하지 않았다. 그것이 그의 방식이었다.

역경은 우리의 나아갈 길을 결정해주었다. 어느 날 론이 나에게 이렇게 말했다.

"누가 제재소에서 가장 많은 돈을 버는지 알아? 하역장에 있는 사람들이 아니라, 사무실에서 일하는 매니저와 회계사야."

그리고 론은 공인회계사가 되기로 결심했다. 이상하게 들릴지 모르지만, 우리는

역경은 우리의 나아갈 길을 결정해주었다. … 만약 그 일이 일어나지 않았다면 그가 얼마나 오랫동안 제재소에 머물렀을지 누가 알겠는가. 우린 그랜지빌을 떠나지 않았을 수도 있다.

나중에 그 사고에 대해 하나님께 감사했다. 만약 그 일이 일어나지 않았다면 그가 얼마나 오랫동안 제재소에 머물렀을지 누가 알겠는가. 우린 그랜지빌을 떠나지 않았을 수도 있고, 심지어 이 사업을 시작하여 월드와이드 드림빌더스라는 단체를 설립하지 않았을 수도 있다.

란은 회계 관련 강의를 듣기 시작했다. 그리고 우리는 워싱턴주 스포케인(Spokane)이라는 도시에 좋은 경영대학이 있다는 사실을 알고 보잘것없던 살림살이를 복도처럼 긴 트레일러에 싣고 길을 나섰다.

그해 가을, 그는 킨만(Kinman) 경영대학에서 공부를 시작했다. 나는 페어웨이 파이낸스(Fairway Finance)라는 금융회사에 취직했고, 란은 학교를 다니면서 아침, 밤, 주말 가리지 않고 일했다. 나는 에이본(Avon) 제품을 팔기도 했는데, 란은 내가 주로 다니던 허름한 동네에 날 내려주고 내가 돌아다니는 동안 차 안에 앉아 공부를 했다. 그 일은 그가 학교를 졸업할 때까지 약간의 추가 소득을 마련하기 위한 수단이었다.

그는 18개월의 과정을 1년도 안 돼서 마쳤다. B+학점을 받은 한 과목을 제외하고 모두 A학점을 받았는데, 학위를 받은 직후부터 정장 차림으로 약 스무 개의 지점을 가진 스포케인 금융회사의 내부감사로 일했다. 그의 업무 중 하나는 매달 일주일 정도 지점들을 돌며 감사하는 일이었다. 부모님은 그제야 그가 가족의 일원이 될 자격이 생겼다고 느끼는 듯했다. 사위가 더 이상 산간벽지 이름도 없는 제재소 노동자가 아닌 성공한 은행원이 되었기 때문이다. 드디어 그가 있어야 할 자리로 돌아온 것만 같았다.

하지만 란의 수입은 제재소에서 벌던 것보다 조금 더 많은 정도에 불과했다. 우리에게 휴가는 기껏해야 주말에 차에 기름이 남아 있으면 돌아다니는 정도였는데, 우리는 그 시간에 집을 보러 다녔다. 크고 화려한 집은 아니더라도 좋은 동네에 있는 깨끗한 집을 찾아다녔다. 집을 둘러보며 "우리도 이런 집을 살 수 있는 날이 곧 오겠지?" 하는 상상을 하며 함께 꿈을 키워나갔다.

우리는 그 시간에 집을 보러 다녔다. … 집을 둘러보며 "우리도 이런 집을 살 수 있는 날이 곧 오겠지?" 하는 상상을 하며 함께 꿈을 키워나갔다.

영화관에도 거의 가지 않았다. 한 달에 한 번, 50센트짜리 햄버거 가게에서 스스로에게 한턱 내는 정도가 전부였지만 당시 우리에게는 그것마저 사치스럽게 느껴졌다. 밀려드는 청구서 낼 돈 말고는 여유가 전혀 없었기 때문이다. 그나마 월급이 밀리지 않는 것만으로도 큰 자부심을 느낄 정도였다.

론은 지점들을 돌아다니며 은행이 어떻게 돌아가는지 서서히 파악하게 되었다. 론이 상상할 수 있는 최고의 자리는 지점장이었다. 어느 날 론은 자신이 감사하던 지점 중 한 곳에서 롤모델로 삼을 만한 지점장을 발견했다. 그 지점장은 매우 총명한 동시에 친절하고 쾌활하며 깔끔한 남자였다. 그는 10년째 그 회사에 근무 중이었고 지역 골프 동호회 회원이기도 했는데, 평소 골프를 좋아했던 론에게는 성공의 정점에 오른 전형처럼 느껴졌다. 론은 그 은행 지점을 방문할 때마다 그 지점장과 시간을 보내며 그가 어떻게 일을 처리하는지 듣게 되었다.

제재소에서 그랬던 것처럼 론은 편하게 앉아서 휴식을 즐기는 대신 자신이 목표하는 자리에 있는 사람들을 통해 배우려고 했다. 이 원칙은 론이 어떤 일을 하든 그를 성장할 수 있게 도와주었다.

롼이 그 지점장으로부터 많은 것을 배웠음에도 불구하고 어느 순간 이 남자의 발자취를 따라가려던 꿈에 제동이 걸렸다. 그 지점을 감사하던 중 현금 잔고가 일치하지 않는다는 사실을 발견한 것이다. 롼이 그 일에 대해 추궁하자 지점장은 생활비가 부족하여 잠시 은행 돈을 유용했다는 사실을 자백했다. 지점장은 월급을 받아 그 돈을 상환할 것이라고 했지만 롼은 어안이 벙벙했다. 생활비가 부족하다고? 골프 동호회 회원인데 어떻게 공과금을 못 낼 수 있지?

"생활비가 부족한데 어떻게 골프 동호회 활동을 할 수 있죠?"

롼이 묻자 지점장이 대답했다.

"아, 회비는 회사에서 지원하고 있습니다. 그래야 마을의 부유한 사람들과 어울릴 수 있고, 가능한 한 우리 고객으로 유치할 수 있으니까요."

지점장이 가진 매력과 긍정적인 태도에도 불구하고, 우리보다는 조금 더 높은 차원에서 그 역시 가난했고 우리처럼 가난한 상황에서 벗어나기 위해 고군분투 중이었던 것이다.

롼은 그의 문제를 조금 더 깊이 파고들어 이유를 알게 되었다. 지점장의 한 달 수입은 900달러 정도였다. 이 사실에 롼은 당황했다. 그 시절 롼의 한 달 소득은 475달러였는데 앞으로 소득이 900달러까지 오르려면 10년은 필요하다는 이야기 아닌가. 결국 이 일도 장래성이 별로 없다는 것인가? 망치로 한 대 얻어맞은 기분이었다. 25세 감사관이었던 롼은 자신보다 상급자이며 회사에서 나름대로 인정받고 있는 지점장을 징계하기 위해 불렀다. 그 순간 그의 심장박동 소리가 더 이상 이런 사람이 되고 싶지 않다는 걸 깨닫게 했다. 엄청난 충격이었다. 안쓰

러운 마음에 롼은 지점장으로부터 다시는 이런 불미스러운 일을 하지 않겠다는 확답을 받고 고발 없이 이 일을 마무리했다.

집에 돌아오자마자 롼은 트라이시티(Tri-Cities) 소재의 정부 협력 업체와 인터뷰를 잡았다. 그 회사는 핵 생산단지 핸포드(Hanford) 프로젝트의 지원 서비스 관리 업체였다. 인터뷰는 순조로웠다. 한 매니저가 롼에게 말했다.

"롼, 우리는 당신을 고용하고 싶지만 한 가지 문제가 있습니다."

롼이 물었다.

"그게 뭐죠?"

그는 지원서를 가리키며 말했다.

"여기 희망 임금을 월 650달러로 적으셨군요."

롼은 자신이 너무 많은 임금을 요구했다고 생각하고 잠깐 당황했다. 임금을 조금 더 협상할 수 있다고 이야기하려던 찰나에 매니저가 말을 이었다.

"다양한 대학에서 졸업생들을 고용할 예정이기 때문에 800달러 이하는 곤란합니다. 당신의 경험으로 봐도 그렇고, 적어도 그들이 시작하는 금액에서 출발해야겠죠?"

롼은 고개를 끄덕였다.

"좋습니다. 그렇게 하시죠."

그렇게 롼은 ITT 연방 지원 서비스에서 일하게 되었다. 우리의 꿈이 다시 정상 궤도에 올랐다고 생각했다. 트레일러를 팔고 스포케인에 새 집을 장만하기 위해 계약금까지 낸 상태였지만, 롼은 우리의 미래가 다른 곳에 있다는 사실을 알고 있었다. 그래서 우리는 그 집을 되팔고 케너윅(Kennewick)이란 도시로 이사했다. 이웃 환영 잔치에서 우리는 짐(Jim)과 샤론 엘리엇(Sharon Elliot)을 만나 금세 친해졌지만 그들은 그후 시애틀로 이사했다. 그들을 다시 볼 수 있을지는 알 수 없었으나 계속 연락하며 지냈다.

상황은 다시 나아지기 시작했다. 형편없는 월셋집을 전전하던 우리는 드디어 모레인 거리(Morain Street)에 있는 벽돌집을 구입하기로 하고 계약금을 걸었다. 우리 형편에 조금은 버거운 집이었으나 살림살이가 좀 나아지면 감당할 수 있을 거라 판단했다.

핸포드 핵시설은 정부와 실비정산 보수고정계약으로 운영되었다. 그 계약 방식은 계약자가 노동자를 더 많이 고용할수록 정부가 그들에게 더 많은 돈을 지불해야 한다는 것을 의미했다. 그것은 정부가 아니면 버틸 수 없는, 말이 안 되는 거래였다.

란의 눈에 가장 먼저 들어온 것은 임금 부풀리기로 인한 자금 낭비와 관리 부실 문제였다. 2만 명의 직원으로 시작한 프로젝트가 2년 후에도 여전히 2만 명의 직원을 유지하고 있었다. 란은 상사에게 물었다.

"일이 3분의 1로 줄었는데 왜 인원을 줄이지 않는 거죠?"

그러자 상사가 대답했다.

"걱정하지 마. 앞으로 평생 여기서 일하게 될 테니까."

정부에서 발주하는 일은 언제나 안정적

그러자 상사가 대답했다. "걱정하지 마. 앞으로 평생 여기서 일하게 될 테니까." … 예상대로, 그다음 해에 정부와의 계약은 파기되었다. 란을 비롯한 1,500명의 근로자들은 월요일에 해고통지서를 받았다.

이지 않던가. 롼은 그를 믿는 실수를 저질렀다.

예상대로, 그다음 해에 정부와의 계약은 파기되었다. 롼을 비롯한 1,500명의 근로자들은 월요일에 해고통지서를 받고 금요일이 마지막 근무가 될 것임을 통보받았다. 해고 통보를 할 때 관리 책임자는 이렇게 말했다.

"저희와 함께 일해주셔서 감사드립니다! 그러나 우리가 해줄 수 있는 게 없어 죄송합니다. 행운을 빕니다."

결국 우리는 늘어난 수입으로 인해 더 많은 빚과 더 많은 주택담보대출 상환에 시달려야만 했다. 롼은 당장 새로운 일자리를 구해야 했지만 지역 일자리 시장은 일자리를 구하려는 1,500명의 해고된 근로자들로 넘쳐났다.

롼은 즉시 구직에 나섰고 뉴저지 쪽에 기회가 있었다. 그는 바로 인터뷰에 응하러 갔지만 우리 아이들을 복잡한 도시 한복판에서 키우고 싶지는 않았다.

다행히 당장 회계 담당 출납원과 사무장이 필요한 공기업이 있어 그곳에 지원해서 일자리를 구했지만, 구직자들이 너무 많았던 탓인지 임금이 적었다. 롼의 수입이 30%나 줄어든 것이다. 감당할 수 없는 상황에 전업주부가 되고 싶었던 나의 꿈은 지켜지지 못할 것 같았다. 나의 세상은 롼과 두 아들, 그리고 우리 집이었다(큰아들 짐은 스포케인을 떠나기 전에 태어났고 둘째 브라이언은 우리가 트라이시티로 이사한 직

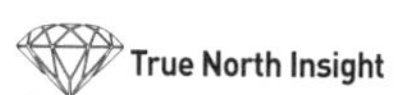

감당할 수 없는 상황에 전업주부가 되고 싶었던 나의 꿈은 지켜지지 못할 것 같았다. … 역경은 다시 우리 집 문을 두드리며 나의 세상을 위협하고 있었다.

후 생겼다). 모든 것이 견딜 만했지만, 역경은 다시 우리 집 문을 두드리며 나의 세상을 위협하고 있었다.

나는 먹고 살기 위해 일을 해야만 했다. 낯선 사람이 우리 아이들을 키우는 걸 원치 않았기 때문에, 내가 낮에 아이들을 돌보는 대신 밤에 일하고 롼은 퇴근 후 집에 돌아와 저녁에 아이들을 돌보는 방식으로 계획을 세워야 했다. 비록 경험은 없었지만 내가 할 수 있는 최선의 선택은 웨이트리스였다.

우리 집 근처에 데니스(Denny's) 식당이 있었다. 나는 롼이 조언한 대로 시험 삼아 일주일만 일해보겠다고 했고, 다행히 매니저도 나의 제안에 동의하며 야간에 일할 수 있는 자리를 주었다. 약속된 주말이 끝나갈 무렵, 직장을 얻게 된 나는 결국 야간 교대 시간까지만 일하기로 하여 다행히 밤새 집을 비울 필요는 없게 되었다.

매일 아침 우리는 함께 일어났고, 롼은 일하러 달려 나갔다. 그가 밤에 집에 돌아오면 나는 그 차를 타고 데니스 식당으로 향했다. 주중에는 자정이나 새벽 1시까지 일하고 토요일에는 야간 근무를 했다. 롼은 그 상황을 '16시간 이혼'이라 불렀다.

나는 살림에 보탬이 될까 싶어, 아는 동네 엄마가 일하러 간 사이 그녀의 세 아이를 돌보는 일도 시작했다. 출근 시간이 빨랐던 그녀는 해가 뜨기 전에 아이들을 우리 집에 데려다놓았고, 나는 그녀의 세 아이들 중 둘을 학교에 보낸 후 막내를 돌봤다. 매일 아침 그녀가 아이들을 내려주고 떠날 때면 내 아이들만큼은 절대로 남의 손에 키우지 말아야지 다짐했던 생각에 눈물이 쏟아질 것 같았다.

인생을 즐기기 위한 무언가를 찾는 일은 고사하고 가족과 재정적인 안정, 그리고 롼이 만족스러운 직업을 찾는 것에 대한 꿈이 서서히 무너져내리고 있었다. 과연 뭘 더 할 수 있을까?

어떻게든 대안을 찾아야 했다. 이 모든 일은 잠시 겪는 일일 뿐 롼은 결국 더 나은 일을 찾게 될 것이고 수입이 늘면 우린 다시 일어설 거라 생각했다. 하지만 우리 가정은 오히려 더 많은 역경에 직면하게 되었다.

우리는 이중고에 시달렸다. 롼은 직원을 톱니바퀴라고 생각하는 회사에서 일하며 온갖 스트레스를 받고 있었다. 그는 이미 회계 담당, 감사, 관리자의 역할을 수행하고 있었지만, 경영진이 시스템 자동화 전환을 결정하면서 그것을 관리하는 업무까지 맡게 되었다. 컴퓨터에 대해 심지어 '자동화'가 무슨 말인지도 몰랐던 롼이지만 그 일은 이제 그의 업무 중 하나가 되었다. 더 많은 압박, 더 많은 책임감, 더 많은 업무가 그의 어깨에 내려앉았음에도 급여는 그대로였다.

2주간의 컴퓨터 대금 청구 과정을 수강한 롼은 주어진 책임을 회피하지 않고 모든 시스템과 비즈니스 기록을 자동화하는 작업을 시작했다. 그러나 시간이 문제였다. 그래서 그가 선택한 방법은 정해진 출근 시간보다 서너 시간 일찍 출근하는 것이었다. 그는 내가 저녁에 일하지 않는 날에는 일을 더 오래 했다. 가족이 함께할 수 있는 짧은 시간마저 사라져버리고 만 것이다.

그러던 중 시아버지가 돌아가셨다. 롼이 장남이었기 때문에 그는 어머니를 돌보는 것이 본인의 책임이라고 생각했다. 사실 롼은 그의 가족 중 어머니를 도울 수 있는 유일한 사람이었다. 게다가 그의 부모님 명의로 빚이 있어 우리는 그 빚을 갚기 위해 두 번째 대출을 받을 수밖에 없었다.

빚을 떠안았다는 건 우리 월급의 거의 대부분이 그달이 시작되기도 전에 소진된다는 것을 의미했다. 우리의 유일한 '여유 자금'은 내가 데니스에서 받는 팁이었고, 결국 그것이 우리 가정의 식료품비 예산이 되었다. 론은 내가 늦게까지 일하는 날에도 삐그덕거리는 식탁에 앉아 같이 팁을 세기 위해 기다렸고, 그 일을 마치고 나서야 잠자리에 들었다. 그는 "남은 동전이 있는지 당신의 발목을 잡고 뒤집어 흔들어봐야겠다"는 농담을 하기도 했다. 어쩌다 술집에서 돈을 탕진해 팁 줄 여력이 없는 손님을 서빙하는 날엔 일주일 동안 우리 집 냉장고가 비어버리는 상황이 될 수도 있었다.

론이 삼십이 될 무렵, 불면증 때문에 잠이 오지 않아 천장을 바라보고 있자면 삶이 이렇게 끝나버리면 어쩌나 하는 걱정이 밀려들었다고 한다. 그 압박감이 우리의 결혼생활을 갉아먹고 있었다. 우리는 다투지 않고는 돈 얘기를 할 수 없었고, 그가 퇴근하고 집에 돌아오면 진입로에서 차 열쇠를 주고받을 때 빼고는 서로를 볼 수 있는 시간이 거의 없었다.

가끔 론은 식은땀을 흘리며 스스로에게 묻곤 했다.

"인생이 이런 거였나? 모든 것이 엉망이야. 아내는 밤에 일하느라 가족이 함께할 시간도 없고, 빚은 많은데 내 직장은 별 볼 일 없고, 조지아 리와 나는 매일 서로 트집만 잡고 있으니, 도대체 나는 무엇을 위해 살아야 하는 걸까?"

그의 고민은 깊어만 갔다.

우리가 거기까지 어떻게 올 수 있었는지는 깨닫지 못한 채, 헨리 데이비드 소로(Henry David Thoreau)가 '조용한 절망의 삶'이라 부른 삶을 살고 있었다.* 우리의 꿈은 위태로웠지만, 상황이 그렇다는 것을 인정하고 싶지는 않았다. 우리는 부채의 감옥에 갇혀 있었다. 우리가 버는 돈은 이미 미래의 누군가에게 저당 잡혀 있었다. 우리가 할 수 있는 것이라고는 밧줄 끝에 매듭을 하나 더 묶고 그것이 우리가 매달릴 수 있는 매듭이기를 바라는 것뿐이었다. 하지만 이런 삶이 영원히 이어질 수는 없었다. 우리는 무언가를 포기해야 했다. 그런데 다행히도 우리는 짐과 샤론 엘리엇을 다시 만나게 되었다.

꿈 도둑 멀리하기

조심하지 않으면 당신의 꿈을 훔쳐 갈 다섯 가지가 있다.

첫 번째는 '실망'이다. 물론 실망은 피한다고 해서 피해지는 것이 아니다. 당신이 사람들과 함께 일한다면 분명히 실망하게 될 것이다.

목사님들이 하는 말이 있다.

"사람들을 위한 일이 아니라면 목회는 정말 멋진 일이다."

목회는 사람을 위한 것이고, 사업도 마찬가지다. 그러나 사람들마다 우선순위가 다르기 때문에 사람들과 함께 일하면 실망하기 마련이다. 그들은 분명히 당신이 예상하지 못한 행동을 할 것이기에 실망하기 쉽다고 하는 것이다. 하지만 실망했을 때 그 상황을 마침표가 아니라 쉼표로 받아들여야 한다. 그리고 그 반대편에 무엇이 있는지 잠시 멈추어

---

* 헨리 데이비드 소로는 대표작 《월든(Walden)》에서 '스스로 원하지 않는 삶을 살면서도 그것에 저항하거나 상황을 변화시키지 못하고 묵묵히 체념하며 살아가는 상태'를 비판하였다.

실망은, 모든 꿈 도둑이 그렇듯, 역경의 한 형태이다. 그렇다면 당신은 그 실망감에 어떻게 대처할 것인가?

생각하고, 현재의 상황을 다시 한번 돌아보고 평가해야 한다. 실망은, 모든 꿈 도둑이 그렇듯, 역경의 한 형태이다. 그렇다면 당신은 그 실망감에 어떻게 대처할 것인가? (힌트: 당신이 만약 꿈을 이루고 싶다면 선택 목록에서 '포기'라는 단어를 지워라.)

당신이 직면하게 될 장애물은 실망만이 아니다. 그 뒤에 '거절'이 있다. 누구든 살면서 거절을 경험한다. 꿈이 클수록 거절받을 확률도 높다. 모든 사람이 더 잘살아보겠다고 노력하지는 않는다. 그것은 그들의 선택일 뿐이다. 만약 그들이 당신의 제안을 받아들일 생각이 없다면 받아들일 사람을 찾으면 된다. 더 많은 것을 성취하고자 한다면 당신과 함께할 사람을 찾기 위해 더 많은 사람을 만나야 할 것이다. 모든 사람이 당신과 같아야 한다는 생각은 오히려 당신에게 해가 된다. 타인에게는 '나와 다를 권리'가 있음을 인정하라.

어떤 사람들은 단순히 "아니요, 전 괜찮습니다"라고 말하는 것으로 만족하지 않고 당신을 무너뜨리려고 할 것이다. 남을 낮추는 것이 곧 자신을 높이는 것으로 착각하는 사람들이다. 그들이 깨닫지 못하는 것은(그리고 당신이 깨달아야 할 것은) 그러한 행동이 당신을 거절한다는 의미가 아니라는 사실이다. 그들은 단지 자신들의 입장을 표현한 것뿐이다. 그들이 당신에게 해를 끼칠 수 있는 유일한 상황은 당신이 그들의 의견에 굴복하는 것이다.

그럴 때는 침착하게 "당신이 어떤 사람인지 솔직하게 보여주서서 고

아버지는 이렇게 말씀하셨다.

목표를 성취하지 못한 이유가 다운라인 파트너들이
자기 몫을 다하지 못했기 때문인 것 같다고 징징댈 때
아버지는 이렇게 말씀하셨다.
"짐, 그것은 절대 다운라인 잘못이 아니란다. 모두 네 잘못이지.
파트너들은 너를 위해 일하는 것이 아니다.
원하는 목표에 도달하지 못했다면 너의 노력이
결과를 만들어낼 만큼 충분하지 않았기 때문이고,
더 많은 사람을 후원하지 않았기 때문이야.
투덜대지 말고 더 노력해. 더 큰 성취를 원하니?
그럼 더 많은 사람을 돕기 바란다."

_ 짐 퓨리어

맙습니다. 덕분에 시간을 낭비하지 않았네요"라고 말해보라. 꿈을 향해
나아가길 원한다면 당신이 옳다고 믿는 것을 위해 계속 행동하라.

당신이 꿈을 이야기하면 인품이 부족한 사람들은 당신을 조롱할 것
이다. 연예인 이야기로 시간을 낭비하느니 책이나 읽는 게 낫겠다고 생
각하고 식당 구석에 앉아 동기 부여 책을 펼치는 순간 그들이 당신을
괴롭힐 것이다. 그들 중에는 이미 꿈을 포기한 사람도 있을 수 있는데,
그런 사람들에게는 누군가가 꿈을 향해 나아가는 모습이 무척 불편할

것이기 때문이다.

꿈꾸는 사람과 그렇지 않은 사람의 언어는 다를 수밖에 없다. 그것은 당신의 문제가 아니다. 꿈꾸는 데는 이유가 있다. 당신을 신뢰하는 배우자와 가족을 생각해보라. 그 이상 무엇이 더 필요한가. 다른 사람들이 어떻게 생각하는지가 뭐가 그리 중요한가. 그러니 꿈을 소중하게 간직하고 끝까지 맞서 싸워라.

세 번째로 주의해야 하는 것은 '실패'이다. 꿈을 향해 나아가는 과정에서 목표를 달성해가는 사람들을 보게 될 것이다. 그런 순간엔 문득 '나는 너무 천천히 가고 있어서 그 지점에 절대 도달하지 못할 것 같다'는 두려움이 엄습한다. 방금 사업을 시작했다는 사실을 망각하고 그 분야에서 큰 성과를 낸 사람들을 보며 스스로 자책하다 엉뚱한 행동을 해서 일을 그르치기도 한다. 꿈을 향해 발을 앞으로 내디뎌야 하는 상황에서 오히려 뒷걸음질 치는 실수를 범하고 마는 것이다.

일을 그만두고 싶어질 수도 있다. 그러나 절대 용기를 잃어서는 안 된다. 우리도 비슷한 경험을 많이 했다. 멍청한 짓을 한 적이 한두 번이 아니다. 당신을 격려하고 싶다. 롼과 나도 비즈니스를 구축하고 성공해가는 과정에서 수도 없이 넘어졌고 그럴 때마다 우리는 실패를 인정하고 포기할 것인지, 아니면 실패를 통해 배우고 더 현명하게 대처하며 앞으로 나아갈 건지를 선택해야 했다. "실패했으니 나는 이제 패배자야"라고 자책할 수도 있지만, 반면에 이렇게 스스로를 격려할 수도 있다.

"이번에도 한 수 배웠네. 앞으로 잘하면 되지. 그래도 이런 실수는 하지 말자. 적어도 같은 방식으로는. 실수할 때마다 새로운 교훈을 얻고 있으니 계속 배워가는 한 나는 전진하고 있는 거야."

원칙적으로 성공은 실패를 기반으로 한다. 토머스 에디슨(Thomas Edison)은 전구를 작동시킬 필라멘트를 찾기 위해 수천 개의 필라멘트를 실험했다. 비록 수천 대 일의 확률이었지만, 단 한 번의 성공은 결국 빛이 있는 세상을 만들었다. 에디슨은 "실패자들은 포기한 순간 자신이 얼마나 성공에 근접했었는지 알지 못했던 사람들"이라고 했다.

에이브러햄 링컨(Abraham Lincoln)의 삶은 여러모로 비극적이었다. 그는 실패한 사업가였다. '노예제 반대론자'인 그가 미국 대통령으로 선출되자 남부의 7개 주들이 연방 탈퇴를 선언했고, 그의 취임식 연설 당일에는 4개 주가 추가로 탈퇴를 선언했다. 그의 두 아들은 어린 나이에 세상을 떠났다. 그러나 오늘날 그는 여전히 미국 역사상 가장 위대한 대통령 중 한 명으로 기억되고 있다. 중요한 것은 실패가 아니라 실패 후에 어떻게 반응하느냐이다.

실패가 걸림돌이 아닌 징검다리가 되게 해야 한다. 에디슨은 몇 번이나 실패했냐는 질문에 "나는 실패한 적이 없다. 안 되는 방법을 수천 가지 찾았을 뿐이다"라고 했다. 실패는 성품을 만든다. 란과 나는 하나님이 실패를 통해 우리의 삶에서 제거되어야 할 것들을 정리하신다고 믿었다. 기다렸던 성공이 마침내 찾아왔을 때 그것들이 오히려 우리를 파괴할 수도 있기 때문이다. 실패 극복을 통해 우리는 자신과 자세를 다듬게 된다. 그 과정을 통해 인내심을 키우며 성품을 빚어가는 것이다. 또 나 자신을 보며 웃는 법을 가르쳐준다. 실패에도 불구하고 나를 보고 웃을 수 있을 때 성공을 향해 당당한 발걸음을 내디딜 수 있다.

네 번째로 주의해야 할 것은 '반대'이다. 만약 당신이 암웨이 사업을 하고 있다고 말하면 당신은 분명히 반대에 부딪힐 것이고, 이 사업과 이 사업으로 성공한 사람들에 대한 부정적인 이야기를 아주 쉽게 접하게 될 것이다. (그러한 이야기는 오해에서 비롯된 경우가 많고, 사업에 종사한 적이 아예 없거나 제대로 검증된 방법으로 이 사업을 진행하지 않았던 사람들에 의해 만들어졌다. 세상만사가 그렇듯 관심을 끌기 위해 비평하는 것은 그 일로 성공하고 인정받는 것보다 쉽다.)

누군가가 무언가를 시작하거나, 자기 뜻을 관철시키려고 하거나, 가치가 있는 것을 얻으려고 할 때에는 반대에 직면하게 된다. 반대로, 당신이 무엇인가를 알고 싶지 않거나, 하고 싶지 않거나, 가지고 싶지 않다면 아무도 반대하지 않을 것이며, 그들은 당신을 그냥 내버려둘 것이다. 만약 당신이 평범한 대중 속 한 사람이라면, 그리고 저항이 전혀 없는 길을 가는 떠돌이라면 꿈이 없는 사람들조차 당신에게 반대할 이유가 없다.

존재감 있는 사람이 되기를 원하는가? 그렇다면 투쟁할 만한 꿈이 있어야 한다. 긍정적인 방향으로 세상에 흔적을 남기고 싶은가? 그렇다면 반대에 기꺼이 맞서 싸워라. 빅토르 위고(Victor Hugo)는 이렇게 적었다.

"당신에게는 적이 있는가? 왜 적이 있었던 사람만이 위대한 업적을 남기고 창의적인 생각을 할 수 있었을까? 빛나는 구름 주위에 천둥이 치고 조명 주변에 벌레가 끓듯 명성

> 당신이 평범한 대중 속 한 사람이라면, 그리고 저항이 전혀 없는 길을 가는 떠돌이라면 꿈이 없는 사람들조차 당신에게 반대할 이유가 없다.
> 존재감 있는 사람이 되기를 원하는가? 그렇다면 투쟁할 만한 꿈이 있어야 한다.

에도 적이 있는 법이다. 신경 쓰지 않는 게 답이다."

다섯 번째이자 마지막으로 경계해야 할 것은 '성공' 그 자체이다. 그렇다. '성공을 보장하는 성공은 없다'는 말처럼 단기적 성취로 인해 자신이 그 일을 잘 안다고 착각하는 것만큼 장기적 성공에 독이 되는 것도 없다. 롼이 가장 좋아했던 성공의 정의는 '가치 있는 목표를 향한 점진적 실현'이었다. 성공은 여정이지 목적지가 아니다. 성공하는 것을 멈추는 순간 당신의 성공도 멈춘다. 성공에 도달하지 못하고 실패에 도달하게 되는 것이다.

많은 사람이 목표를 달성하고 스스로에게 말한다. "나를 좀 봐! 나 멋지지? 내가 성취한 걸 좀 보라고!" 성취는 칭찬할 만하지만, 그게 끝이 아니다. 그 레벨의 성취에 요구되었던 것들은 다음 성취를 위해 필요한 능력, 기술, 지식과 같지 않을 수 있다. 절대 스스로에게 우쭐해서 이 정도면 충분하다고 말하지 말라. 세상은 절대로 호락호락하지 않

아버지는 이렇게 말씀하셨다.

"다이아몬드를 달성하는 것과
다이아몬드를 유지하는 것은 다른 이야기이다."

_ 짐 퓨리어

다. 만약 당신이 계속해서 더 큰 성취를 위해 나아가길 원한다면, 성장을 멈춰도 되는 유일한 순간은 천국에 들어갈 때이다.

겸손함을 잃지 말라. 겸손이라는 단어의 어원은 '비옥하고 건강한 토양'이다. 그렇다면 겸손하다는 것은 꿈을 비옥한 마음에 심은 채 머물러 있는 상태이다. 론과 나는 우리의 성취가 우리와 동행하시는 하나님과 우리가 소중히 여기는 원칙에 기인한다고 믿으며 살기로 했다. 겸손하다는 것은 당신이 어디에서 왔고 누가 당신에게 그 성공을 허락했는지를 기억하는 것이다. 만약 당신이 원하는 목표지점에 도달해 '먹고 마시고 즐거워하며' 인생을 즐길 때가 되었다고 생각한다면 당신이 너무 작은 꿈을 꾸었거나 당신만의 꿈이라고 생각하고 있는 것이다. 절대 그렇지 않다. 당신이 우주에 남기는 흔적은 언제나 다른 사람들을 위해 무엇을 하느냐에 의해 결정된다. 얼마나 많은 것을 갖게 되었는지가 아니라 얼마나 많이 베풀었느냐가 중요한 것이다.

성공이란 태어난 날부터 죽는 날까지 계속되는 여행이다. 꿈을 꾸는 것을 멈추지 말라. 하나의 꿈을 이루면 더 큰 꿈을 가슴에 품으라. 만약 당신이 다른 사람들을 섬기고 사랑하는 것에 눈을 돌릴 수 있다면 당신은 꿈을 이룰 때마다 놀랍도록 새로운 삶을 맛보게 될 것이다. 그리고 비즈니스가 다음 단계로 성장할 때마다 다른 사람들이 그들의 꿈을 향해 나아가는 것을 도울 수 있는 시간과 재정적인 여유가 생길 것이다. 내가 확실히 말해줄 수 있는 것은 그런 결과가 만들어지기 시작하면 당신 삶에서 상상하지도 못한 새로운 가치들을 경험하게 될 것이라는 점이다.

그때가 되면 세상엔 싸워서 쟁취할 만한 가치 있는 것들이 있다는 사실을 깨닫게 되어 당신의 새로운 꿈과 다른 사람들의 꿈들을 가벼이 여기지 않게 될 것이다. 자유를 가벼이 여기지 않게 될 것이고, 조국과 신념(롼과 나의 경우 하나님에 대한 믿음을 말한다)을 가벼이 여기지 않게 될 것이고, 당신의 배우자는 물론 이 사업을 함께하는 사람들 또한 가볍게 여기지 않게 될 것이다. 이 모든 것은 당신의 꿈이 커질수록 더 중요해질 것이다. 만약 꿈을 붙잡지 않았다면 당신은 과연 어디에 있었을지 상상하며 실망, 거절, 반대, 수많은 실패에도 불구하고 꿈을 부여잡은 것이 충분히 가치 있는 일이었다는 사실을 다시 한번 깨닫게 될 것이다(롼과 나의 경우, 하나님의 은혜로부터 많은 유익을 얻었다고 믿었다). 순간의 성공에 취해 자만하지 않고 부디 가치 있는 꿈을 향해 끊임없이 전진하여 당신의 진짜 인생을 살기 바란다.

Principle 3

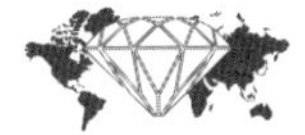

꿈은 당신의 목적지이며,

비전은 당신을 그곳까지

이끌어줄 지도다.

꿈이 비전이 되지 않는다면

그 꿈은 결국 사라지고 말 것이다.

3

꿈을
비전으로 바꾸라

하나님은 우리를 인도하실 때 기회의 문을 열어주는 대신 때로는 문을 닫아 우리가 더 나은 길을 찾을 수 있도록 하신다는 이야기를 들은 적이 있다. 비록 당시에는 하나님을 알지 못했으나, 직업전선에서 위기를 맞 아 미래가 암울한 상황에서 하나님은 우리에게 그가 원하셨던 삶을 살 수 있도록 회복할 계기를 주셨다. 우리 중 한 명이라도 그 기회를 알아차리고 놓치지 않았다는 사실에 매일 감사드린다.

1971년 11월, 짐 엘리엇(Jim Elliot)은 롼에게 전화를 걸어 우리가 관심을 가질 만한 사업이 있다고 말하며 아내와 함께 우리 집에 방문하여 설명을 해도 되겠느냐고 물었다.

'당연히 관심이 없지. 도대체 우리를 뭘로 보고 이러는 거야? 우리가

돈이 없어서 쩔쩔매는 사람들로 보였나?'

괜한 자존심이 발동했다. 이런 속담을 들어본 적이 있는가? '부정한다고 진실이 바뀌는 것은 아니다.'

"네, 우리도 만나고 싶어요."

롼은 짐에게 말했다.

"오시는 것은 상관없는데, 죄송하지만 사업에는 관심이 없습니다. 우리 가정엔 아무 문제가 없거든요."

롼은 짐의 제안을 똑 부러지게 거절할 수도 있었지만, 본능적으로 짐이 엉뚱한 일에 빠져 있으니 그를 그 일에서 구해줘야겠다는 생각이 들었다. 우리가 만나지 못한 사이 도대체 이 부부에게 무슨 일이 있었던 것일까? 롼은 요즘 여성용 속옷을 파는 일이 성행한다는 이야기를 들은 기억을 떠올리고, 혹시 짐이 그 일에 빠진 건 아닌지 의심했지만 충분히 그를 설득시킬 수 있을 거라 생각했다.

11월 폭풍우가 몰아치던 어느 날, 짐과 샤론은 여섯 살도 안 된 아이 셋을 폭스바겐 버그에 태우고 시애틀에서 산을 넘고 눈보라를 헤치며 기꺼이 케너윅까지 왔다. 그들이 도착한 것은 금요일 밤, 내가 데니스에 일하러 나간 사이였다. 아마 기억하겠지만, 나는 금요일 밤에 11시까지 근무하고 토요일에는 야간 근무를 하기 위해 새벽에 일어나야 했으니, 상황은 그리 좋지 않았다. 롼은 그들이 우리 집에 짐을 풀자마자 바로 설명을 듣고 내용을 훑어본 뒤 나머지 시간은 오랜만에 만났으니 그동안의 회포를 풀까 했지만 짐은 우리 부부가 함께 설명을 듣기를 고집했다. 롼은 짐의 제안이 현명하지 못하다고 생각했지만 결국 동의했다. 롼과 엘리엇 부부는 다섯 아이들을 잠자리에 누이고 내가 집에 오기를 기다렸다.

나는 여느 때처럼 자정이 훨씬 넘어서 집에 돌아왔는데, 나를 기다리는 세 사람을 보는 순간 다음 날 아침에 출근하려면 잠을 몇 시간밖에 못 잘 거라는 생각에 기분이 좋지 않았다.

퇴근 직후라 피곤하고 지쳐 있었지만 란 옆에 앉아 최대한 우아한 모습으로 예의를 갖추며 그들의 설명을 들으려고 노력했다. 하지만 어떤 질문도 할 생각은 없었다. 나는 그저 그들의 설명이 끝나기만 바라며 머릿속으로 되뇌고 있었다.

'제발 빨리만 끝내라. 가서 자야 하니까.'

설명이 시작되고 5분 정도가 지났을까? 란은 문제의 회사명을 물었다. 그때만 해도 이들이 그에게 브래지어를 함께 팔자고 할까 봐 걱정했었다고 나중에 말해주었다. 란은 짐이 설명을 더 진행하기 전에 먼저 어떤 회사인지 알고 싶어 했다. 짐이 말했다.

"회사명은 '아메리칸 웨이(American Way)'의 줄임말로… 암웨이입니다."

암웨이? 내 눈이 아마도 접시만 하게 커졌던 것 같다. 암웨이의 A자를 듣는 순간 나는 갑자기 예전 경험이 떠올랐다.

몇 달 전, 한 남자가 집에 찾아와 세탁비누가 필요하냐고 물었다. 그는, 아무리 좋게 표현해도, 행색이 엉망이고 지저분했다. 티셔츠의 배꼽 부분 오른쪽에 구멍이 나 있었고 머리는 헝클어져 있었으며, 3일은 면도를 안 한 듯 수염이 거뭇거뭇했다(전혀 스타일리시하지 않은 수염이었다). 작은 빨간 수레에 물건을 싣고 다녔는데, 아마 아이의 수레 같았다. 그의 모습이 살짝 위협적이라 "혹시 암웨이 세제 필요하세요?"라고 묻는 순간 문을 쾅 닫아버리고 싶은 지경이었다. 그 순간 난 마음을 닫아버렸다. 그후 '암웨이'라는 단어를 들을 때마다 그때 그 남자의 모습이 가장 먼저 떠올랐고, 그런 회사와는 어떤 일도 하고 싶지 않았다.

"참, 저는 아침에 출근해야 해서요. 먼저 들어가보겠습니다. 모두 안녕히 주무세요!"

난 곧바로 자리를 떴고 그 일에 대해 다시는 생각하고 싶지 않았다.

우리 집을 방문한 손님이었지만 나는 그들이 환영받고 있다는 느낌을 받을 만한 그 어떤 행동도 하지 않았다. 잠자리를 챙기기는커녕 하다못해 수건이 어디에 있는지도 알려주지 않았다.

룐 입장에서는 당황스러웠을 것이다. 어쩌겠는가. 그런 상황을 문제 삼을 수도 있고 그냥 넘어갈 수도 있지만, 그는 절대 이런 일로 문제를 크게 만들 사람은 아니었다.

아무리 생각해도 나로서는 기분이 좋을 리 없는 상황이었지만 개의치 않았다. 그 구걸하는 남자처럼 가가호호 돌아다니며 비누를 팔 생각은 전혀 없었기 때문이다. 내가 그런 일을 할 사람이라고 생각했다면 그것은 그들의 착각이었다. 도대체 나를 어떻게 생각한 거지? 우리가 그렇게 품위 없는 사람들로 보였단 말인가? 상관없었다. 그리고 얼굴이 베개에 닿는 순간, 나는 곯아떨어졌다.

다음날 아침, 일찍 일어나 출근할 채비를 하고 복도를 따라 현관 쪽으로 내려왔다. 모퉁이를 돌아 거실로 들어선 나는 짐과 룐이 싱크대 앞에 서서 수저로 유리잔에 들어 있는 무언가를 젓고 있는 모습을 보게 되었다. 둘러보니 샤론은 없었다. 도대체 둘이 뭘 하고 있는 거야?

평소에도 룐은 내가 잠에서 깨지 않도록 슬그머니 일어났기 때문에 눈을 떴을 때 그가 옆에 없다는 사실을 알아차리지 못했다.

76

그때야 비로소 두 남자가 밤을 꼴딱 새웠다는 사실, 그리고 내가 잠든 사이에 짐이 롼의 마음에 제대로 불을 붙였다는 사실도 알게 되었다. 그것도 내가 절대 끌 수 없는 불을….

짐이 설명하는 동안 옆에 있지 않아 밤사이 무슨 이야기가 오갔는지는 알 수 없었지만, 롼은 내가 그날 밤 이후로 거의 1년 동안 이해하지 못한 무언가를 보았다. 그것은 꿈을 되찾을 수 있는 비전, 우리가 오랫동안 상상하고 원했던 삶을 살 수 있는 두 번째 기회였다. 소중한 기회를 발견한 롼은 시도도 해보지 않고 그 기회를 그냥 흘려보낼 수 없다고 생각한 것이다.

둘은 내가 가까이에 있다는 사실을 알아채지 못했고, 부엌으로 들어간 나는 서랍과 찬장을 열고 닫으며 전날 밤 늘어놓은 접시와 냄비 등을 치우기 시작했다. 나의 존재를 알리기 위해 일부러 시끄럽게 뒷정리를 하고 그들을 매섭게 쨰려본 후 출근을 서둘렀다.

그날 저녁 집에 돌아오자 롼은 회원가입을 해야 한다며 나를 설득하려고 들었다. 그러나 나는 여전히 관심이 없었다. 그가 말했다.

"이 일은 되는 일이야, 조지아 리. 이 사업이 줄 수 있는 혜택이 우리에게는 너무나 절실해."

나는 부정적인 말로 대응했지만 소용없었다. 그는 그다음 주까지 나를 괴롭히더니 결국 선포했다.

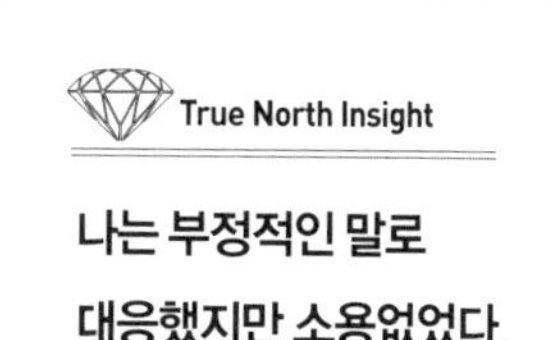

"조지아 리, 난 당신이 이 일에 동참하건 말건 이 사업을 하기로 결정했어. 그리고 우리 식구들을 위해 꼭 잘해낼 거야."

난 퉁명스럽게 대꾸했다.

"그렇게 하세요. 나 없이요. 난 절대 이 일에 관여하지 않을 거예요. 노숙자처럼 이 집 저 집 돌아다니면서 비누나 팔고 다닐 생각 추호도 없으니까요!"

"그들이 하는 일은 그런 게 아니라…."

그는 말을 멈추었다. 아마 내 표정 때문이었을 것이다. 내 표정을 통해 더 이상 설득되지 않을 것이라고 확신한 그는 자기주장을 보류하고 다음에 하기로 했다. 반대하는 상대를 말로 설득하는 것보다 그 일을 직접 증명해 보이는 것이 훨씬 더 효과적이라는 사실을 알고 있었기 때문이다. 그 무언의 확고하고 지속된 결심이 다가올 수십 년간의 룐의 자리를 만들어주었다.

그는 단호하게 말했다.

"알았어. 나 혼자 할 수 있어. 그게 우리 가족을 위한 최선이야. 내가 가장 먼저 할 일은 당신이 더 이상 식당에서 일하지 않아도 될 만큼 돈을 버는 거야."

난 그가 정신이 나갔다고 생각했다. 당시 내가 월급과 팁으로 벌고 있는 돈이 한 달에 400달러 정도였다. 난 속으로 말했다.

'비누를 팔아서 한 달에 400달러를 번다고? 행운을 빌게요, 여보!'

룐은 첫 번째 목표를 정했다. 그것은 우리 가족을 위한 우리의 비전을 정상 궤도에 올려놓는 첫걸음이기도 했다.

그는 회원가로 구매한 물건을 친구, 이웃, 친척에게 전달하는 것 이상을 할 생각이 처음부터 없었다. 그저 한 달에 400달러가 필요했을 뿐이었다. 정기적으로 물건을 사는 사람들이 좀 생기면 내가 더 이상 출근하지 않고 다시 집에서 아이들과 지낼 수 있을 거라 생각했던 것이다.

물론 그 이상의 일들을 해야 했다. 사업을 시작했다고 사람들이 갑자기 물건을 사기 위해 문 앞에 나타나지는 않는다. 나가서 제품과 사업에 대해 알려야 했다. 그가 직면한 첫 번째 난관은 수줍음이었다.

그는 평소에 전화를 잘 받지 않았다. 초인종이 울리면 침실로 가서 내가 누가 왔는지 알려줄 때까지 기다렸다. 잘 모르는 사람이면(혹은 두 명 이상이면) 나오기를 주저했다. 늘 누군가를 반기는 일을 나에게 맡겼던 그가 어떻게 누군가에게 제품 설명을 하고 고객을 만들어나갈 수 있을까 의문이 들었다. 적어도 그가 이 일을 막 시작했을 때만 해도 그는 수만 명의 조직을 이끌 수 있는 사람이 아니었고, 직장에서 미친 듯이 일을 하고 있었기 때문에 혼자 모임을 주관하고 싶어 하지도 않았다. 그는 우리가 함께하는 시간이 토요일 저녁밖에 없었기 때문에 매주 한 번씩 그날을 활용해 설명회를 하는 것으로 사업을 시작했다. 그는 행사 주관자로서 함께해줄 것과 이쁜 옷을 입어달라는 요청과 함께(당시 내가 가진 유일한 정장은 데니스 유니폼뿐이었다) 나의 부정적인 의견은 당분간 말하지 말아달라고 부탁했다. 그의 첫 목표가 내가 아이들과 함께 집에 머무는 것임을 감안한다면 그 정도는 해줄 수 있지 않을까 생각했다.

이제 우리는 누구를 초대할지 정해야 했다. 고맙게도, 우리가 걱정하기도 전에 짐은 롼에게 "사업을 잘 시작할 수 있도록 제가 돕겠습니다"라고 말했다.

"좋습니다. 제가 뭘 해야 하나요?"

"모든 친구들과 친척들을 집으로 초대해보세요. 그럼 제가 가서 사업 설명을 하고, 그들이 관심을 갖는다면 당신을 대신해서 도울 수 있습니다. 만약 그들이 당신의 직접적인 후원을 원한다면 그때는 우리가 함께 그들을 도와주면 됩니다. 물론 사업에 관심이 없다면 그냥 소비자가 되어달라고 부탁하면 되고요."

짐은 말을 이어갔다.

"제가 설명을 한다면 적어도 초대되신 분들이 당신이 무슨 일을 하는지 알게 될 것이고, 불법적인 일을 시작했다는 오해는 하지 않겠죠?"

롼은 말이 된다고 생각했다. 그렇게 한다면 롼이 직접 사람들 앞에서 말할 필요가 없었다.

"다음 주에 오겠습니다."

그리고 짐이 그에게 제안했다.

"그때 사람들을 좀 모아주실 수 있겠습니까?"

걱정되긴 했지만, 롼은 고개를 끄덕였다. 그러나 뜬금없이 설명회에 사람들을 초대한다는 것이 발표하는 것만큼이나 쉽지는 않아 보였다.

사람들은 망설여지는 일을 미루는 경향이 있다. 롼도 토요일 밤에 사람들을 초대하기 위해 일주일 내내 전화를 돌릴 거라 생각했지만 금요일 퇴근할 때까지 아무것도 하지 않았다. 설명회 시간이 다가오자 잔뜩 긴장하고 겁먹은 롼은 급하게 전화를 돌려 몇 명을 초대했다. 그는 일단 거짓말을 하거나 그들을 속일 생각은 전혀 없었다. 누군가가 "혹시 그거 암웨이 같은 일은 아니겠죠?"라고 물으면 "아니요, 암웨이 같은 일이 아니고 암웨이입니다"라고 말했다. 상대방이 전화를 끊어버리면 다음 번호를 돌리면서 방금 일어난 일에 대해 신경 쓰지 않으려고 애썼다.

롼은 한 커플을 설득해 초대하는 데 성공했다.

우리가 그 커플과 함께 커피를 마시며 짐이 오기를 기다리는 동안, 롼은 한 커플을 만나기 위해 시애틀에서 먼 길을 오고 있을 짐을 생각하며 무척 긴장하고 무안해하고 있었다.

고맙게도, 짐은 참석자의 수에 전혀 개의치 않았고 심지어 신나 보이기까지 했다. 그는 말했다.

"초대가 많지 않아서 다행입니다. 롼, 저에게는 당신이 가장 중요하다는 사실을 잊지 않으셨으면 해요. 빨리 이 커플에게 사업 설명을 합시다. 그리고 절대 걱정하지 마세요. 앞으로 어떻게 해나갈지 함께 밤새도록 이야기 나눠봅시다."

롼은 당황했다. 누구도 그에게 이런 따뜻한 격려의 말을 해준 적이 없었기 때문이다. 사실 이전에 짐과 샤론이 아이들 셋을 데리고 우리 집을 다녀가는 길에 그들의 폭스바겐 버그가 고장 나 엘렌스버그에서 시애틀까지 차를 견인해 갔고 그로 인하여 짐은 월요일에 출근하지 못한 일이 있었다. 그런데도 다시금 우리 집을 찾은 짐은 "아무도 초대되지 않았더라도 롼을 돕기 위해 왔을 것"이라고 말했다. 롼에게는 새로운 경험이었다. 그의 부모조차도 그의 성공에 이렇게 큰 관심을 보인 적이 없었기 때문이다.

짐의 열정에도 불구하고 상황은 금세 나빠졌다. 설명을 반쯤 했을 때 초대된 부부의 남편이 짐에게 "혹시 이거 암웨이인가요?"라고 물었다. 짐이 그에게 "네"라고 답하자 남자가 벌떡 일어나더니 아내에게 집에 가자고 했다. 그리고 롼에게 말했다.

"죄송하지만, 저희는 관심이 없습니다. 일단 불법이고, 다른 피라미드와 다를 게 없습니다.”

알고 보니, 그는 암웨이에 대한 잘못된 정보를 접하여 온갖 오해와 편견을 가지고 있었고, 암웨이를 불법 피라미드 사업으로 생각하고 있었다. 그들은 짐과 롼이 오해를 바로잡기 위해 설명을 시작하기도 전에 밖으로 나가버렸다.

짐은 당황하지 않았다. 그는 롼과 함께 차분히 앉아 다음 스텝에 대해 말하기 시작했다.

“롼, 이렇게 합시다. 한 달 안에 다시 오겠습니다. 그동안 당신이 직접 일대일로 설명을 해보시죠.”

그리고는 롼에게 일대일 사업 설명을 알려준 후 연습 삼아 본인에게 해보라고 했다.

짐은 롼에게 “가장 먼저 해야 할 일은 매출을 일으키는 데 집중하여 월 150달러까지 올려놓는 것”이라고 말했다. 그날 저녁 짐이 떠나기 전까지 롼은 본인이 알아야 할 것들을 배웠고, 짐이 한 달 후 다시 올 때까지 무엇을 해야 하는지 이해하려고 노력했다.

롼은 나의 월급을 대체한다는 첫 번째 목표에 가까워질수록 사업의 가능성을 점점 더 크게 느끼며 설레었다.

롼은 자신이 처음 사업을 제안한 열아홉 명으로부터 ‘NO’를 받았지만, 그중 열다섯 명이 소비자가 되었다. 나의 월급을 대체한다는 첫 번째 목표에 가까워질수록 그는 사업의 가능성을 점점 더 크게 느끼며 설레었다.

그러나 여전히 나는 그를 격려하지 못했다. 그가 성공하는 것을 보는 것보다 “내 말이 맞지?”라는 말을 더 하고 싶었다. 돌이켜보면, 사업을 시작하고 1년

여 동안 내가 그에게 했던 행동들이 너무나 부끄럽기만 하다. 우리는 때로 사랑하는 사람들을 지지하기는커녕 자신의 주장이 옳았음을 증명하기 위해 혈안이 되어 있다. 이러한 우리의 어리석은 모습이 얼마나 한심하고 서글픈가.

제품을 원하는 사람들이 생겨나면서 우리는 주문을 넣기 시작했다. 그 시절은, 모든 것이 온라인으로 전환되고 주문이 들어가면 제품이 창고에서 소비자에게 직접 배송되기 전이었기 때문에, 매주 일요일 밤 잠자리에 들기 전에 롼은 그다음 주 처리해야 하는 모든 주문서를 미리 작성하고 시내에 있는 사업자에게서 제품을 픽업해 와야 했다.

할 일이 태산이었으나 롼은 개의치 않았다. 그는 추가 소득을 버는 것에 흥분해서 내가 언제쯤 웨이트리스 일을 그만둘 수 있을지 날짜를 세기 시작했다.

짐은 롼에게 전화를 걸어, 자신이 다시 방문할 때 설명회에 누구를 초대할지 의논했다.

"롼, 가볍게 알고 지내던 사람들을 초대해보면 어떨까요? 친구나 친척한테는 한 번씩 다 이야기해보셨죠?"

"네, 그런데 가볍게 알고 지내는 사람들이라고 하면 누구를 말씀하시는 겁니까?"

"아는 사이이지만 평소에 잘 어울리지 않는 사람들이요. 혹시 주변에 추가 소득에 관심 있는 분들이 계실까요?"

"몇 명이 생각나네요."

그리고 그들은 함께 이름을 적어 내려갔다. 그러나 이번에도 미팅 바로 전날인 금요일이 될 때까지 아무도 초대되지 않았다. 명단 중 한

이번에도 미팅 바로 전날인 금요일이 될 때까지 아무도 초대되지 않았다.

명은 주정부 조사관이었는데, 그는 가끔 란의 직장인 PUD에 감사를 받으러 왔다. 마침 짐이 오기로 한 전날에 그가 PUD에 왔다. 금요일 오후 5시경, 란은 그 남자가 일하고 있는 사무실에 불쑥 찾아가서 말했다. "저기, 켄, 사업으로 아주 큰 성공을 한 친구가 있는데 트라이시티 쪽으로도 사업을 확장할 계획이 있다고 하네요. 새로운 종류의 사업이고 저랑 같이 사업을 하려고 하는데 저 말고도 함께 일할 사람을 더 찾고 있습니다. 혹시 내일 밤에 시간이 되신다면 저희 집에 들러 제 아내와 함께 만나보시겠습니까? 당신 아내도 함께 오시면 제 친구도 소개해드리고 우리가 하는 사업에 대해서도 함께 이야기 나누면 어떨까요?"

"물론이죠!"

질문이나 거절을 예상했던 란은 켄의 대답에 살짝 놀랐다. 켄은 덧붙였다.

"판매와 관련된 일만 아니라면."

"그게 무슨 뜻이죠?"

"아, 사실은 제가 전에 다단계 같은 거를 했었고 아직도 지하실에 그 제품들이 가득하거든요. 제 아내가 그때 일로 아직도 화가 풀리지 않은 상태입니다."

"아, 그런 일은 절대 아닙니다."

란의 말이 맞았다. 암웨이 시스템대로라면 최악의 결과는 자가소비할 제품을 회원가로 구입하는 것이었다. 또한 암웨이는 180일(한국은 90일)

84

100% 만족보증제도를 실시하고 있다. 롼은 암웨이가 그런 다단계 회사들과는 다르다는 사실 정도는 알고 있었다.

켄은 초대에 응하기로 했다. 신이 난 롼은 집에 도착하자마자 몇 통의 전화를 더 돌렸고, 지난달 출장 중이던 사촌도 참석하기로 했다.

다음 날 밤, 일곱 명이 모였다. 켄과 그의 아내, 롼의 사촌과 그의 아내, 짐, 롼, 그리고 나. 나는 최대한 멋지게 보이려 노력하며 커피를 대접했고 사업에 대해서는 미리 얘기하지 않으려고 했다.

짐이 발표를 시작하자 롼과 나는 초대된 사람들 뒤에 앉았다. 롼은 내 손을 잡고 필사적으로 그 시간을 버티는 것 같았다. 누군가 중간에 일어나서 나갈까 봐 두려워하는 그의 마음이 느껴졌다. 그러나 다행히 아무도 나가지 않았다. 짐이 질문에 답하기 전에 잠시 쉬었다 하자고 제안하자 켄은 짐에게 다가가 수익구조에 대해 묻기 시작했다. 롼은 켄을 안아줄 기세였다. 롼은 매우 흥분해 있었다. 이 사업에 관심을 보인 것은 켄이 처음이었기 때문이다. 켄이 사업에 관심을 보일수록 롼은 흥분을 억제하기 힘들어했다.

마침내 켄이 물었다.

"제가 무엇을 하면 되죠? 다음 단계가 무엇입니까?"

짐은 롼에게 능글맞은 미소를 지으며 말했다.

"네, 다음 주 토요일 밤 당신의 집에서 미팅을 하시죠. 친구, 친척 또는 당신이 원하는 사람을 초대해보세요. 그러면 롼이 가서 당신을 대신해서 사업 설명을 할 겁니다."

그 순간 나는 창백해진 롼의 얼굴을 보았다. 모르는 사람들한테 사업 설명을 한다고? 나는 롼이 주저앉을 거라 생각했지만 다행히 그런 일은 일어나지 않았다. 그는 꿋꿋이 서서 미소를 유지하기 위해 안간힘을 쓰고 있었다.

그날 밤, 켄과 (여전히 좋지 않은 경험으로 인해 주저하는) 그의 아내 사라는 론이 이 사업으로 처음 후원한 파트너가 되었다. 론이 사람들 앞에서 설명하는 것을 두려워했음에도 불구하고 켄과 사라는 론이 그 사업에 대한 확신이 있음을 느꼈다. 몇 년 후 그들은 이렇게 이야기했다.

"론은 항상 자신이 하는 일에 대한 믿음이 컸어요. 그가 이 사업에 대해 이야기할 때 우리는 이 사업이 트라이시티를 넘어 더 크게 확장될 것이라는 그의 믿음을 느낄 수 있었습니다."

꿈을 품고 믿으라, 그리고 성취하라

론과 나는 하나님이 우리에게 꿈을 이루라고 강요하지 않으신다는 것을 확신한다. 우리에게 꿈을 주실 때는 그 꿈을 좇아가거나 포기할 선택권도 함께 주신다. 하나님은 우리가 성장할 수 있도록 꿈을 주셨다. 꿈은 지금 당신이 성취할 수 있다고 믿는 것보다 훨씬 크다. 그것은 현재 당신의 지식, 재능, 능력을 뛰어넘는 것이다. 혼자서 성취하기 힘든 것일 수도있지만 여전히 당신의 잠재력 안에 있다. 그러므로 우리는 그 꿈에 걸맞게 성장하기만 하면 되는 것이다.

작가 나폴레옹 힐(Napoleon Hill)의 유명한 말처럼 '마음으로 품고 믿을 수 있는 것이라면 무엇이든 이룰 수 있다'.

이 순서를 기억하고 헷갈리지 않기 바란다. '품는다'는 꿈을 잉태한다는 뜻이다. 그게 먼저다. 그다음이 '이루어질 수 있다고 믿는 것'이다. 꿈에는 당신에게 부여된 운명과도 같은 고귀한 목적이 담겨 있어야 한다. 그것이 바로 '비전'이다.

신념은 당신의 마음을, 꿈을 심어 가꿀 수 있는 비옥한 땅으로 만들어줄 것이다. 그 마음으로 꿈을 품어라. 스스로 꿈을 성취한 자신의 모습을 선명하게 그릴 수 있는 지식, 의지와 능력이 생길 때까지.

물론 혼자서 그 과정을 감당하기 힘들 수 있다. 그럴 땐 외부의 도움을 받으면 된다. 책은 언제나 좋은 대안이 될 것이다. 또한 동기 부여를 받거나 리더십 역량을 키울 수 있는 대화에 목말라야 한다. 꿈꾸는 사람들과 어울리는 것도 중요하다. 당신이 가고자 하는 곳에 가본 경험이 있고 로드맵을 가지고 있는 사람들로부터 멘토링을 받으라. 이것이 꿈을 꾸는 것에 멈추지 않고 그것을 실현하기 위해 당신이 해야 할 일들이다.

일단 믿음이 생기면 그것을 어떻게 성취할 것인가에 대한 비전이 필요하다. 내가 품은 꿈을 단계적으로 이룰 수 있는 계획과 동기를 부여할 비전 말이다. 롼과 나는 하나님이 우리에게 꿈을 심어주셨다는 사실을 알고 있었고, 그 꿈을 비전으로 바꾸는 것은 우리 책임이라고 생각했다.

> 롼과 나는 하나님이 우리에게 꿈을 심어주셨다는 사실을 알고 있었고, 그 꿈을 비전으로 바꾸는 것은 우리 책임이라고 생각했다.

꿈을 비전으로 바꾸는 첫 단계는 꿈을 갈망하는 것이다. 많은 사람이 수입에 따라 목표를 정한다. 솔직히 말해 우리의 시작도 다르지 않았지만, 시간이 흐른 뒤에야 우리가 얼마나 비전을 얄팍하게 이해했는지 알게 되었다. 원하는 것이 돈밖에 없다면 '모든 것을 가지려다 모든 것을 잃는다'는 격언처럼 스크루지(Ebenezer Scrooge)가 되거나, 그보다 더 나쁜 사람이 될 수 있다. 솔직히 그렇게 살고 싶은 사람이 누가 있겠는가.* 돈에 대해 이야기하려는 것이 아니다. 돈이 당신에게 무엇을 해줄 수 있는지, 다시 말해 돈이 가져다줄 수 있는 자유에 관한 이야기다. 빚에서 해방되는 자유, 시간을 어떻게 보낼지 선택할 수 있는 자유, 가족과 휴가를 가거나 아프리카에 보육원을 차릴 수 있는 자유, 아이티(Haiti)에 있는 병원에 재정적 후원을 할 수 있는 자유에 관한 것이다. 돈은 단지 도구일 뿐이다. 돈 자체는 선하지도 악하지도 않다.

하나님의 사람들을 위한 경제적 계획(우리가 자유기업이라고 부르는 것) 안에서 돈은 그저 당신이 꿈을 향해 어떻게 나아가는지를 가늠하는 척도에 불과하다. 행복은 또 다른 이야기가 될 수 있겠지만 그것을 측정한다는 것이 쉽지는 않을 것이다. 건강한 가정생활과 주변 사람들과의 관계 역시 마찬가지다.

다른 관점에서 보는 방법도 있다. 망치는 목수에게 그들이 생각하고 믿는 것을 이루기 위한 꿈의 도구이듯, 돈은 우리가 사업을 통해 다른 사람들에게 제공하는 서비스의 양을 측량하는 방법이다.

론과 나는 우리가 하나님이 원하는 방식대로 돈을 사용한다면 더 많은 재정의 축복을 허락하실 거라 믿었다. 성경에 등장하는 신실한 사람 중 몇몇은 매우 부유했는데, 그럴 수 있었던 이유는 그들이 하나님이 이루고자 했던 꿈을 품었기 때문이라고 생각한다. 그들은 꿈을 실현하기 위해 하나님과 동행하는 삶을 살았다. 세상을 구하기 위해 거대한 방주를 건설하고, 왕국을 세우고, 유럽과 아시아 전역으로 복음을 전파할

---

* 언어유희적 표현 'Get all you can, can all you get, then sit on the can'.

88

때 돈은 하나님이 지시하신 일들을 성취하
기 위해 사용된 도구일 뿐이었다.

두 번째로 해야 할 일은, 당신의 꿈이 가치
있다는 것을 온 마음을 다해 믿는 것이다. 무
언가를 원하는 정도로는 부족하다. 그것이
성취할 가치가 있고, 그것을 성취할 자격이
당신에게 있다고 믿어야 한다. 믿음을 확신
으로 바꾸려면 자양분이 필요하다. 가능성,
동기 부여, 시스템, 성공자의 경험담, 개인의

> 믿음을 확신으로 바꾸려면
> 자양분이 필요하다.
> 가능성, 동기 부여, 시스템,
> 성공자의 경험담, 개인의
> 의지와 성품, 그리고
> 일(많은 양의 일)이 당신의
> 자양분이 되어줄 것이다.

의지와 성품, 그리고 일(많은 양의 일)이 당신의 자양분이 되어줄 것이다.

'할 수 있다'는 정신으로 의심을 몰아내고, 궁금한 것이 있으면 답을
찾으려고 노력하라. 자동차와 핸드폰을 움직이는 대학이라 생각하고
어디에 가든 오디오를 통해 동기를 부여받고 배울 수 있도록 하라.

세 번째로 할 일은 생생하게 꿈꾸는 것이다. 당신의 꿈과 그것을 이
루기 위해 해야 할 일들을 단계별로 적어보라. 돈을 벌기 전에 먼저 종
이에 마음껏 상상하며 적어보라. 추가 소득이 생기면 어떤 용도로 사
용하고 싶은지, 직장에서 벗어나 자유로운 사업가가 된 나는 과연 어떤
모습일지 마음에 드는 사진들을 잡지에서 오려 냉장고에 붙여보고 드
림 보드도 만들어보자. 당신이 무엇을 위해 이 일을 하고 있는지 계속
확인할 수 있도록 눈에 띄는 곳에 붙여놓으라.

네 번째로 할 일은 당신의 꿈을 동료들 그리고 당신을 지지하는 사
람들과 열정적으로 나누고 공유하는 것이다. 당신이 꿈을 이루길 바
라는 사람은 누구인가? 그것을 가장 원하는 사람은 바로 당신일 것이

다. 우리는 행복하기 위해 꿈을 꾼다. 그래서 인생이 더욱 풍요로워지는 것이다. 당신의 배우자와 아이들은 분명히 당신을 위해 당신의 꿈이 이루어지기를 원할 것이다. 왜냐하면 그것이 그들에게도 엄청난 축복이 될 것이기 때문이다. 또 당신의 업라인(사업을 도와주는 상위 스폰서)도 당신이 원하는 것을 얻기를 바랄 것이다. 당신이 필요로 하는 것을 얻을 수 있도록 돕는 것이 곧 그들이 필요로 하는 것을 얻는 것이라는 사실을 알기 때문이다. 당신을 격려해줄 사람들과 열정적으로 소통하라. 이것이 이 사업이 그토록 아름다울 수 있는 이유이기도 하다. 만약 당신도 원하는 것을 얻고 싶다면 반드시 같은 방법으로 다운라인(사업을 함께 진행하는 파트너)을 도와야 한다는 사실을 이해해야 한다.

그렇다면 당신이 피해야 할 대화 상대는 누구일까? '할 수 없다'는 생각으로 가득 찬 사람들이다. 자신의 꿈을 포기한 사람들은 당신이 꿈을 포기하면 행복해할 것이다.

아버지는 이렇게 말씀하셨다.

"네가 원하는 것을 말하지 말고 파트너들이 원하는 것을 찾아내
그들이 그것을 얻을 수 있도록 도와야 한다."

_ 짐 퓨리어

그런 사람들은 쉽게 알아볼 수 있다. 안타깝게도, 그들은 우리와 가장 가까운 사람들인 경우가 많다. 솔직히 나도 한동안 그런 사람이었다. 론도 내가 마음을 돌리기 전까지는 암웨이에 대해 언급하지 않았다. 론처럼, 그런 사람들에게 못되게 굴지 말고 일부러 피하지도 말라. 그들이 당신의 비전을 공유할 수 있을 때까지 기다리며 그들을 축복하라. 그들이 궁금해서 물어볼 때까지 시간을 두고 기다려주어라. 만약 그들이 진정으로 당신을 아낀다면 결국 궁금해할 것이고 질문하기 시작할 것이다. 그러나 그들이 끝까지 관심을 보이지 않는다면 그들을 그냥 축복하고 당신은 계속 당신의 꿈을 좇으며 비전을 키워가길 바란다.

이 네 가지를 할 수 있다면 꿈은 더 이상 꿈이 아니다. 비전이다. 꿈에 날개를 달아준 것처럼, 이제 성공을 향해 날아가는 비행기에 몸을 실은 것이다.

꿈만으로는 충분하지 않다. 꿈은 길가에 주차된 자동차와 같다. 시동을 걸지 않은 채 기어를 넣고 가속페달을 밟는다면 아무 데도 갈 수 없다. 아무리 믿음이 커도 실천하지 않는 믿음은 가치가 없다. 론과 나는 하나님이 일하지 않는 믿음에는 보상을 허락하지 않으신다는 것을 알고 있다. 행동이 없는 꿈은 망상일 뿐이며, 당신이 갈 수 없는 여행지의 사진일 뿐이다.

하나님도 주차된 자동차를 운전하려 하지는 않을 것이다. 기어를 대신 넣어주지도 않을 것이요, 시동을 걸어주지도 않을 것이며, 그렇다고 가속페달을 밟아주지도 않을 것이다. 대신 그는 당신에게 능력을 주셨다. 하나님은 하나님의 역할이 있고, 당신은 당신의 역할이 있는 것이다. 하나님은 당신이 꿈을 실현 가능한 비전으로 바꿀 수 있는 능력을 허락하셨다.

이제 당신의 꿈도 현실을 향해 출발할 때가 되지 않았을까?

Principle 4

가능성에 머무르지 말고,

그것을 이루어라.

꿈을 이룰 수 있는 사람이 될 때까지

스스로 성장하라.

그리고 당신을 계속 앞으로 나아가게 할

더 큰 꿈을 찾아라.

4

점진적 목표로
성장하기

란은 켄과 사라 커클린스키의 집에서 서로 생판 모르는 사람들을 모아놓고 사업 설명을 할 예정이었다.

사업 설명을 하는 날, 그의 얼굴은 집을 나서는 순간부터 이미 창백해져 있었다. 설명회에 사용할 칠판이나 그 어떤 것도 준비되지 않았던 란은 급한 대로 PUD의 회의실에서 커다란 칠판과 삼각대를 빌렸다. 그러나 란이 운전하던 차 램블러 스테이션 왜건에 싣기에는 칠판이 너무 커서 뒷문이 닫히지 않았다. 하는 수 없이 그는 칠판이 떨어지지 않도록 차문을 끈으로 동여맸다.

미팅은 8시 정도에 시작하기로 되어 있었으므로 란은 7시 반쯤 집에서 출발했다. 나서기 전, 그는 특별한 날을 위해 싱크대 밑에 보관해두었던 위스키를 꺼내 한 모금 꿀꺽 마시고는 다시 집어넣고 갈 길을 서둘렀다.

우리 집 바로 뒷동네에 살고 있던 커클린스키 집에 일찍 도착한 론은 아직 주차된 차가 없는 것을 확인하고 동네를 한 바퀴 돌았다. 일찍 들어가서 모르는 사람들과 어색한 대화를 주고받거나 아무도 오지 않아서 켄과 단둘이 이야기를 나누어야 하는 상황을 굳이 만들 필요가 없다고 판단한 것이었다.

미팅 15분 전, 그 집 앞을 다시 지나갔지만 여전히 주차된 차가 없자 론은 또다시 동네를 돌았다. 5분 뒤, 드디어 차 한 대가 보였다. 그 순간 론은 어떻게 행동했을까? 그는 동네를 한 바퀴 더 돌면서 사람들이 마음을 바꾸고 떠나주기를 마음속으로 은근히 바랐다. 8시 5분 전, 또한 대의 차가 도착했지만 론은 다시 마을을 돌았다.

드디어 8시 정각이 되었고 론은 한 대의 차가 더 도착한 것을 보고는 차를 돌렸다. 급하게 마을 반대편에 있는 작은 공원에 주차를 한 론은 차에서 내려 덤불에 구토를 하고 나서야 커클린스키의 집 앞으로 왔다. 또 한 대의 차가 도착하는 것을 본 론은 비로소 이 상황을 피할 수 없다는 것을 깨달았다.

커클린스키의 집 주차장에 여러 대의 차가 주차된 것을 본 론은 길 건너편에 주차를 하고 칠판과 삼각대를 꺼내 들었다. 미국 북서부 지역은 열대우림 지역으로 습한 날씨와 잦은 비로 유명한데, 워싱턴주와 오리건주의 동부는 넓고 평평한 사막이다.

트라이시티는 바로 그곳에 위치해 있다. 그 지역에서 시속 30마일 정도의 바람은 흔한 자연현상이다. 롼이 칠판을 겨드랑이에 끼고 길을 건너기 시작하자 어김없이 바람이 불기 시작했다.

돌풍과 씨름하다 보니 롼은 커클린스키 집이 아닌 옆집 현관 앞에 서 있었다. 돌풍과 맞서며 목적지로 간다는 것은 마치 돛단배를 후진 시키는 것처럼 어려운 일이었다. 어찌할 바를 몰랐던 그는 칠판의 모서리로 바람을 가르며 앞으로 나아가야 했다.

커클린스키 집 출입문에는 방충망 대신 유리문이 설치되어 있었는데, 초인종을 보지 못한 롼은 조심스럽게 노크를 하며 문을 열려고 했다. 그런데 그가 문 손잡이를 잡으려는 순간 갑자기 돌풍이 문을 덮치며 그의 손을 뿌리쳤고, 유리문이 벽과 부딪히며 산산조각 나고 말았다(황당한 이야기처럼 들리겠지만 절대 꾸며낸 이야기가 아니다).

사라가 소리쳤다.

"도대체 무슨 일이죠?"

문을 연 그녀는 한여름의 뜨거운 커피를 아이스커피로 바꿀 수 있을 정도의 싸늘한 표정을 지었다. 롼은 침을 꿀꺽 삼키며 말했다.

"저기, 들어가도 될까요?"

그녀는 믿기지 않는다는 표정으로 산산조각 난 문짝의 잔해와 롼을 번갈아 쳐다보았고, 한참 지난 뒤에야 "네" 하며 항복하듯 답했다. 그녀는 한 발 뒤로 물러서서 롼을 집 안으로 들여보내며 벽난로 쪽을 가리켰다.

"가지고 온 건 저쪽에 설치하세요."

롼은 그녀의 뒤쪽으로 비집고 들어가 칠판을 설치했다.

롼 뒤에서 중얼거리던 소리가 잦아들었고, 기대감에 찬 사람들의 시선을 느낀 롼은 서먹서먹한 분위기를 깨기 위해 준비한 멘트와 자기소개는 건너뛰고 곧바로 사업 설명을 하기 시작했다.

25분 정도 지났을까. 롼은 땀으로 흥건히 젖어 있었고 그의 주위에는 분필 가루가 날리고 있었다.

“네, 이상입니다. 자, 다들 어떻게 생각하십니까?”

그는 청중들을 보며 물었다.

순간 거실에는 침묵이 흘렀다. 모두 누군가가 먼저 한마디 해주길 기다리는 듯했다.

“그 회사 이름이 뭐죠?”

한 남자가 물었다.

“아, 네, 그게… 암웨이라는 회삽니다.”

롼은 어색한 모습으로 그렇게 몇 초 동안 서 있었다. 순간, 처음으로 그는 모여 있는 사람들에게 집중하며 그들을 둘러보았다. 켄의 남동생은 사업 설명 중간부터 이미 소파에 앉은 채 코를 골며 잠들어 있었고, 켄은 아내의 차가운 시선을 피하려 애쓰고 있었다. 켄이 마침내 입을 열었다.

“저기, 커피 좀 드릴까요? 사라가 방금 커피를 내렸어요.”

주방 쪽을 가리키며 말하자 잠시 시간이 멈춘 듯했던 공간에 생기가 돌기 시작했고, 사람들은 커피 향이 나는 쪽을 향해 움직였다. 롼은 그 뒤를 천천히 따라갔다.

사람들이 커피와 간식을 즐기면서 이야기가 시작되었다. 롼은 뒤에 있는 남자에게 커피를 따라주고 자신의 잔도 채웠다. 나중에 그 남자가 켄의 가장 친한 친구라는 사실을 알게 되었는데, 공교롭게 그의 이름도 롼이었다.

"어떻게 들으셨어요?"

롼이 롼에게 물었다. 그가 눈썹을 치켜올리며 이야기를 시작하자 이마가 온통 주름으로 뒤덮였다. 롼은 마음의 준비를 하고 있었고 그는 직설적이었다.

"이야기해주신 내용은 대부분 이해가 됐는데, 사업은 어떻게 진행하는 건가요?"

롼은 허를 찔렸다. 이의에 대한 답변은 준비했지만, 사업을 어떻게 진행해야 하는지에 대해서는 정확히 알지 못했다. 순간 그는 짐이 일주일 전에 자신에게 했던 말을 내뱉었다.

"아, 그럼 다음 주 토요일에는 당신 집에서 모임을 하면 어떨까요? 오늘 우리가 했던 것처럼 말이죠. 그때는 켄이 당신을 위해 설명을 해줄 겁니다."

그러나 그렇게 일을 떠넘겨버리려던 그의 얄팍한 계획은 금세 수포로 돌아갔다. 뒤에 서 있는 줄도 몰랐던 사라가 중간에 말을 치고 들어온 것이다.

"아니요. 절대 안 할 겁니다."

롼은 깜짝 놀라 뒤를 돌아보았다. 그는 그녀를 보며 어색하게 고개를 끄덕이고 미소를 짓는 둥 마는 둥 하며 다시 켄의 친구 롼을 향해 돌아섰다. 그는 마지못해 대답했다.

"네, 그럼 제가 해보겠습니다."

그후 롼은 토요일 모임을 한 번도 거르지 않았고, 커클린스키는 오

늘날까지 사업을 같이 하고 있다.

나는 그 모임에 참석하지는 않았지만, 그후 몇 달 동안 이 사업에 대해 반복적으로 들을 기회가 있었다. 그럼에도 불구하고 여전히 이 사업을 부정적으로 여겼던 내가 계속 반대만 할 수 없었던 이유는 롼이 이 일을 너무 열심히 진행했기 때문이었다. 나는 내가 그의 페이스에 조금씩 말려들고 있다는 사실을 그가 눈치채게 할 수는 없었다.

롼은 제품을 경험하는 것이 얼마나 중요한지 알고 있었다. 그래서인지 싱크대 밑에 제품을 일부러 넣어두고 내가 그것을 사용해보고 좋아하기를 바라고 있었던 것 같다. 그러나 나는 암웨이 제품을 쓸 생각이 전혀 없었고 슈퍼마켓에서 산 제품들, 항상 쓰던 제품들만 고집했다. 작전이 먹혀들지 않자 그는 좀 더 적극적인 방법을 시도했다.

"제품을 사용해본 경험을 다른 사람들에게 전할 수 있도록, 혹시 당신이 몇 가지 제품을 좀 사용해봐주면 안 될까?"

하지만 그의 노력에도 불구하고 난 꿈쩍도 안 했다(앞부분에서 말한, 내 안에 독일 조상으로부터 받은 고집스러운 성격이 있을 수도 있다는 이야기, 다들 기억할 것이다).

몇 주 지난 토요일, 집에 와보니 청소용 세제들이 모두 암웨이 제품으로 교체되어 있었다. 나는 물었다.

"내 청소용 세제들, 다 어디다 치운 거예요?"

"세제들 거기 다 있잖아."

롼은 신문에서 눈을 떼지 않은 채 대답했다.

"아니, 내 세제들이요. 암웨이 제품 말고요."

그러자 그는 태연하게 말했다.

"아, 더 이상 필요가 없어서 다 포장해서 구세군에 갖다줬는데. 영수증은 책상 위에 있어."

나는 화가 났지만, 결국 굴복할 수밖에 없었다. 롼은 사업에 집중하고 있었고 무척 행복해 보였다. 안타깝게도 암웨이 제품을 직접 사용해보니 이전에 내가 사용하던 제품만큼, 아니 솔직히 말하면 그 제품들보다 훨씬 더 성능이 좋았다. 그리고 롼을 통해 가격적인 면에서도 얼마나 경제적인지 듣고 난 후에는 기존에 사용하던 제품 대신 암웨이 제품을 사용하는 것이 조금 더 편안해졌다.

그후 얼마 지나지 않아(롼이 암웨이에 등록한 지 6개월쯤 지난 후) 그가 자랑스럽게 선포했다.

"조지아 리, 드디어 더 이상 데니스에 출근할 필요가 없어졌어."

"네?"

"내가 방금 수입을 확인했는데 400달러 정도 벌게 되었으니 더 이상 일하러 나가지 않아도 돼. 당신이 그렇게 원했던 것처럼, 아이들과 함께 집에 있어도 된다고."

순간 기뻐서 소리라도 질렀어야 했는데, 가슴 깊은 곳에서 내가 원했던 거였지만 나는 롼이 이겼다는 사실을 인정하고 싶지 않았다(가끔 쓸데없는 자존심이 사람을 어리석게 만든다).

롼이 암웨이에 등록한 지 6개월쯤 지난 후 그가 자랑스럽게 선포했다. "조지아 리, 드디어 더 이상 데니스에 출근할 필요가 없어졌어."

나는 머리를 흔들었다.

"난 일 그만둘 생각 없는데."

"뭐라고?"

"그 수입이 계속 나오지는 않을 거잖아요. 괜히 그만뒀다가 두어 달 뒤에 다시 일해야 할 게 불 보듯 뻔한데, 왜 내가 그 일을 그만두겠어요?"

론은 화를 냈다.

"조지아 리, 그냥 집에 있어. 나도 저녁과 주말에 엄마 노릇 하는 것도 이제 지쳤고, 난 그 일을 잘하지도 못해. 난 정말 당신이 그냥 집에 있으면 좋겠어. 그게 당신이 원하는 거 아니었어?"

나는 고개를 저으며 더 이상 아무 말도 하지 않았다. 잠깐 내게 시간이 필요하다는 사실을 눈치챈 그는 전략을 바꿨다. 들어오는 수입을 계속 보여주며 내 결정을 기다린 것이다. 내가 스스로 깨닫게 될 거라고 확신했던 모양이다.

당연히, 그가 생각한 대로 되었다. 일을 안 해도 된다면 당장이라도 일을 그만두고 싶어 하는 내 마음을 깨닫는 데는 시간이 그리 오래 걸리지 않았다. 아이들과 떨어져 있기 싫었고, 늦은 시간까지 일하는 것도 싫었고, 토요일에 일하느라 하고 싶은 일을 하지 못하는 것도 싫었다. 매일 밤 아이들과 함께 저녁을 먹지 못하는 것도 싫었고, 함께 시간을 보낼 수 없다는 것도 싫었다. 도대체 나는 그동안 무슨 생각을 하고 있었던 것일까?

다시 말하지만, 돈이 전부는 아니다. 하지만 돈은 우리에게 선택할 수 있는 자유를 준다. 다른 사람의 필요를 채우기 위해 일하는 것이 아니라, 내 인생에서 진정으로 원하는 것이 무엇인지를 생각하고 그것을 선택할 수 있는 마음의 여유를 준다. 데니스 식당에서 벌던 수입에 맞먹는 수입이 생겼으니 집에 있을 수도 있고, 원하면 더 만족스러운 일을 찾을 수도 있게 된 것이다. 결과적으로 내가 가장 원했던 것은 바로 엄마 역할이었다. 그래서 일을 그만두기로 결정했다.

다음 날부터 나는 롼이 퇴근하고 집에 왔을 때 집 앞에서 열쇠를 건네지 않아도 되었다. 기분이 이상하고 실감이 나지 않았다. 대신 우리는 볼에 입을 맞추고 함께 집으로 들어갔다. 다시 결혼을 한 것같이 우리 앞에 새로운 희망이 싹트는 듯했다. 신혼 초에 가졌던 꿈들이 가슴속에서 다시 꿈틀거렸다. 나는 정말로 데니스 재취업을 고민할 필요가 없는 사람이 되었다. 롼이 나와의 약속을 지킨 것이다.

한편, 롼은 일주일에 한 번씩 사업 설명을 하면서 여전히 PUD에서 주 80시간을 일하며 지냈다. 더 이상 돈을 벌지 않아도 되었지만 죄책감에 사로잡힌 나는 최소한의 도움을 주는 것이 맞겠다는 생각이 들기 시작했다. 알고 보니 암웨이 사업은 괜찮은 일이었다. 그 일로 인하여 내가 아이들과 함께 집에 있을 수 있게 되었을 뿐만 아니라 다른 아이들을 돌보는 일도 그만둘 수 있었기 때문이다.

어느 날 밤 나는 롼에게 자존심을 내려놓고 물었다.

"롼, 혹시 내가 도와줄 일이 있을까요?"

그는 눈도 깜박이지 않고 바로 "당연하지"라고 대답했고, 내 눈을 똑바로 바라보며 말했다.

"당신이 제품 주문서를 넣어주고 소비자 관리를 도와준다면 내게 큰 도움이 될 거야. 그리고 한 가지 더, 내가 사업 설명을 하러 갈 때 나와 함께 가주면 좋겠어."

나는 그의 제안을 받아들였다.

"좋았어!"

그는 이어서 말했다.

"그럼, 당장 시작하는 거야. 내가 우리 집 담장 너머에 사는 이웃들에게 사업 설명을 했거든."

나는 창문을 통해 담장 너머 뒷집을 바라보았다.

"아직 사업에는 관심이 없지만 제품은 써본다고 했으니 가서 첫 주문을 받아보는 건 어떨까?"

'뭐라고?'

나는 속으로 생각했다.

'지금 당장?'

그는 나의 멍한 표정의 의미를 알면서 "그냥 가서 주문을 받으면 돼"라며 부추겼다.

"부담 가질 필요 없어. 제품을 써보고 싶다고 했다니까."

나는 인상을 잔뜩 구기며 대답했다.

"지금 뒷집 사람들 만나러 동네 한바퀴를 돌아가란 말이에요?"

그는 고개를 저었다.

"아니, 이리 와봐."

그는 나에게 제품 샘플 바구니를 건네며 뒷마당으로 나가는 파티오 문 쪽으로 걸어갔고, 호기심에 나도 그를 따라갔다. 그리고 뒷집과 우리 집 사이의 울타리 쪽으로 가더니 갑자기 두 손을 오므려 내가 밟고 올라갈 발판을 만들어주는 것이 아닌가. 그리고 말했다.

"내가 울타리를 넘어갈 수 있게 도와줄 테니까, 가서 그들 집 뒷문을 두드려봐."

아무 생각 없이, 나는 그의 손에 발을 넣었다.

"셋에 넘어가는 거야!"

그러나 나는 그의 손에서 발을 빼며 소리쳤다.

"난 못 하겠어요. 너무 두려워요."

"무슨 소리야, 당신은 할 수 있어."

그는 나를 안심시키려고 했다.

"할 수 있어. 간단해. 정말 잘할 수 있다니까."

그가 다시 두 손을 내밀었고 나는 발을 넣었다.

"하나, 둘, 셋!"

그는 나를 울타리 위로 들어올렸다. 나는 다시 자신감을 잃고 주저앉았다.

"난 못 해요. 못 하겠어요. 아직 준비가 안 됐어요."

"당연히 할 수 있어."

그는 전보다 훨씬 더 강하게 말했다.

"당신은 제품에 대해 잘 알잖아. 직접 다 써봤고, 내가 제품 전달하는 것도 수없이 봤잖아. 지금 안 하면 언제 한다는 거야? 뭘 기다려? 원래 첫 번째는 빨리 해치워버리는 게 좋아. 자, 다시 하나, 둘….."

셋을 세기도 전, 내가 반응할 기회도 주지 않은 채 그는 나를 들어올려 넘겼고 나는 울타리 반대편에 어설프게 착지했다. 일어나 엉덩이에 묻은 잔디를 털어내며 그에게 한마디 하려고 돌아서자 롼은 "여기" 하

아버지는 이렇게 말씀하셨다.

"때로는 울타리 너머로 꿀(Honey)*을
던져버려야 할 때도 있단다."

_ 짐 퓨리어

며 나에게 샘플 바구니를 건네고는 돌아서서 집 쪽으로 걸어가 내가 말을 꺼내기도 전에 문을 닫아버렸다. 그는 의자에 앉아서 테이블 위에 있는 카탈로그를 보는 척하더니 내가 뭘 하는지 궁금한지 몇 초 간격으로 나를 쳐다보았다. 눈이 마주치면 미소를 지어 보이고는 곧바로 카탈로그로 고개를 돌려 정말 흥미로운 것을 발견한 듯 행동했다.

나는 그의 행동이 잘못되었다고 생각하지 않았다. 내가 사업을 시작하기로 했다면 지금처럼 좋은 기회는 없었기 때문이다. 나는 엉덩이에 붙은 잔디 몇 가닥을 마저 털어낸 후 이웃집 뒷문을 노크했다.

그날 밤 나는 그들에게 세탁용 가루 세제 SA-8와 생분해성 다목적 세제 LOC를 팔았다. 집으로 돌아오는 길에, 내가 그렇게 못할 것만 같았던 일을 해냈다는 사실을 깨달았다. 그렇게 나는 생애 처음으로 비누를

---

* 중의적인 표현으로, 조지아 리를 의미한다.

전달했다. '절대 안 된다는 말은 하지 말라'는 말이 있지 않은가.

나는 무척 신이 났다. 롼과 나는 이제 함께 사업을 하게 된 것이다. 인정하지 않을 수 없었다. 정말 기분이 날아갈 것 같았다.

잠재력도 중요하지만, 결과를 만들어야 의미가 있다

우리가 이 사업으로 어느 날 갑자기 성공한 것도 아니고, 그 과정에 오르막길만 있었던 것도 아니다. 이해할지 모르겠지만 우리의 사업은 두 걸음 앞으로, 세 걸음 뒤로, 그리고 또 두 걸음 앞으로 나아가고 있었다. 수많은 실패와 거절을 경험하고, 그 과정에서 좌절할 때도 많았다. 모든 미팅은 마치 처음부터 다시 시작하는 느낌을 주었다. 롼의 확고한 결심에도 불구하고, 그는 매일 끊임없이 자기 후원을 해야만 했다.

캐럴 드웩 박사(Dr. Carol S. Dweck)는 그녀의 책 《마인드셋: 성공의 새로운 심리학》[2]에서 사람들이 어려운 일을 만났을 때 반응하는 성향을 두 가지 마인드셋으로 구분하여 설명하였다. 첫 번째는 고정 마인드셋(Fixed Mindset)이다.

> 당신의 자질이 돌에 새겨져 있다고 믿는 것, 즉 고정 마인드셋을 가진 사람들은 스스로를 끊임없이 입증해야 하는 절박한 상황에 맞닥뜨리게 된다. 본인이 가진 지식의 양, 특정 성격과 도덕적 인성이 다소 부족하다면 그것만으로 충분하고 만족하고 있음을 스스로 증명해야 하기 때문이다. [3]

그들은 본인이 부족하거나 적합하지 않다는 사실이 드러나는 것을 두려워한다. 하지만 또 다른 반응이 있다. 주로 성공한 사업가들이 반응하는 방식이다.

> 인간의 기본 자질은 노력, 전략, 그리고 다른 사람들의 도움을 통해 얼마든지 길러질 수 있다는 믿음에 기반을 둔 반응 방식이다. 비록 사람들은 선천적 재능과 적성, 흥미, 기질 등 모든 면에서 다를 수 있지만, 모든 사람은 상황과 경험을 통해 변화하고 성장할 수 있다는 반응이다.[4]

드웩 박사는 이것을 성장 마인드셋(Growth Mindset)이라고 했다. 론과 나는 성장 마인드셋을 선택하는 법을 배웠다.

변화하고 성장하려는 의지가 강할수록 우리의 비즈니스가 성장한다는 것을 알게 되기까지는 그리 오래 걸리지 않았다. 우리가 우리의 한계를 스스로 극복해갈수록 더 효과적인 결과를 얻게 되었다. 물론 쉽지는 않았다. 매일 거울을 보며 안전지대를 과감히 벗어날 용기를 내야 했고, 우리가 잘하지 못하는 일들을 시도하면서 더 잘하게 될 때까지 노력해야 했다.

만약 사람들 앞에서 말하는 것이 헛구역질이 나올 만큼 두렵다면 그냥 먼저 토를 해버려라. 그런 다음 개운하게 입을 헹구고 찬물로 얼굴을 씻고서 사람들 앞에 서기 바란다. 그러다 보면 점차 익숙해지겠지만, 그렇게 되기까지 수많은 긴장의 순간들을 견뎌내야 할 것이다.

시간이 지나면 도전의 난이도는 높아질 것이고, 그와 함께 당신의 역량도 함께 성장해 있을 것이다. 실제로 열댓 명 앞에서 이야기하던 룬은 그로부터 몇 년 지나지 않아 수천 명 앞에서 연설을 하는 사람이 되어 있었다. 시간이 좀 걸리긴 했지만 수도 없이 화장실을 들락날락하는 시간을 보내면서 군중 앞에서 편안해질 수 있었고 결국 인기 강사가 된 것이다. 의미 있고 가치를 창출하는 사람이 되고자 하는 사람들의 삶은 원래 다 그런 것이다. 그 과정이 순탄할 거라 기대하는 것이 더 이상하지 않은가.

솔직히 당신이 직면하게 될 도전이 점점 더 커지기 때문에 쉽지는 않겠지만, 다행히 당신이 성장하면서 문제 해결 능력도 함께 커질 것이다. 주변 사람들은 당신에게 몇 년 하다가 결국 그만두게 될 것이라 말할 것이다. 하지만 룬과 나는 그들의 말대로 되지 않았다. 당신의 사업이 성장할수록 사람들은 당신에게 이 사업을 잘할 수 있는 방법과 어려움을 극복하는 방법을 안내해주길 기대할 것이다. 좋은 소식은, 한 걸음 한 걸음 내딛다 보면 다음 걸음을 위한 준비를 할 수 있게 된다는 사실이다. 하지만 그럴 때마다 크게 넘어질 수도 있다는 실패의 두려움을 무릅쓰고 용기를 계속 끌어올려야 한다.

자기관리를 통해 지속적으로 사업을 전달하며 성장해 나아갈 때 비로소 이 사업이 당신의 꿈을 구체화시키는 도구가 되어줄 것이다. 룬과 나는 하나님이 우리의 노력과 용기, 신실함을 축복하실 것임을 알았다. 성경에 '뿌린 대로 거두리라'라는 구절이 있다. 스스로 심고 가꾼만큼 수확을 얻게 된다는 뜻이다. 게으름을 뿌렸는데 근면을 거둘 수는 없다. 콩 심은 데 콩 나고 팥 심은 데 팥 나는 것이다.

우리가 매일 내려야 하는 또 하나의 중요한 결정은 교만을 버리고 겸손을 택하는 것이다. 교만은 당신에게 이렇게 말한다. "넌 성장할 필요가 없어. 넌 이미 자격이 있으니까. 다른 사람들은 너라는 존재에, 그리고 네가 한 일에 박수를 보낼 수밖에 없어." 본인이 비굴해지는 것이 싫어서 겸손해지는 것이 싫다고 말하는 사람도 있다. 하지만 겸손은 절대 그런 것이 아니다. 겸손은 이렇게 말한다.

"너는 다른 사람보다 못하지는 않지만 낫지도 않아. 그렇지만 넌 얼마든지 지금보다 잘할 수 있는 사람이야. 그러니 배울 수 있는 자리에 있게 해주시고 배울 수 있는 사람들을 너의 곁에 보내주신 하나님께 감사해야 하지 않겠어?"

당신이 대단한 사람이라고 스스로 생각하기 위해 대단한 사람이 될 필요는 없다. 존경받고 인정받고 싶어 하는 것은 인간의 본성이다. 돈이 많든 가난하든, 교육을 받았든 받지 못했든, 기업의 대표이든 전산실의 데이터 입력 임시직이든 상관없이 우리 모두는 의미 있는 사람, 존재감 있는 중요한 사람이 되고 싶어 한다. 어리석은 사람들은 타인이 본인의 현재 모습을 인정해주길 바라며 인정받기 위해 노력한다. 그들이 좋은 학교를 나왔고 멋진 친구들과 어울리며 바른 소리를 하기에 다른 사람들이 자신을 우러러봐야 한다고 믿는다. 또한 어떤 것을 잘하기 때문에, 혹은 잘 생겼기 때문에, 혹은 어떤 문제에 있어서 옳은 편에 있기 때문에 존경받아야 한다고 생각한다. 좋은 차, 멋진 옷, 많은 연봉, 그럴듯한 지위를 자랑한다. 그러나 그런 것들은 삶의 향신료는 될 수 있어도 우리가 진짜 누구인지, 어떤 사람인지를 규정하는 근거가 될 수는 없다. 이런 것들은 겉치레에 불과할 뿐 결코 우리의 인품, 진실성, 신뢰성과 같은 근본적인 성향을 설명하지는 못한다.

사실, 란이 암웨이 사업을 부업으로 시작하고 돈을 벌기 위해 세제 사업을 하기로 결정했을 때 난 그가 하는 일에 전혀 관여하고 싶지 않았다. 그 시절의 나는 이미 웨이트리스라는 직업이 있었고 우리 가족을 먹여 살릴 정도의 돈을 벌고 있었기 때문이다. 구멍 난 티셔츠를 입고 수레에 세탁 세제를 가득 싣고 가가호호 돌아다니는 남자의 모습과 나는 전혀 어울리지 않으며 이대로도 충분히 잘살고 있다고 생각했던 것이다.

> 사실, 란이 암웨이 사업을 부업으로 시작하고 돈을 벌기 위해 세제 사업을 하기로 결정했을 때 난 그가 하는 일에 전혀 관여하고 싶지 않았다. 그 시절의 나는 이미 웨이트리스라는 직업이 있었기 때문이다.

란도 스폰서인 짐이 처음 사업을 전달하기 위해 전화했을 때 같은 생각이었다.

"뭐라고요? 부업이요? 우린 잘살고 있습니다. 오신다니 기쁘지만, 새로운 사업은 필요 없을 것 같네요. 그냥 당신이 어떤 상황에 처해 있는지 들려주시면, 혹시 알아요? 당신이 제자리를 찾을 수 있도록 우리가 도움을 좀 드릴 수 있을지?"

교만은 그렇게 대답하는 것이 옳다고 느끼게 했을지 모른다. 교만은 그렇게 당신의 생각을 병들게 할 것이고, 세상이 정해놓은 생각의 틀에 당신을 가둘 것이다.

그 알량한 자존심은 당신을 빚에 허덕이게 하고, 기회를 제한하고, 성취감 없는 일을 하며, 모든 사람이 혜택을 누릴 수 있는 일을 하기보다는 다음 승진을 위해 동료들과 치열하게 경쟁하게 만들 것이다. 욕망은 인생에서 신경 쓸 필요도 없는 사람들을 감동시키기 위해 필요하지도 않은 물건을 구매하게 하며 당신을 비전 없는 삶에 가두고 만다. 다른 삶을 원한다면 다른 방식으로 일해야 한다. 사회적 지위에 대한 욕구를 내려놓고 성장할 수 있는 길을 선택해야 한다.

겸손과 교만은 나에게 다른 말을 건넨다. 겸손은 이렇게 말한다.

**겸손은 이렇게 말한다.
"너 자신을 믿고 네가
사랑받고 있다고 느끼는
데는 대단한 지위가 필요하지
않아. 너에게 필요한 것은
성장의 고통을 감내할 만큼
큰 비전이야."**

"여기가 바로 네가 태어난 곳이야. 너의 배경과 자란 곳이 이곳이니 이게 바로 너인 거야. 그리고 이 가정이 너의 뿌리야. 이것들은 항상 너의 일부이겠지만, 절대 너의 가능성을 제한하지는 못해. 너에게는 더 많은 무언가를 선택할 힘이 있고, 오늘의 너는 내일의 네 모습에 비하면 아무것도 아니야. 너 자신을 믿고 네가 사랑받고 있다고 느끼는 데는 대단한 지위가 필요하지 않아. 너에게 필요한 것은 성장의 고통을 감내할 만큼 큰 비전이야. 정확히 너의 상황을 파악하고 네가 서 있는 곳을 점검해서, 너와 네 가족이 원하는 미래를 어떻게 이룰 것인지 계획해야 해. 겉으로 보이는 네가 누구인지가 중요한 것이 아니라, 내면의 네가 누구인지가 진짜 중요한 것 아니겠어?"

오늘 밤 잠자리에 들기 전에 배우자와 함께 한 자리에 앉아보라(아직 미혼이라면 혼자 앉거나, 믿을 수 있는 친구나 친척과 함께 커피를 마시거나, 그냥 전화하는 것도 괜찮다). 그리고 미래에 당신이 원하는 것을, 적어도 10가지 정도 적어보라. 당신의 인생에서 정말 중요한 것은 무엇인가? 당신의 발목을 잡고 있는 것은 무엇인가? 분명히 당신도 과거에 머릿속으로 꿈을 떠올린 적이 있지 않은가? 갖고 싶은 것, 가고 싶은 곳, 경험하고 싶은 일이 있을 것이다. 새집, 새 차, 자녀 교육, 하와이 가족여행, 아니면 난민촌에 우물을 파는 것일 수도 있다. 인생에서 원하는 것들이 있었지만 종이에 적어본 적은 없었을 수도 있다. 오늘 밤에 그 일을 해보자.

그다음엔 자신을 위한 목표를 세워보길 바란다. 당신이 이 사업을 통해 이루고자 하는 것은 무엇인가? 그러기 위해서 어떠한 부분을 성장시키고 어떠한 부분을 내려놓아야 할까? (지금 하는 일을 즉시 그만두고 전업할 생각은 버려라. 대신 사업 계획에 따른 기한을 정하고 지금의 수입을 대체할 수 있는 소득을 만드는 것에 집중하자.)

본인이나 배우자의 소득을 대체하려면 얼마가 필요한가? 그 정도의 소득을 만들기 위해서는 어떤 성취가 필요한가? 이러한 질문들에 답한 후에는 그것을 첫 번째 목표로 정하라. 그리고 다음 목표로 넘어가기 전에 반드시 그 목표를 달성하라. 그 목표가 달성되기 전에는 절대로 그 성취가 제공할 보상이나 라이프 스타일을 누리려고 하지 말라.

우리는 가족, 직업, 영적 성장, 그리고 재정에 대한 비전을 가지고 있어야 한다. 이 네 가지 삶의 영역에서의 비전이 황금알을 낳는 거위이며 그것이 당신의 삶에 축복을 가져다줄 것이다. 삶의 진정한 기쁨은 자신의 정체성을 찾는 것이다. 그것이 당신의 삶을 보다 가치 있게 만들어줄 것이라 확신한다.

Principle 5

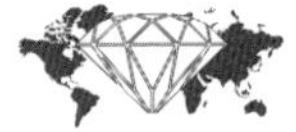

오직 자신만을 위한 삶은

공허하다.

사랑하는 사람들을 위해

의미 있는 유산을 남기고 싶다면

더 큰 무언가를 위해 살며

그것을 열망하라.

5

자신을 뛰어넘는
위대한 삶

내가 뒷집 울타리를 넘는 신고식을 마치고 몇 주 후, 롼은 PUD의 동료이자 사업을 전달하려고 마음에 품고 있던 로니(Lonnie)라는 친구에게 다가갔다. 로니는 "제안은 감사하지만 사업에는 관심이 없다"고 했다. 그러나 롼은 실망하지 않았다. 로니를 좋아했기 때문이다. 로니는 좋은 사람이었기에, 우리 아들 짐이 자주 부르던 '찐득이'라는 별명처럼 계속 연락하며 가깝게 지냈다.

로니와 그의 아내는 파스코(Pasco)에 있는 초교파 교회 트라이시티 크리스천 센터에 다녔다. 우리와 더 가까워지자 로니는 함께 교회에 다니자고 제안했다. 롼이 거절할 차례가 된 것이다. 그런 상황은 한동안 지속되었다. 롼은 로니를 사업 모임에 초대하고 로니는 롼을 교회에 초대했지만, 둘은 서로의 초대에 한 번도 응하지 않았다.

두 사람이 더 친해지고 로니의 마음도 부드러워진 후 롼이 그를 사업 모임에 다시 초대했다. 로니는 거래를 제안했다.

"만약 당신과 조지아 리가 우리 교회에 와준다면, 나는 당신이 초대하는 미팅에 가보겠습니다."

롼은 바로 동의했다.

나는 주일학교와 교회 캠프를 다니며 자랐지만, 어릴 적 내가 교회에 나갔던 이유는 친구들이 초대했고 단순히 재미있어서였다. 그곳에서 예수님에 대해 배우고 성경 이야기를 듣고 공예 작업도 했지만, 교회가 어떤 곳이며 '신(神)'은 어떤 존재인지에 관심 가질 만큼의 영향을 주지는 못했다. 어른이 되어서도 마찬가지였다. 롼과 나는 교회에 다니는 것에 대해 이야기를 나눠본 적이 없었고, 둘 다 종교에는 별로 관심이 없었다. 그래서 교회에 나가는 것이 우리 삶에 어떤 의미가 있는 건지 전혀 알지 못했다.

그랜지빌에 있는 교회들은 모두 전통 있는 교회들이었다. 식순은 시계처럼 정확했고 격식을 지켰다. 그러나 그날 아침 우리가 경험한 것은 그런 예배와는 완전히 달랐다. 음악은 현대적이었고 메시지에는 진심이 담겨 있는 듯했다. 이 새로운 경험에 우리는 감동을 받았다. 그때까지 그 누구도 그날 아침에 우리가 들었던 것처럼 예수님에 대한 이야기를 해주지 않았고, 하나님께 용서를 구하고 그를 우리 삶으로 초청할 수 있다는 것에 대해 들어본 적도 없었다.

기독교인이 아니거나 교회에 가본 적이 없다면 내 얘기가 이상하게 들릴 것이다. 그날 우리의 마음을 움직인 건 복음을 가르치려 하거나 하나님을 믿어야 한다는 이야기가 아니라 설교 메시지에 담긴 무언가였다.

어떤 종교를 가지고 있든 간에, 우리는 이기심이 주변 사람들에게 얼마나 큰 상처를 줄 수 있는지를 안다. 삶의 많은 문제가 어떻게 우리를 무너뜨리고 이기적으로 만들 수 있는지도 알고 있다. 이기적인 사람들은 다른 사람들에게 미칠 영향은 무시한 채 자기가 원하는 것에 집착하며 자신만을 위한 삶을 고집한다. 조용히 절망하며 살아온 세월이 우리 결혼생활에 큰 타격을 준 것처럼 말이다(우리도 가계 빚이 늘어나면서 롼의 직장생활마저 힘들어진 경험이 있다).

우리는 여전히 서로를 사랑했지만, 가끔은 그렇게 느껴지지 않을 때도 있었다. 암웨이 사업을 통해 재정적 압박이 많이 줄고 더 이상 데니스 식당에 일하러 나갈 필요가 없어진 점은 좋았지만 우리는 가끔 사소한 것, 중요하지 않은 것들로 인해 충돌하며 서로를 예전만큼 존중하지 않고 있다는 느낌을 받았다. 우리 삶에 뭔가 부족하다는 것은 알았지만 그 공백을 어떻게 메워야 할지 몰랐다. 그 채워지지 않는 욕구에 대한 불만은 종종 우리를 이기적으로 행동하게 만들었으며, 우리 관계와 가족을 힘들게 했다.

그 일요일 아침 우리가 들은 말씀을 통해 하나님은 그 공백을 메워주시겠다고 약속하셨다. 목사님께서 단상 앞으로 나와 예수님을 마음으로 받아들이고 하나님께 삶을 바치라고 하셨을 때 롼과 나는 다시 행복을 되찾고 삶의 목적을 찾기 위해서 우리가 해야 할 일이 바로 이것임을

> 그날 우리의 마음을 움직인 건 복음을 가르치려 하거나 하나님을 믿어야 한다는 이야기가 아니라 설교 메시지에 담긴 무언가였다.

확신했다. 하지만 그날 우리 둘 다 앞으로 걸어나갈 용기는 없었다.

사람들이 단상으로 걸어나가는 모습을 보면서 한 치의 의심도 없이 '일어나 걸어나가야 할 사람은 바로 나'라는 사실을 알았다. 하지만 롼이 어떤 생각을 하고 있는지 알지 못했고, 내가 합류하기 전에 단상으로 나간 사람들에게 무슨 일이 일어나는지 알고 싶었다. 그러나 그들에게 이상한 일이 일어나지 않는 것을 확인하고 나갈까 말까를 고민하는 사이 예배는 끝나버렸고, 정신을 차려 보니 예배당에서 걸어나오는 인파 속에 내가 있었다. 그날 오후, 롼은 본인도 단상에 올라가고 싶었다는 이야기를 해주었다. 만약 그날 우리가 함께 주님을 영접했더라면 아마도 우리는 손에 손을 잡고 아침 햇살을 맞으며 교회를 걸어나왔겠지만, 아쉽게도 다음 일요일을 기약하며 차에 올라 안전벨트를 매고 천천히 교회를 빠져나왔다.

그다음 주 일요일, 롼과 나는 교회에 제시간에 도착해 앞쪽 좌석에 앉았다. 예배가 끝날 때 우리는 아이를 데리고 온 가족으로서 목사님의 초대에 응했다. 그리고 예수님을 구세주이자 주님으로 받아들였다. 그것은 그동안 우리가 내린 결정 중 가장 잘한 결정이었다. 그 결정이 우리의 결혼생활, 가정생활, 그리고 여러 면에서 수많은 변화를 가져다주었기 때문이다.

우리는 그리스도인이 되면서 우리가 하는 모든 일에서 하나님을 기쁘시게 하고 그분과 관계를 맺는 방법을 배웠다. 또 하나님과 함께라면 어떤 역경도 헤쳐나갈 수 있다는 것도 배웠다. 그 이후의 모든 일이 순탄한 것은 아니었지만, 삶의 의미와 목적이 분명해짐에 따라 고난을 더 잘 견딜 수 있게 되었다. 이로 인해 우리의 인생은 더 큰 의미를 갖게 되었고 사업도 마찬가지였다.

로니를 모임에 초대하려고 하지 않았다면 어떻게 됐을까? 과연 우리가 교회에 나갈 기회가 있었을까? 로니와의 거래가 없었다면 아마도 교회에 관심을 갖지 않았을 것이다(로니는 약속대로 암웨이 미팅에 참석했고, 우리는 그의 후원자가 되었다).

이 사업을 통해 예수님을 알게 되었기 때문에 롼과 나는 암웨이 사업은 물론이고 인생의 모든 것을 하나님께 바치기로 결심했다. 월드와이드 드림빌더스를 통해 이룬 많은 것은 우리의 노력 이전에 하나님의 도움이 있었기에 하나님께 헌신하기로 한 것이다. 사업에 감사해야 할 이유, 아무리 강조해도 지나치지 않을 만큼 큰 이유가 하나 더 생긴 것이다.

그날부터 하나님은 우리의 동업자가 되어주셨고 우리는 하나님께 영광을 돌리기 위해 노력하였다. 우리는 누구에게도 믿음을 강요할 생각은 없지만 하나님을 통해 우리가 경험한 삶과 사업에 대해 마음 편하게 나눌 수 있는 안전한 장소를 만들어야겠다고 스스로에게 다짐하게 되었다.

롼과 나는 확신에 차 있었고, 트라이시티 크리스천 센터에서의 교육을 통해 더 많은 것을 배웠다. 우리는 수요일 밤 성경 공부에 참석하기 시작했고, 미팅이나 약속이 있을 때는 어쩔 수 없이 참석하지 못했지만 갈등이 있을 때도 목사님은 우리를 판단하지 않았으며 오히려 격려하고 이해해주셨다. 목사님은 우리가 편하게 다가올 수 있도록 센터의 문을 항상 열어두셨는데, 그것은 우리에게 큰 의미가 있었고, 우리는 그러한 정신을 사업과 월드와이드 그룹을 이끌어가는 데에도 적용하고자 노력했다.

바닥에서부터 이끄는 리더십

이후 몇 년 동안 기독교 신앙은 월드와이드 드림빌더스의 설립과 성장, 성공의 모든 과정에서 중요한 기초가 되는 원리를 가르쳐주었다. 그것이 트루 노스(True North)의 원칙이 된 것이다. 전통적으로 그리스도인이 되기 위한 중요한 요소라고 하면 지혜롭게 사는 것과 이웃을 위해 헌신하는 것을 들 수 있는데, 마치 변하지 않는 황금률처럼 타 종교에서도 비슷한 가치들을 강조하고 있다는 점은 매우 흥미롭다. '다른 사람에게 대접받고 싶은 대로 남을 대접하라'는 말씀처럼 말이다.

오늘날 많은 사람이 지혜가 일부 사람들의 의견이나 시대에 뒤떨어진 사고를 바탕으로 형성된 것이라는 잘못된 인식을 가지고 있지만, 절대 그렇지 않다. 지혜는 수 세기에 걸친 관찰과 사물의 본질을 파악하려는 인간 본성에 대한 이해에서 출발하였다. 그래서 지혜는 신성하며, 고대 속담이나 훈계에는 현대 심리학자들조차 배울 만한 가치가 숨겨져 있다. 그중에서도 사랑은 여전히 모든 것을 정복하는 소중한 가치이자 행동이다.

사람들은 오늘날의 인류가 5,000년 전, 심지어 500년 전 사람들보다 똑똑하다고 생각한다. 어쩌면 객관적으로 볼 때 그럴 수도 있다. 하지만 인간의 본성은 변하지 않았다.

인간은 과거나 지금이나 여전히 똑같은 인간으로서 욕구와 욕망, 본능과 나약함, 자만과 겸손의 싸움으로 고군분투하고 있다. 오만함은 여전히 몰락 전에 찾아오고, 거짓말은 신뢰를 무너뜨리고 관계를 파괴시킨다. '모든 것이 변할수록 사람들은 변하지 않고 그대로 있다'는 말은 인간 본성의 변하지 않는 진리를 담고 있다. 오늘 우리를 넘어뜨리는 그것은 과거 아담과 이브를 넘어뜨렸던 그것과 결코 다르지 않다. 단지 겉모습이 조금 달라졌을 뿐이다.

어쩌면 월드와이드 그룹의 소중한 원칙들은 모두 예수님 말씀에 기초한다고 볼 수 있다. "누구든지 첫째가 되고자 하면 뭇사람의 끝이 되며 뭇사람을 섬기는 자가 되어야 하리라 하시고(마가복음 9:35)."[5] 사업을 크고 빠르게 성장시키는 사람들은 그들의 필요보다 파트너들의 필요를 우선시하는 사람들이었다는 것을 우리는 반복적으로 보게 되었다. 이 사업에서 가장 강한 가족은, 하나님께 헌신하는 것을 최우선으로 하고 그다음으로 배우자의 필요를 우선시하는 남편과 아내이다.

성공하기 위해서는 다른 사람들의 성공을 자신의 성공보다 우선시해야 한다. 원칙이 사업을 진행하는 많은 리더들의 행동과 일치한다고 할 수 없지만, 여전히 훌륭한 기업가가 되기 위해 필요한 원칙이라는 사실을 부인할 수는 없을 것이다. 존 맥스웰의 책이나 짐 콜린스의 《좋은 기업을 넘어 위대한 기업으로(Good to Great by Jim Collins)》[6]와 같은 책에 소개된 사례들만 보더라도 이것이 어느 정도 근거가 있는 원칙임을 알 수 있다.

성공의 핵심은 사랑을 바탕으로 다른 사람의 필요와 욕구를 자신의

것보다 우선시하며 서로에게 순복하는 것이다.

'순복'은 오늘날 다루기 어려운 주제가 되었다. 그 이유는 너무나 오랫동안 잘못 사용되어왔기 때문이다. 순복이라는 단어는 마치 발에 맞지 않는 신발을 신은 것처럼 어색하고 불편하게 이용되었다. 순복은 결코 권력자들이 다른 사람들을 지배하거나 자신의 뜻을 강요하기 위한 도구처럼 이용되어서는 안 된다. 오히려 성장하고 성공하고자 하는 사람들의 태도로 이해하는 것이 더 적절하다. 성공적인 사업을 제대로 진행하는 사람들은 서로에게 순복하며 서로의 성공을 위해 노력하느라 바쁘다. 그런 상황에서는 책임 소재나 지위가 그다지 중요하지 않다.

이 주제에 대해 더 깊이 들어가기 전에 먼저 오해를 풀고자 한다. 순복한다는 것은 다른 사람 앞에 넙죽 엎드린다는 뜻이 아니다. 강압적인 태도에 맞서서는 안 된다는 뜻도 아니다. 순복이란 결코 인간의 존엄성을 포기하거나 남이 우리를 푸대접하게 내버려두라는 것이 아니다. 다른 사람에게 온전히 순복하기 위해서는 자신에 대한 믿음과 자신감이 필요하다. 자신을 믿고 내재된 힘을 가진 자가 순복할 수 있다. 반면에, 힘없는 자는 결코 순복할 수 없으며 오히려 항복한다. 항복은 순복과 비슷해 보이지만, 순복과는 거리가 멀다. 순복의 본질은 다른 사람에게 자신의 권한을 양보하는 것이다. 그러기 위해서는 양보할 수 있는 권한이 있어야 한다. 항복은 자신의 권위를 포기하는 것으로, 순복과는 완전히 다른 개념이다.

옛 지혜에서 발견할 수 있는 또 하나의 원칙은 "이웃을 네 몸같이 사랑하라"이다. 우리는 '이웃을 사랑하라'는 부분에 동의하지만 '네 몸같이'라는 부분에서 망설이게 된다. 사랑하려면 사랑할 힘이 있어야 한다. 내가 서 있는 자리가 단단해야 사랑할 수 있다. 먼저 나 자신을 사랑해야 하는 것이다. 구덩이에 빠진 사람을 구한다고 구덩이 안으로 뛰어들어서는 절대로 그를 도울 수 없다. 구덩이 밖의 무언가에 단단히 묶여 있어야 밧줄을 내려 그들을 구할 수 있다. 만약 당신이 확고히 설 수 있는 자리, 즉 당신이 사랑받을 가치가 있다는 사실을 깨달을 수 있는 자리가 없다면 당신도 그 구덩이에 갇히고 말 것이다.

성경은 아내가 남편에게 순종해야 한다고 말한다.[7] 그 말씀을 처음 접했을 때 나는 기분이 썩 좋지는 않았다(아마 당신도 그럴 수 있다). 갑자기 이 책을 창밖으로 내던지고 싶어졌더라도 잠깐 나에게 설명할 기회를 주기 바란다. 내가 기분이 좋지 않았던 이유는 내가 까칠해서가 아니라 그것이 다소 성차별적인 이야기로 들렸기 때문이었다.

그 당시 나는 남편은 말할 것도 없고 나 자신보다 누군가를 우선시하는 것이 힘들었다. 아마도 내가 충분히 성숙하지 못했거나 자신감이 부족했기 때문이었던 것 같다. 다른 사람에게 순종해야 한다는 말이 불편했던 이유는, 솔직히 말하면, 나 자신을 사랑하는 데 어려움을 겪고 있었기 때문이다. 나는 인간으로서 존재 가치를 느끼기는커녕 무기력했다.

결혼생활은 남편과 아내가 서로를 위해 존재할 때 성공할 수 있고, '우리'라는 개념이 나보다 더 중요해야 한다. 가정은 배우자에게 집중할 때 유지될 수 있다. 아내에게 남편은 자식보다 중요해야 하고, 아내는 하나님을 제외한 그 어떤 것보다 남편에게 중요한 존재여야 한다. 남편이 아이들보다, 직장이나 사업보다, 그리고 친구들과 어울리는 것보다 아내를 우선시하려면 아내의 요구에 먼저 순복해야만 한다. 물론 가족과 관련된 일이 회사일보다 우선순위에서 밀리지 않아야 할 것이다. (만약 당신의 직장상사가 합리적인 범위 이상으로 시간을 요구하는 까다로운 사람이라면 이는 다소 어려울 수도 있다. 그런 상사가 있다면 그 사람이 정상이 아닌 것이다.)

남편과 아내가 서로 대립한다면 결혼생활은 실패할 수밖에 없다. 내가 우리보다 중요해지고 아이들이나 직장, 골프, 그 밖에 무엇인가가 배우자보다 더 우선시될 때, 그리고 언어적·감정적·육체적으로 서로를 학대한다면 서로의 영혼을 갉아먹기 시작한 것이다. 순복하는 이유가 나 자신이 아닌 상대방을 위한 것이라고 생각한다면 이미 파멸과 단절의 씨앗을 심은 것이나 마찬가지이고, 그런 관계는 결국 깨질 수밖에 없다.

순복은 상대방이 해야 할 일이 아니다. 누군가를 적극적으로 사랑하기 위해 내가 하는 행동일 뿐이다. 따라서 순복은 '나 먼저'와 완전히 반대되는 개념이다.

이론적으로는 충분히 이해가 되고 서로가 같은 생각을 하고 있다면 문제가 되지 않겠지만 만약 의견 차이가 있다면 어떻게 될까? 실제 상황이라면 어떻게 조율해야 할까? 토요일 밤, 피곤해서 소파에 몸을 웅크리고 영화를 보려고 하는 찰나 배우자가 갑자기 사업 설명 약속이 잡혔다며 옷을 입고 나오라고 한다면? 배우자가 당신의 감정을 건드려서 반격하고 싶어진다면? 당신의 파트너 중 누군가가 당신에게 돈을 빌렸는데 연락이 되지 않는다면? 누군가가 당신을 무시하며 당신에게 뭔가 큰 실수를 저지르고 있다고 느낀다면?

그런 상황에서 순복은 어떤 의미로 다가올까? 누군가가 당신을 이용하려고 할 때 어떻게 하면 '모든 사람을 섬기는 자'가 될 수 있을까?

그럴 때는 언제나 변하지 않는 황금률을 따라야 한다. 만약 상대방의 입장이었다면 당신은 어떻게 해주길 원할까? 그렇다. 바로 그렇게 하면 되는 것이다. 때로는 그것이 "NO"라고 대답한 후 대안을 제시하는 것일 수도 있고, 때로는 어른스럽게 그 사람이 성장할 수 있도록 돕는 것일 수도 있다. 비록 그것이 상대방이 제안하는 것과 완전히 다를지라도 그들을 위해 최선을 다하는 것을 의미한다.

WWDB(World Wide Dreambuilders)에 폴(Paul)과 빌리 케이 시카(Billie Kaye Tsika) 목사님 부부가 함께해주고 계시다는 사실이 얼마나 큰 축복인가. 폴은 목회자이자 영적 조언자로서 우리를 위한 목회, 조언, 그리고 상담을 담당하고 이를 위해 많은 시간을 쏟고 있다. 폴과 빌리 케이 부부는 결혼생활 지침서《Get Married, Stay Married》를 집필했는데, 그렇다면 그들은 과연 그 해답을 알고 있을까? 확실하게 '물론입니다'라고 대답하고 싶다.

영적 삶은 내가 이 세상에서 얼마나 소중한 존재인지 깨닫게 함으로써 인생에서 가장 중요한 것이 무엇인지 깨닫게 해주며 누군가를 사랑하고 도울 수 있는 사람이 되기 위한 디딤돌이 되어줄 것이다.

영적 기반이 없는 사람들은 항상 자신을 정당화하려 한다. 그들의 정체성은 그들이 어떤 사람이 되고자 하는지보다 무엇을 했고 또 하고 있는가에 의해 결정된다. 그들은 다른 사람들이 자신을 먼저 알아보고 인정해주길 바라며, 그들 자신이 다른 사람들과 구별되기를 원한다. 이로 인해 자신을 둘러싼 모든 것에 끊임없이 저항하려 한다. 안타깝게도 그 저항이 정의롭지 못한 것이나 부패를 향하기보다는 권위와 지혜에 대한 저항인 경우가 많다. 어떤 사람들은 관심을 받기 위해 일부러 다르게 행동하며 대중 사이에서 돋보이려 한다. 누구에게나 그런 본능은 있기 마련이니 그것을 꼭 나쁘다고 할 수는 없을 것이다. 그러나 자신이 누구인지 정확히 알게 되면 자기를 드러내기보다는 다른 사람을 세울 수 있는 힘을 갖게 된다. 순복은 소극적으로 행동하는 것과는 다르다. 구석진 곳에서 마치 벽화 속 꽃이 된 것처럼 아무 의견도 없이, 잘못되었다고 생각하면서도 나서지 않고 그저 남들이 하자는 대로 따라가는 것을 말하는 것도 아니고, 다른 사람의 말에 굴복하고 누군가가 실수를 저지르려고 할 때 혀를 깨물며 참는 것도 아니다. 순복한다는 것은 내가 잘되길 바라는 것처럼 다른 사람들도 잘되길 바라는 것, 그런 마음이다. 만약 의심스러운 것을 보거나 듣는다면 당당히 질문하되 사람들이 받아들일 수 있도록 최대한 절차에 따라 예의 바르게 하라. 물론 말하기 전에 먼저 경청하는 것을 잊지 말자. 누군가의 생각에 반대하기 전에 그들의 관점을 먼저 이해하려고 노력해야 한다. 당신은 팀의 응원단장이고 동시에 전략가이다. 팀이 잘 돌아가게 할 작전을 짜는 수뇌부의 일원임을 명심하고 자부심을 가져라.

경청하라. 본인의 의사를 정확히 표현하라. 내용이 어떻든 당신의 의구심이나 아이디어를 꺼내놓는 것이 중요하다. 그러나 당신이 원하는 결과를 얻지 못했다고 기분

나빠 할 필요는 없다. 우리는 모두 성공을 위해 함께 노력하고 있지만 일하다 보면 실수할 수도 있다. 당신도 파트너들 못지않게 틀릴 수 있다는 것을 인정하라. 그리고 진짜 팀의 일원이 되려면 "내가 그럴 줄 알았어"와 같은 부정적인 말은 하지 말자. 우리는 서로의 든든한 지원자가 되어주고 실수를 통해 배우며 현명한 미래를 만들어가기 위한 해답을 찾기 위해 다같이 노력해야 한다.

행복은 스스로 행복해지기로 결정하는 것에서 시작된다. 지혜를 바탕으로 모든 일을 하나님의 방법으로 하는 것, 그것이 바로 행복해지는 방법이라고 믿는다.

룐과 나는 하나님이 우리에게 명령하는 것이 우리를 통제하기 위함이 아님을 확신한다. 대신 조언을 통해 우리에게 잘살 수 있는 방법을 알려주시고자 한다. 삶의 설계자인 그는 행복하도록 설계된 우리의 삶에 대해 말씀하고 싶어 하는 것이다. 우리가 아이들에게 뜨거운 난로를 만지지 말라고 하는 것처럼, 하나님은 우리가 무엇을 하면 유익하고 무엇을 했을 때 아픔이 찾아오는지 조목조목 말씀해주신다. "그게 규칙인가요?"라고 묻는다면 이렇게 대답하신다.

"글쎄, 꼭 그렇지는 않지만, 나는 네가 상처받는 것을 원치 않는다."

"규칙이 아니라면, 제가 원하면 난로를 만질 수 있는 건가요?"

"그것을 만지는 것은 네 선택이지만, 분명 후회하게 될 거야."

"만약 제가 난로를 만지기로 결정한다면 저에게 벌을 내리실 건가요?"

"아니. 난로를 만지기로 결정한다면 너 스스로에게 벌을 내리는 것이 되겠지."

"저를 조정하려고 겁주시는 거죠? 당신의 말을 믿지 않겠어요."

"아니, 나는 너를 사랑하고, 네가 행복하기를 바라고, 네가 다치는 걸 원치 않을 뿐이야."

"제가 난로를 만지기로 결정해서 제가 다치면 그게 저의 잘못이란 말인가요?"

"그렇겠지. 하지만 난로를 만지지 않으면 좋겠다. 그러면 다치지 않을테니까. 내 말을 듣지 않으면 손가락을 다칠 수도 있어. 후회하게 될 거야. 대신 다시는 같은 실수를 반복하지는 않겠지. 그래도 나는 네가 상처를 통해 배우는 것보다 지혜를 통해 배우길 바란단다."

성경은 이러한 지혜의 말씀으로 가득 차 있지만 사람들은 위험에도 불구하고 그 지혜에 반항하며 살아간다. 우리가 그 가르침을 따르는 이유는 그것이 단지 삶의 좋은 교훈을 주기 때문만은 아니다. 우리는 그것을 직접 증명했다. 성경의 가르침을 따른 결과 우리는 가정과 사업에서 성공을 거두었고, 그것이 오늘의 월드와이드 그룹을 만들었다고 진심으로 믿는다.

그것이 바로 우리 그룹의 강점이고 모든 결실의 근원이다. 비록 사업을 잘하기 위해 다양하고 독창적인 아이디어를 생각해내지는 못했지만, 다른 성공자들이 어떻게 성공할 수 있었는지 그 비결을 찾으려고 노력했고 그 방법들을 우리 것으로 정착시키기 위해 끊임없이 고민했다. 그러한 우리의 노력이 쌓여 결국 위대한 결과를 만들어냈고, 당신에게도 같은 결과를 가져다줄 거라고 확신한다.

당신의 믿음이 우리와 다를 수는 있겠지만, 하나님을 최우선으로 두고 가족들과 함께 사업하는 분들을 존중해야 한다는 것이 우리의 믿음이며 우리가 자명하게 생각하는 가치이다. 이러한 믿음과 가치를 공유할 수 있다면 나머지는 문제 될 것이 없다. 우리는 한배를 탄 식구이다. 월드와이드의 존재 이유는 모든 멤버가 성공하고 행복해지는 것이다. 우리가 그 역할을 잘해낼 수 있도록 함께 노력해주기 바란다.

Principle 6

직원은 주어진 일을 하고,
오너는 자신의 꿈을 위해
최선을 다하고,

성공하는 리더는
목적, 시스템, 그리고
그것들의 관계를 이해한다.

6

직업이 아니라
사업이다

내가 롼의 사업에 합류한 것이 도움은 되었지만, 그렇다고 해서 우리 사업이 하루아침에 성공으로 이어진 것은 아니다. 이 사업은 소득이 적지만, 시간이 지날수록 탄력을 받아 커지는 경향이 있다. 이 사업의 작은 결정들은 훗날 큰 이익 또는 손실을 낳을 수 있다. 그러므로 배우는 자세와 변화에 순응하는 자세가 무엇보다 중요하다. 갑자기 벽에 부딪히지 않으려면 빠른 태세 전환을 준비하는 자세도 필요하다.

롼과 함께 사업을 구축하면서 일을 분담할 수 있게 되었다. 주문과 상품 배송은 모두 내가 맡고(나는 출고와 배송 담당 부서가 된 것이다), 롼은 우리 사업의 기회를 나누고 사업을 같이할 사람을 찾는 데 집중했다. 그리고 일주일에 하루, 저녁에만 진행하던 미팅을 두 번으로 늘렸다.

처음에는 시내에 있는 어느 DDP(Direct Distributor Platinum)* 사업자를 통해 제품을 주문하고 수령했다. 그들은 우리의 직속 상위 스폰서는 아니었지만, 제품 유통의 경험이 많았고, 본인 주문 시 우리 주문을 쉽게 추가할 수 있었다. 그들은 재고를 어느 정도 확보하고 있었기 때문에 롼과 나는 매주 아이들과 함께 고객들이 주문한 제품을 받기 위해 그곳을 방문하곤 했다. 이 일에 익숙해지자, 나는 롼이 다른 업무를 보고 있을 때 혼자 아이들을 데리고 그곳에 들러 주문받은 제품들을 차에 실어 집으로 옮기고 배달을 위한 개별 포장을 했다.

사업이 성장해 주문량이 늘자 우리는 미시간주 에이다(Ada)시에 있는 본사에 직접 주문을 넣을 수 있도록 물류창고를 허가해달라고 신청했다. 그 당시는 오늘날 우리가 즐기는 온라인 쇼핑은커녕 전화 주문도 없을 때였다. 나는 매주 일요일 밤 식탁에 앉아 월요일 아침까지 밤새 주문을 처리하곤 했다. 혼선을 방지하기 위해 주문들을 번호순으로 정리하고 합산도 맞췄다. 그런 뒤에는 모든 서류를 재확인한 후 주문서를 작성하고 수표를 동봉했다. 롼은 다음 날 아침에 출근하면서 그 주문서를 우편으로 붙였다. 배달은 보통 2주 정도 걸렸고, 파스코(Pasco-Kennewick Colombia 강 건너편)에 있는 물류회사를 통해 배달되었다.

롼이 회사에 나가 있는 동안 나는 물류회사를 통해 제품을 수령했

나는 매주 일요일 밤 식탁에 앉아 월요일 아침까지 밤새 주문을 처리하곤 했다.

---

* 이 명칭은 현재 '플래티넘'으로 변경되었다.

다. 내가 램블러에 제품을 싣는 모습을 물류회사 직원들이 앉아서 지켜
보던 생각이 난다(그들은 부두에서 물건을 옮길 수 있는 권한이 없었기 때문에 도
와주고 싶어도 도와줄 수 없었다). 어떤 상자는 20kg가 넘었지만 아이들이 도
움을 줄 수 있을 만큼 크기 전까지는 혼자서 짐을 옮길 수밖에 없었다.

　주문량이 늘어난 뒤로는 집에 큰 차가 없어 어쩔 수 없이 램블러로
두 번씩 왕복하며 제품을 실어 날라야 했다. 첫해에도 그랬지만, 그 이
후로도 물류회사와 집을 얼마나 오갔는지 모른다. (결국 오래되고 낡아빠
진 픽업 트럭을 구입하여 한 번에 더 많은 제품을 차고로 옮길 수 있게 되었다.)

　제품을 차고로 옮긴 후에는 주문별로 나누어 배송 준비를 했다. 그
때는 UPS나 FedEx의 픽업 서비스가 없어서 발송하는 곳이 어디든 우
리가 제품을 직접 가지고 택배회사로 가야만 했다. 주문한 곳이 가까
우면 직접 배달했다. 몇몇 프런트 파트너(직접 후원한 파트너)들은 우리
집에서 직접 제품을 픽업했는데, 매주 두 시간 정도 픽업 시간을 따로
정해놓았었다. 그때는 버스로 배송하는 경우가 많아 버스 정류장으로
가져가야 할 제품들도 있었다. 매달 70,000~80,000PV*가 될 때까지는
이런 방식으로 운영을 했다. 감사하게도 그 이후로는 암웨이가 집으로
직접 배송해주는 시스템으로 바뀌었고, 덕분에 많은 시간을 아낄 수 있
었다. (오늘날 모든 배송 절차를 회사가 처리해주고 직접 제품을 받을 수 있다는 것
이 얼마나 큰 행운인가!)

　사업의 확장과 성과에도 불구하고 론은 사업 설명 때마다 여전히 긴
장했다. 켄 커클린스키가 나중에 이렇게 고백했다.

---

* 북미 SP 자격 조건은 월 7,500PV이다.

"두 번째 미팅 때였는데, 론이 너무 긴장을 한 탓에 화장실에서 구토를 하며 나올 생각을 하지 않아 결국 제가 직접 사업 설명을 했습니다."

다들 알고 있겠지만, 이 사업에서 가장 중요한 것은 사람들을 초대하여 편안한 분위기에서 사업을 알려주는 것이다. 사람들은 평소에 친하고 좋아하고 신뢰하는 사람들의 말에 귀를 기울이기 때문에, 친구와 지인 중 후원 대상자를 어떻게 만날 수 있을까에 대해 끊임없이 궁리했다. 한번은 프랭클린(Franklin) 카운티에 있는 모든 가정에 '새로운 사업 기회'에 대한 우편물을 보내고 관심을 보이는 사람이 있는지 기다렸지만 안타깝게도 아무런 반응이 없었다. 그때 우리는 개인적인 연줄이 필요하다는 것을 깨달았고, 그렇지 않으면 초대가 잘되지 않는다는 사실을 알게 되었다. 모임을 알리는 것만으론 충분하지 않았다. 개인적으로 아는 사람이 초대하는 경우가 아니면 99.99% 오지 않았다. 그리고 경험상 0.01%는 우리가 찾는 사람들이 아닌 경우가 많았다.

무작정 거리에 나가 전화번호가 적힌 전단지를 돌려서는 소비자나 사업자를 찾을 수 없었다. 이러한 저돌적인 모습은 오히려 사람들에게 암웨이 사업에 대한 좋지 않은 인식을 심어주었다. 저녁 식사에 사람들을 초대하여 느닷없이 사업 설명을 하거나, 대학 친구에게 클럽에 놀러 가자고 하고 암웨이 미팅이 한창인 집으로 데려간다면, 입장을 바꿔 생각해봐도 황당하지 않겠는가. 우리는 사람을 속여서 사업에 참여시키거나 이 사업으로 성공하기 위해서 치러야 하는 대가를 알리지 않은 채 가입시키는 것은 의미가 없다고 생각했다. 우리는 사업의 거품을 걷어내고 싶었다. 그것은 인간관계를 구축하는 것, 그리고 사람들에게 투자하는 것을 의미했다. 얄팍한 상술로 판매나 사업 강요를 하는 것이 아니라 유익한 정보를 제공하여 그들을 격려하고 사업에 대한 동기를 부여하는 것을 말한다.

또한 그것은 친구가 되어가는 것이지, 단지 사람들을 가입시켜 네트워크가 그럴듯해 보이게 만드는 것을 의미하지 않는다. 그래서 한 달에 얼마나 많은 사람들을 후원할 수 있는지 도전해보는 것보다는 그 사람들과 함께 더 많은 시간을 보내며 관계를 다져가는 것에 더 큰 의미를 두었다.

사업은 성장하고 있었지만 우리는 여전히 우리가 제대로 이 사업을 하고 있는지 알지 못했다. 우리는 더 나은 로드맵이 필요하다고 느꼈고, 이 사업을 더 확장하려면 이 일로 큰 성과를 거둔 사람들과 소통할 필요가 있다는 생각이 들었다.

짐과 샤론의 도움으로, 그들의 업라인(상위 스폰서)이었던 팻(Pat)과 베티 카우프만(Betty Kaufmann), 그리고 빌(Bill)과 미르나 맥도날드(Myrna McDonald) 부부에게 연락을 취해 그들을 통해 배울 수 있는 기회를 모색했다. 카우프만 부부는 친절하게도 파스코에 있는 우리의 작은 노란색 집에 두 번이나 찾아와 그들의 사업 경험을 나누어주었지만, 아쉽게도 인근 지역에 사업자들이 거의 없었기 때문에 많은 사람들과 함께하지 못했다.

우리는 이 사업에 있어서 가족의 지지를 받지는 못했다. 명절 모임에서 우리 사업에 대해 이야기하는 것은 금기시되었다. 그러나 다른 가족 구성원들이 우리 사업에 대해 하는 이야기는 자주 귀에 들어왔

> 우리는 더 나은 로드맵이 필요하다고 느꼈고, 이 사업을 더 확장하려면 이 일로 큰 성과를 거둔 사람들과 소통할 필요가 있다는 생각이 들었다.

다. 어느 부활절 날, 어머니는 나와 함께 부엌에 계셨고 아버지는 아래 층 거실에 계셨다. 아침을 준비하던 어머니는 우리 사업에 대한 걱정을 늘어놓기 시작하셨다. 그녀는 우리가 사업 때문에 아이들을 너무 소홀히 하는 것 아니냐며 걱정하셨다(아버지의 고민은 이보다 더했다). 저녁 모임 때문에 아이들을 너무 자주 다른 사람 손에 맡기는 것이 아닌지, 과연 일을 열심히 하는 것이 가족을 위해 좋은 것인지 걱정하셨다.

어머니가 쏟아내는 걱정에 나는 당황했고 눈물이 터지고 말았다. 그러면서 그녀에게 이렇게 말했던 기억이 난다.

"우리가 하는 일을 찬성해주기를 바라지는 않아요. 우린 우리가 하는 일이 옳다고 믿거든요. 적어도 아이들 앞에서 긍정적으로 말씀하실 수 없다면, 죄송하지만 다음 명절은 함께 보낼 수 없을 것 같네요."

다행히, 이 일 이후로 우리 사업에 대한 논쟁은 없었고, 아이들은 명절 때마다 할아버지 할머니를 계속 볼 수 있었다. 그리고 시간이 조금 더 흐른 뒤에 부모님의 지지도 받게 되었다(몇 달 후 어머니는 SA-8, 세탁용 가루 세제를 주문하기 시작하셨다). 어머니께서 돌아가시고 몇 년 후에는 아버지로부터 란과 암웨이에 대해 부정적인 말을 늘어놓던 옛 친구에 대한 이야기도 듣게 되었다. 이 친구는 동네 은행에서 근무하고 있었는데, 아버지께서 이렇게 경고하셨다고 한다.

"내 딸과 사위, 암웨이에 대해서 한 번만 더 이상한 소리 하면, 은행에서 내 돈을 전부 인출해서 다른 은행으로 갈 테니까 알아서 해!"

우리에게는 낯부끄러우셨는지 그 이야기를 직접 하지 않으셨지만, 그 이야기를 나중에 듣는 순간 내 입가엔 미소가 번졌다.

모든 사업은 초기에 궁핍한 시기가 있기 마련이다. 암웨이 사업은

아버지는 이렇게 말씀하셨다.

"씨앗을 먹지 말라. 처음 달성한 500PV*에서 얻은 소득은
사업에 재투자해야 한다.
사업과 관련된 지출은 사업에서 얻은 이익으로 운영되어야 하고,
보상을 누리기 전에 사업 비용을 마련하는 것이 먼저다.
목이 마르기 전에 우물을 파야 하니까."

_ 짐 퓨리어

진입 장벽은 낮지만 사업을 성장시키기 위해 몇 년 동안 이윤의 상당 부분을 재투자해야 했다. 미팅의 다과 비용, 소비자 주문에 빠르게 대응하기 위한 여분의 제품 구매 비용, 자동차 기름값, 예전에 데니스에서 벌던 소득을 대체할 금액, 그리고 예상치 못한 지출 증가 등으로 몇 년간 생활은 빠듯했다.

처음부터 우리는 사업이 적자를 본다면 그만두자고 의견을 모았었다. 그래서 여러 해 동안 결단력과 창의적인 아이디어가 필요했으나 우리는 계속해서 노력했다.

그러다 문제가 발생했다. 타고 다니던 램블러가 오래되어 기름이 새

---

* 북미 사업 300PV=6%, 600PV=9%

는 바람에 미팅을 갈 때마다 론은 약속 장소로부터 멀리 차를 세워야 했다. 미팅이 끝나고 돌아갈 때 바닥에 기름 자국을 남기지 않기 위해서였다(새 차를 구입한 날 우리는 기뻐서 서로에게 축하를 보냈다).

칠판을 살 돈이 없어서 론은 프랭클린 카운티 PUD에서 칠판을 자주 빌렸다(한번은 론이 원을 완벽하게 그리는 것에 너무 집중한 나머지 강단 끝에서 넘어진 적도 있었다). 칠판을 빌리는 것이 여의치 않을 때에는 짐과 브라이언의 침실에 있는 동물이 그려진 아동용 칠판을 사용했는데 사업 설명이 테두리에 그려진 동물과 글자들로 완성되는 듯했다. 일대일 미팅 때는 노란 노트패드에 붉은색 펜으로 사업 설명을 했는데, 론은 항상 노트와 펜을 구입하기 바빴다.

1970년대 미국 북서부 지역에는 아직 암웨이가 많이 알려져 있지 않았고, 우리가 알고 있던 다이아몬드 리더들은 대부분 미시시피강 동쪽 지역(미국 동부 지역)에 살고 있었기 때문에 우리에게는 암웨이 회사로부터 받는 교육 자료가 너무도 귀하고 절실했으며, 동부 지역의 규모가 큰 그룹에서 활동하는 리더들이 건네준 강의 테이프는 무척 소중했다. 그들의 강의 내용은 큰 릴 테이프에 녹음되어 있었는데(카세트테이프 같은 장비가 아직 널리 사용되기 전이었다), 종종 강당 뒤에 있는 누군가가 녹음한 복사본의 복사본의 복사본이라 볼륨을 최대한 높이고 귀를 대고 들어야만 내용을 간신히 알아들을 수 있었다. 리더들이 주로 남부 사투리를 썼던 터라 테이프를 너무 자주 들었더니 론이 초기 강연을 할 때는 남부 사투리가 살짝 섞일 정도였다.

릴 테이프뿐만 아니라 암웨이는 LP(레코드판)도 발매하고, 얇고 가벼운 흰색 비닐 디스크도 매주 우편으로 보내주었다. 켄과 사라, 그리고

136

우리가 후원하고 있던 회원들은 매주 일요일 저녁에 우리 집에서 쿠키와 도넛을 먹으며 함께 레코드를 들었다. 켄은 이 모임 때문에 50파운드는 찐 것 같다는 농담을 하기도 했다.

새로운 카세트테이프가 나오면 나는 동네에서 빌릴 수 있는 모든 테이프레코더를 빌려와 빈방에 설치한 후 복사본을 만들었다(아이들에게 소리내지 말라고 경고하면서 말이다).

우리는 주로 램블러를 이용했지만, 엄밀히 따지면 차가 한 대 더 있었다. 론의 오래된 쉐비 콜베어 몬자(Chevy Corvair Monza)가 고장 난 채 차고에 방치되어 있었는데 우리는 그 차를 '똥차'라고 불렀다. 암웨이에서 자동차 전용 세제인 실리콘 글레이즈(Silicone Glaze Car Polish)가 새로 출시되었을 때 론은 번뜩 아이디어가 떠올랐고, 차고에 있던 차를 보기 좋게 광을 냈다. 미팅 중에 사람들이 제품이 얼마나 광이 잘 나는지 궁금해할 때마다 차고로 데려가서 "이 광을 좀 보세요!"라며 직접 보여주었다. 그 후 그 차는 친구들 사이에서 '때깔 좋은 똥차'로 불렸다.

사업의 어려움을 책을 통해 접하면 크게 와 닿지 않는다는 것을 나도 안다. 장애물이 없는 성공 이야기가 과연 존재할까? 발등에 불똥이 떨어진 것 같은 문제들은 대부분 돌아보면 재미있는 추억거리가 된다(솔직히 책에서 다룬 많은 이야기도 대부분 그 범주에 속한다). 나를 갉아먹던 의심, 고민거리와 스트레스, 그리고 반복해서 찾아오는 모든 것을 다 내려놓고 그냥 남들처럼 살고 싶다는 유혹은 넘기기가 쉽지 않았다. 왜냐하면 평범하게 사는 것이 더 안전하게 느껴질 때가 많았기 때문이다.

그러나 론과 나는 사업을 지속하기로 끊임없이 다짐했다. 모든 것이 쉽게 익숙해지지 않았다. 론은 여전히 사업 설명을 버거워했고, 사람들 앞에 서는 것이 편안해질 때까지는 시간이 좀 걸렸다. 그는 모르는 사람들에게 본인을 소개하고 그들의 무표정한 시선을 견디는 것을 힘들어하고 두려워했다. 하지만 멈추지 않았다. 그 일을 해내지 못한다면 나는 다시 식당으로 돌아가야 했고, 매달 부족한 돈을 받으며 생활하는 것이 유일한 차선책이었기 때문이다. 당장 다음에 무엇을 해야 할지 알지 못했지만 한 발을 계속 다른 발 앞에 내려놓으며 한 발짝씩 우리의 비전을 향해 나아가는 것, 꿈이라는 당근을 눈앞에 두는 것이 유일한 답이었다.

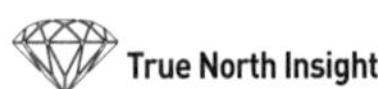

> 당장 다음에 무엇을 해야 할지 알지 못했지만 한 발을 계속 다른 발 앞에 내려놓으며 한 발짝씩 우리의 비전을 향해 나아가는 것, 꿈이라는 당근을 눈앞에 두는 것이 유일한 답이었다.

그 당시만 해도 사업을 부업 이상으로 생각하지는 않았지만 계속 성장하며 결과를 만들어갔다. 꾸준한 노력은 기하급수적인 결과를 만들었다. 사업을 시작한 지 13개월째에 실버(Silver Producer)를 달성하며 플래티넘(Platinum) 초읽기에 들어갔다. 플래티넘 자격이 되는 마지막 달인 1973년 6월, 우리는 마지막 주문을 업라인에게 제출했고 핀(자격)을 성취했다고 생각했다.

이때 우리는 처음으로 사업의 어려움을 경험하게 된다. 업라인 중 누군가가 우리의 주문을 마감일 이후로 지연시켜 우리가 핀을 완성하지 못하게 하려 한다는 사실을 알게 된 것이다(그들은 우리가 먼저 핀을 완성하는 것을 원치 않았고, 자신들이 도전하려고 했던 그다음 달로 주문을 넘겨서 동시에 자격을 취득하려고 했던 것이다). 이기심이라는 인간의 약점을 드러낸 것이다. 상상도 할 수 없는 일이었다. 파트너가 말해주지 않았다

면 우리는 절대 그 사실을 알지 못했을 것이다. 그 파트너는 우리보다
더 흥분하며 "저만 믿으세요. 저와 제 어머니가 도와드릴게요"라고 했
다. 그는 어머니를 후원했는데, 그의 어머니는 워싱턴주 서니사이드
(Sunnyside)에서 여덟 명의 친구들과 함께 사업을 진행하고 있었다. 그
는 어머니와 통화하며 구체적인 계획을 세웠다. 그의 어머니는 아들에
게 "네가 이 정도 매출을 일으키고 우리 팀에서 나머지를 하면 되지 않
겠니? 우리가, 롼과 조지아 리가 플래티넘 가는 데 부족한 부분을 메워
보도록 하자. 일단 내 몫을 하고 연락하마"라고 했다.

우리는 선택의 기로에 서 있었다. 포기
하거나 계속 앞으로 나아가야 했다. 출구
가 보이지 않는 함정에 빠진 것 같았다. 파
트너와 어머니의 도움을 받더라도 매출액
4,000달러가 모자랐고, 남은 시간은 일주
일이었다.

그 순간 롼의 눈이 반짝이기 시작했다.
좋은 생각이 떠올랐거나 미치기 일보 직전의 표정이었다. 그는 나를
바라보며 말했다.

"조지아 리, 매년 6월이 되면 흔히 볼 수 있는 행사가 뭐가 있을까?"

"글쎄요, 잘 모르겠는데요. 혹시 결혼식?"

"맞아. 새로운 커플들이 필요로 하는 것이 무엇일까?"

난 그가 무엇을 말하고자 하는지 전혀 예측할 수 없었다.

"인내심?"

내가 한마디 던졌다.

“아니.”

그는 웃음을 참으며 이어갔다.

“그들이 필요로 하는 건 바로 냄비야!”

“그래서요?”

“어떤 회사가 최고의 주방 기구를 만들지?”

나는 그제서야 눈치를 채고 외쳤다.

“암웨이!”

어떻게 그 일을 해냈는지 기억은 잘 나지 않지만, 롼과 나는 몇 주 동안의 신문을 구해 모든 지역에서 있을 6월 결혼식을 찾기 시작했다. 우선 목록을 만들고 신랑신부 주변 사람들에게 멋진 주방 기구를 선물할 의향이 있는지 묻기 위해 연락처를 알아낼 방법을 고민하기 시작했다. 자격을 달성하는 데 필요한 주문량을 채우기까지 오래 걸리지 않았다. 우리는 주문을 보류하고 있던 업라인 위의 스폰서에게 전화를 걸어 직접 주문을 넣었다.

그렇게 당당히 자격을 획득한 우리는 몇 주 후 뉴플래티넘 여행으로 암웨이 본사를 방문하게 되었다. 내 인생 첫 비행기 여행이었다. 비행기가 이륙을 위해 활주로를 이동하기 시작하자 나는 겁에 질려 롼의 손을 꽉 잡았다.

“여보, 날지 않고 이대로 본사까지 갈 수는 없는 건가요?”

그곳에서 우리는 제조공장을 둘러보고 경영자들도 만나고 비즈니스를 더 잘 구축해갈 수 있는 교육도 받았다. 작게 시작한 부업은 어느새 우리 삶에서 점점 더 중요한 부분이 되어가고 있었다.

그랜지빌의 집에서 언니 캐시와 나.

롼은 그랜지빌 고등학교 농구 대표팀
선수였으며 뛰어난 활약을 보였다.

란은 고등학교 졸업 직후인 1958년 가을, 미 육군에
입대하여 1961년 9월까지 자부심을 가지고 복무했다.

란은 군 복무 기간 중 독일에 주둔했다.

란과 나는 1963년 11월 3일 일요일, 그랜지빌 감리교회에서 결혼식을 올렸다.

신혼 시절 우리의 첫 보금자리였던 10×55피트 크기의 트레일러 하우스.
룐의 차였던 쉐보레 코르베어 몬자를 함께 사용했다.

파스코 집의 작은 차고에서 처리하던 일주일치 제품 주문량.
이후 월 70,000~80,000PV까지 성장했다.

워싱턴주 파스코에 살던 시절의 가족 사진.
아이들은 빠르게 자라고 있었고, 우리는 막 사업을 시작한 때였다.

1970년대 중반, 시애틀에서 우리 그룹을 위해 빌 브릿이
미팅을 진행해주었을 때 촬영한 것이다. 그가 우리를 개인적으로
멘토링하기 전인데, 우리를 무척 설레게 했다.

암웨이 본사에서 열린 더블 다이아몬드 인정식 때 사진이다. 우리는 암웨이 창립자 제이 밴 앤델(Jay Van Andel)과 리치 디보스(Rich DeVos)를 무척 사랑하고 존경했다.

우리가 처음 후원하고 첫 플래티넘이 된 켄과 사라 커클린스키와 함께.

소중한 친구이자 비즈니스 파트너인 데이브와 얀 세번과 함께한 수많은 모험 중 하나.

초기 에메랄드 카운슬 멤버 중 테론 넬슨과 함께한 롼.

빌과 페기 브릿은 우리에게 매우 소중한 멘토로
큰 꿈을 꾸도록 격려하고 도전하게 해주었다.

1994년 릴레함메르 동계올림픽을 보기 위해 브릿 부부와 함께한 여행.

1995년 FED. 달콤한 트리플 다이아몬드 성취의 순간을
빌과 페기 브릿과 함께 나누었다.

내 인생의 사랑 롼과 축하의 키스를 나누며.

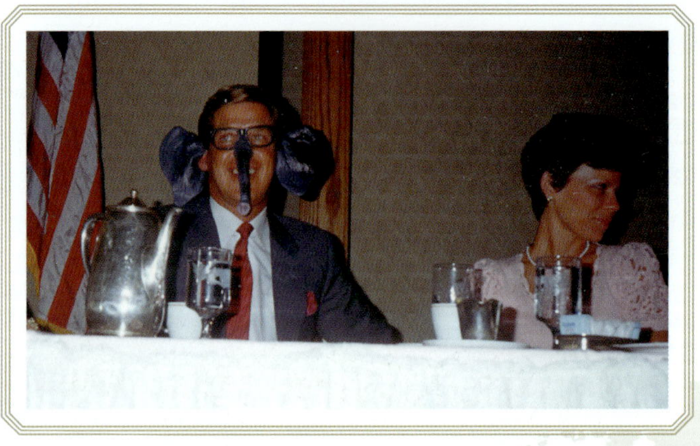

론은 농담을 좋아했고, 이 사업에서 친구들과 함께
즐거운 시간을 보내는 것을 사랑했다.

윈스턴 처칠을 연기하는 론.

캐시 캐민은 월드와이드의 첫 직원으로, 20년간 함께 일했다.

1993년경 월드와이드
드림빌더스 본사 전경.

리모델링된 월드와이드 빌딩은 2018년
'론 퓨리어 빌딩'으로 헌정되었다.

란은 골프를 무척 좋아했다.

피터 아일랜드에서 친구들과 함께.

란은 존 맥스웰과의 우정을 매우 소중히 여겼다.

폴 시카 목사는 2000년 란의 영적 조언자로
그의 삶에 들어와 가장 신뢰하는 친구가 되었다.

론은 늘 사물을 다른 각도에서 바라보는 재능이 있었다.

암웨이 2세대 리더인 덕 디보스와 스티브 밴 앤델과 함께한 론과 나.

1996년 9월, 《아마그램(AMAGRAM)》 매거진 기사 촬영을 위해 찍은 사진.

여러 해에 걸쳐 열린 수많은 FED 행사 중
한 행사에서 청중에게 인사하는 론.

소중한 친구 존 맥스웰과 월드와이드의 초대 CEO 딕 데이비스와 함께.

내 사업의 주인 되기

이 비즈니스는 사업을 통해 맺게 되는 관계와 목표를 향해 사업을 체계적으로 구축해나가기 위해 활용하는 시스템으로 구성되어 있다. 간단하게 들리겠지만, 올바른 자세와 마음가짐으로 임하지 않으면 감당하기 힘든 다양한 상황들을 경험하게 된다.

당신은 더 이상 평범한 직원이 아니며, 비즈니스의 모든 부분을 책임지게 되었다는 사실을 받아들여야 한다. 당신은 보스이자 오너다. 베스트셀러 작가 지그지글러(Zig Ziglar)는 이렇게 설명했다.

몇 년 전 아주 무더운 날, 철도 레일 작업을 하던 작업자들이 기차를 먼저 보내기 위해 잠시 하던 일을 중단하고 서 있었다. 순간 기차가 멈추더니 가장 마지막 칸의 창문 하나가 열렸고 안에서부터 쩌렁쩌렁하고 친근한 목소리가 들려왔다.

"데이브, 당신 맞지?"

작업반장이었던 데이브 앤더슨(Dave Anderson)이 큰소리로 대답했다.

"그래 맞네, 짐(Jim). 오랜만일세. 정말 반갑네."

훈훈한 이 짧은 대화 후 짐 머피(Jim Murphy) 회장은 데이브를 기차 안으로 초대했다. 둘은 한 시간 남짓 대화를 나눈 뒤에 따뜻한 악수와 함께 헤어졌고 기차는 떠났다.

데이브의 동료들은 바로 그를 둘러싸며 그가 회장인 짐 머피와 친분이 있다는 사실에 놀라워했다. 그는 20여 년 전 짐과 같은 날 취직했다고 말했다. 동료 중 한 명은 농담 반 진담 반으로, 데이브는 아직 땡볕에서 일하고 있는데 짐은 어떻게 회장이 되었는지 물었다.

그러자 데이브는 다소 안타까워하는 표정으로 그때를 회상하며 말했다.

"23년 전 내가 시급 1.75달러를 위해 일하는 동안 짐은 회사를 위해 일했지."[8]

직원들은(심지어 감독관들도) 자신의 책임에 제한을 두는 경향이 있다. "그건 내 일이 아니지"라는 말이 그러한 의미를 내포하고 있다. 누군가에게 고용되면 당신은 팀의 일원이 된다. 자신의 역할을 잘 수행하고, 자신이 하는 업무가 다른 사람들의 업무와 잘 맞물려 돌아가게 하고, 자신에게 보고하는 직원들이 업무를 제대로 수행하게 할 책임을 맡는다.

문제가 있다고 해서 당신이 항상 해결할 수 있는 것은 아니다. 당신의 업무 범위를 벗어나는 일이라면, 당신이 책임을 지고 문제 해결사가 되고 싶다고 해도, 나서서 그 일을 하는 것에는 위험부담이 따른다. 당신이 해야 하는 일의 우선순위는 조직도상 당신의 직장 상사에 의해 부여된다. 당신이 모든 것을 책임지는 경우는 거의 없으며, 제대로 작동하지 않는 것을 고칠 수 있는 완전한 권한을 갖는 경우도 드물다.

하지만 당신이 주인이라면 그렇게 생각하지 않을 것이다. 당신의 좌우명은 '발생한 일은 내가 처리한다'와 '내가 마지막 보루이다'여야 한다. 목표가 달성되지 않았다고 다른 사람을 탓할 수는 없다. 절대 '이 일은 내 일이 아니야'라고 말할 수 없다(할 수는 있겠지만, 아마도 사업은 오

래 가지 못할 것이다). 사용 중인 시스템이 잘 돌아가지 않는다면 더 나은 시스템을 찾아야 한다. 만약 목표에 도달하지 못하고 있다면 당신은 그 간극을 어떻게 메울지 생각해내야 한다.

롼과 내가 원했던 것은 우리의 꿈을 이룰 수 있는 제대로 된 기회였다. 일을 두려워하지는 않았다. 그곳이 제재소이든, 은행 대부 부서이든, 데니스이든, PUD이든 우리는 열심히 일하고 성실한 일꾼이 될 준비가 되어 있었다.

기회만 주어진다면 배우고 성장하고 성공하기 위해 그 어떤 대가도 치를 각오가 되어 있었다. 우리는 그저 우리가 원하는 자리로 이동하기 위한 기회가 필요했을 뿐이다. 그런데 그 기회가 찾아온 것이다. 고용주를 위해서도 열심히 일했던 우리에게 꿈을 위해 열심히 일하는 것은 너무나도 당연한 일이었다. 그 자체가 행복이었다. 그런데 나중에 이 사업이, 누군가에게 우리가 받은 기회를 나눌 수 있는 일이라는 사실을 알게 되면서 기쁨은 배가 되었다.

이 사업으로 실패하는 이유를 살펴보면 사업적인 결함 때문이 아니다. 일하며 성장할 수 있는 능력이 부족하거나, 남들도 나와 같이 열심히 할 수 있도록 동기를 부여하지 못하는 경우 말고는 다른 이유를 생각하기 어렵다. 그러나 우리 사업은 새로운 방법을 고민할 필요가 없다.

이 사업은 복제 사업이다. 매출을 일으키고 누군가 그 일을 따라 할 수 있도록 도와주는 사업이다. 우리는 우리에게 주어진 기회를 남들에게도 나눠주고 싶었다. 우리가 도움을 받은 것처럼 그들의 성공을 돕고 싶었다. 이 사업으로 실패하는 이유를 살펴보면 사업적인 결함 때문이 아니다. 일하며 성장할 수 있는 능력이 부족하거나, 남들도 나와 같이 열심히 할 수 있도록 동기를 부여하지 못하는 경우 말고는 다른 이유를 생각하기 어렵다. 그러나 우리 사업은 새로운 방법을 고민할 필요가 없다. 그저 남들이 한 것을 반복 혹은 복제하면 된다. 프로스펙트(잠재고객)는 당신이 처음 들었던 설명 그대로, 월드와이드 회원들이 전달하는 방식 그대로 들으면 된다. 일관성 있는 사업 설명을 통해 사람들은 이 사업이 진짜라는 확신을 갖게 될 것이고, 본인도 같은 방법으로 충분히 성공할 수 있다는 자신감을 얻게 될 것이다. 이렇게 우리가 하나의 시스템 안에서 소통하고 행동할수록 월드와이드 식구들은 더 많은 성공을 함께 누리게 될 것이다.

우리는 독자적인 사업을 구축하는 여정을 함께하고 있다. 이는 성공의 여정이지, 성공을 위한 여정이 아니다. 성공은 목적지가 아니다. 인정을 위한 것도 아니며, 돈을 위한 것도 아니요, 은퇴할 수 있는 마법과 같은 순간을 위한 것도 아니다. 핵심은 함께 배우고 성장하며, 꿈을 놓지 않고 여정을 이어가는 것이다. 이 사실에 당신의 가슴이 뛰어야 한다. 이 여정은 인생을 건 모험이며 가족, 사회, 그리고 세계를 위해 가치 있는 무언가를 만들겠다는 약속이자 다짐이다. 이것이 내가 매일 아침 자다가도 눈이 번쩍 뜨이는 이유이다.

멈추지 말고 여정을 이어가기 바란다. 모험을 계속 하라! 절대 후회하지 않을 것이다.

Principle 7

비즈니스와 세상을

변화시키는 일에는 언제나

더 높은 정상이 존재한다.

승리를 만끽하되

새로운 꿈을 추구하라.

그렇지 않으면 당신은 정체될 것이다.

7

인생의
두 번째 산

우리는 암웨이 사업을 시작한 지 2주년이 되던 달에 루비(Ruby)를 성취했다. 이제 이 사업은 우리 가정에 상당히 괜찮은 부수입을 가져다주고 있었다. 매주 2회 진행되던 사업 설명도 결실을 맺기 시작했다. 1974년 초, 론의 상사는 그에게 "만약 당신이 이 지역에서 계속 일할 생각이라면 이 지역에 거주하는 것이 좋지 않겠나?"라며 우리가 PUD 지역으로 이사할 것을 은근히 종용했다. 그래서 우리는 파스코의 강 건너편에 있는 노란색 작은 집으로 이사하기 위해 계약금을 걸었다. 우리에게 추가 소득이 없었다면 재정적으로 쉽지 않았을 것이다.

약 1년 후, 우리는 이 정도면 정착해도 되겠다고 생각할 만큼 더 나은 동네에 있는 멋진 콜로니얼 양식의 주택으로 이사했다(한때 그림의

떡이라고 여겼던 꿈이 마침내 실현되고 있었다). 같은 시기에 론은 출퇴근을 위해 중고 링컨 컨티넨탈(Lincoln Continental)을 구입했고, 1975년 여름 내내 인부들을 고용하여 뒷마당에 수영장을 만들었다.

사업 5년째에는 모든 빚을 청산하고 추가 소득의 혜택을 즐기기 시작했다. 암웨이 사업은 번창해갔지만, 론은 여전히 이 일을 본업으로 생각하지 않았다. 론은 본업을 힘들어하면서도 즐겼다. 그 일이 자신이 해야 할 일이라고 여겼기 때문일 것이다. 나도 데니스 식당을 그만두고 싶지 않았었다. 직원으로서 인정받고 가정경제에 보탬을 주는 상황이 결코 나쁘지 않았기 때문이다. 론은 본인의 업무에 대한 자부심이 컸을 뿐만 아니라 회사에서 기대와 신뢰를 한몸에 받고 있었다. 하지만 어느 순간 '과연 지금의 삶이 우리에게 진정한 만족을 줄 수 있을까?'라는 질문을 되뇌이게 됐다. 살아가면서 스스로에게 이런 어려운 질문을 던진다는 것은 뭔가 큰 자극이 있었다는 뜻이다.

감사하게도 하나님은 이러한 모닝콜을 시의적절하게 사용하신다.

수영장 공사 일정이 예정보다 지연된 것, 바로 그 일이 우리에게는 모닝콜이었다. 수영장을 사용할 수 있게 된 시점은 이미 날씨가 쌀쌀해진 가을이었다. 하지만 론은 그 수영장을 봄까지 방치할 생각이 없었다. 히터를 30도까지 올리고 수영장을 개방하자 신난 아이들은 벌벌 떨면서도 수영장으로 뛰어들었으며 머리카락에 고드름이 생길 때까지 놀았다. 집은 놀이동산이 되었고 한 달 동안은 정말 즐거운 시간을 보냈다.

그리고 대가를 치러야 할 시간이 다가오고야 말았다. 평소 50달러 정도였던 전기요금이 800달러가 넘게 나온 것이다. 나는 그 이유를 알지 못한 채 분명히 뭔가 착오가 있을 것으로 생각하고 화가 머리끝까지 난 상태로 PUD에 항의 전화를 했다. 전화를 받은 담당자는 "고객님, 실수가 아니고 이번 달 전기요금이 실제로 그렇게 나온 겁니다"라고 답했다.

도미노의 첫 번째 조각이 넘어졌다. 알고 보니 가뭄이 수력발전에 영향을 준 것이었다. 수량이 줄었다는 것은 곧 에너지 생산량이 줄었다는 것을 의미한다. PUD는 이미 전기를 절약하자는 대대적인 캠페인을 시작하여 사방에 포스터를 붙여놓은 상태였다.

내가 통화한 직원은 그 이야기를 윗사람에게 농담하듯 한 것 같았다.

"롼 퓨리어라는 사람이 트라이시티 전체를 달굴 만큼 난방을 돌려 전기요금이 800달러나 나왔다고 하는데, 정말 어이없죠?"

이 소문을 들은 사람들은 눈살을 찌푸렸다. 롼의 귀에도 이 소문이 들어갔고, 롼은 나에게 빨리 전기요금을 내고 더 이상 그 일에 대해 언급하지 말라고 했다. 그 일 이후 우리는 겨울 내내 수영장 덮개를 열지 않았다.

이 와중에 롼의 상사는 비영리 모금 단체 유나이티드 웨이(United Way)에 지역 업체들 대상의 모금 캠페인에 PUD가 동참하겠다고 했다. 아마도 롼이 자원해서 여유 시간에 봉사하는 그림을 상상했던 것 같다. 그러나 여유 시간이 없었던 롼은 그 일을 계속 미루었다. 모금 운동 기간이 끝나갈 무렵(상사는 수시로 그에게 진행 상황을 확인했다) 롼은 파트너 중 한 명과 나에게 도움을 청했다. 파트너는 플래티넘을 달성하고 전업 상태였기 때문에 비교적 시간적 여유가 있었다. 우리는 도움이 될 수 있다면 최대한 돕겠다고 동의했다.

파트너는 개성이 강하고 스타일이 화려해 눈에 띄는 편이었지만 남들의 시선을 개의치 않는 사람이었다. 회의 참석차 회사를 방문할 때면 캐딜락을 몰고 와 과녁을 향해 날아가는 화살처럼 롼의 집무실로 향했다. 결국 그런 그의 모습이 전기요금 폭탄 800달러보다 더 큰 파문을 일으키고 말았다.

어느 날 그를 본 롼의 상사가 비서에게 물었다.

"저 사람은 도대체 누굽니까?"

"아, 롼의 친구라고 합니다."

사장은 치밀어 오르는 화를 참으며 "도대체 뭐하는 사람이랍니까?"라고 물었고, 비서는 "지금은 암웨이 말고는 하는 일이 없다고 들었는데요"라고 답했다.

롼의 상사는 우리 사업에 매우 부정적인 사람이었다. 그는 우리 파트너가 전에 어떤 일을 하던 사람인지 수소문 끝에 알아내고 전 직장 상사를 찾아가서 암웨이와 관련된 질문을 쏟아부었다. 정확히는 알 수 없으나 아마도 그는 "암웨이 사업이 좀 잘되니까 일을 그만뒀다"는 식의 말을 들었을 것이고, 그 일로 상황이 더 안 좋아졌다.

롼의 상사는 처음부터 암웨이 사업을 하찮게 여겼고, 암웨이를 통해 돈을 많이 번 어떤 남자가 그의 사무실을 배회하는 것도 좋아하지 않았다. 그는 그러한 상황이 참을 수 없을 만큼 불편했다. 그는 회사에 돌아온 롼을 방으로 불렀다.

"혹시 당신도 암웨인가 뭔가 하나?"

아버지와 나는 이런 이야기를 많이 나눴다.

우리 사업에 대한 사람들의 다양한 반응에 웃음이 나온다.
남을 위해 일하지 않는 사람은
분명히 백만장자일 거라고 생각하는 비서부터,
누군가 타고 다니는 차종 때문에 마음이 불편해지는
상사에 이르기까지, 사람들이 가지고 있는 단순하고
편협한 인식은 늘 나를 놀라게 한다.
나는 항상 궁금하다. 왜 사람들은
"저 사람은 정말 최선을 다하더니 멋진 일을 해냈구나"라고
말하지 않고 "운이 좋아서 크게 한번 터졌구나"라고 하는지….

_ 짐 퓨리어

그는 롼에게 쏘아붙이듯 물었다.

"내 차 옆에 항상 링컨이 주차되어 있는 이유도 그것 때문인가?" (그는 소형차 폭스바겐 버그를 몰았다.)

롼은 긴장하며 침을 삼켰다. 그러나 거짓말을 할 수는 없어 "네!"라고 대답했다.

"그런데 암웨이 사업은 고작 주 하루 또는 이틀밖에 안 하고 그것도 퇴근 후에만 하고 있습니다."

롼의 상사는 이 사실을 받아들일 수 없었다. 그는 직장인이 겸업을 하는 것이 마음에 들지 않는다고 말했다. 그렇다고 암웨이를 한다는 이유만으로 그를 해고할 수는 없었다. 불법이거나 비윤리적인 행위가 하나도 없었기 때문이다. 롼은 암웨이 사업 때문에 업무를 소홀히 한 적도 없었다. 하지만 상사는 그가 암웨이를 그만두거나 다른 직장을 구하는 것이 좋겠다고 말했다.

롼은 당황했고 어떻게 해야 할지 몰랐다. 그는 집에 돌아와 그날 있었던 일을 내게 말해주었고 우리는 함께 고민했다. 그가 말했다.

"조지아 리, 회계사보다 암웨이 사업으로 두 배 더 많은 돈을 벌고 있는데 어떻게 이 사업을 포기하겠어. 다른 일을 찾아봐야 할 것 같아."

"좋아요."

나는 답했다.

롼은 다음날 바로 사표를 냈고 실업급여를 신청한 후 다른 일자리를 찾기 시작했다. 회계사로 일하면서 부업으로 암웨이 사업을 진행하는 동안 우리는 다른 일에 대해 생각해본 적이 없었다. 그랬던 롼이 집에만 있게 된다면 과연 어떤 일을 할 수 있을까?

설상가상으로, 롼의 상사는 롼이 실업급여를 받을 자격이 안 된다고 했고 그 일로 청문회가 열렸다. 그는 롼이 실업급여를 받을 수 없는 이유로 퇴사하게 되었다고 주장했다. 롼은 모금 활동을 도왔던 파트너를 증인으로 세웠지만 그를 좋아하지 않았던 롼의 상사 때문에 더 큰 마찰을 빚게 되었다. 다행히 증언대에서 했던 파트너의 발언은 인상적이었다. 결국 론은 정상적으로 실업급여를 받으며 다른 일자리를 찾으러 다닐 수 있게 되었다.

1970년대 중반에 있었던 경기 침체를 기억하는 사람들이 있을 것이다. 론은 새 직장을 구하기 위해 노력했지만 우리 지역에 기회의 문은 열려 있지 않았다. 그는 자격이 너무 과하거나 부족했다.

결국 시간이 흘러 실업급여 받는 기간도 끝이 났다. 론과 나는 미래에 대해 논의하기 위해 앞마당에 있는 잘린 나무 위에 걸터앉았다. 그날은 아름답고 상쾌한 겨울날이었고 햇빛이 눈부시게 빛나고 있었다. 론은 말했다.

"조지아 리, 어떻게 해야 할지 모르겠어. 더 이상 실업급여도 안 나와. 일을 구할 수가 없는데 앞으로 밀려드는 청구서를 어떻게 막으면 좋을까?"

갑자기 어떤 생각이 뇌리를 스쳤다. 나는 제안했다.

"암웨이를 본업처럼 해보면 어떨까요? 그동안 일주일에 하루나 이틀 일한 대가로

도 이 정도의 돈을 벌고 있는데 만약 우리가 전업으로 한다면 과연 어떻게 될까요? 일주일에 4, 5일을 집중한다면 얼마나 더 벌 수 있을까요?"

론은 나를 쳐다보며 말했다.

"글쎄, 잘 모르겠어. 그렇게 열심히 하는 사람을 본 적이 없으니 알 수가 있나. 그리고 낮에는 뭘 하지?"

"잘까요?"

나는 어깨를 살짝 올리며 말했다.

"아니, 그냥 하고 싶은 거 하세요. 대체할 수 있는 수입만 있다면 굳이 직장에 들어가서 윗사람에게 당신 삶을 맡길 필요는 없잖아요? 지금보다 더 강하고 단단한 네트워크를 만들면서 어떻게 되는지 한번 봅시다."

롼은 놀란 듯 물었다.

"진짜? 화내지 않는 거야?"

"제가 왜 화를 내요?"

롼은 눈을 크게 치켜뜨고는 나의 제안에 동조하며 말했다.

"좋아, 손해 볼 건 없지. 요즘 사람 뽑는 회사도 없는데 여기저기 면접 보러 다니는 것보다는 훨씬 낫지 않겠어?"

우리는 앉아서 계획을 세우기 시작했다. 일주일에 4, 5일 동안 어떻게 사업을 할지 생각해보고 함께 목표도 잡아보았다. 그 이후로 그는 한 번도 취업을 위한 면접을 보지 않았다.

프로가 된다는 것

이후 2년 반 동안 일주일에 4~6일 일하면서, 롼과 나는 80,000PV 이상의 실적*을 달성하며 큐 에메랄드(3개 계열에서 실버 프로듀서 이상을 만드는 것)를 달성하였고 조심스레 다이아몬드 핀**을 을 완성해가고 있었다. 이 기간에 우리는 우리가 아는 사람들과는 다른 삶을 살며 일에 몰입하였다.

또 한번 거룩한 신의 간섭을 받게 된 시기가 바로 이때였다. 그전까지는 콧노래를 흥얼거리며 부업처럼 가볍게 일하고 더디게 성장하는 사업을 하고 있었다. 우리의 잠재력을 깨닫기는커녕, 빚을 청산하고 그럴듯해 보이는 차와 집을 소유하고 가족을 부양하는 것 이상의 꿈을 꾼다는 것은 상상도 하지 못했다. "주여, 더도 말고 우리 네 식구를 축복하여 주소서"처럼 소박한 기도가 더 경건한 기도라고 생각해서인지 하나님에게 그 이상의 무언가를 자꾸 요구하고 싶지 않았다.

그러나 드디어 우리에게도 생각의 전환이 필요한 시점이 왔다. 다시 한번 역경으로 위장한 축복이 찾아왔기 때문이다. 누구나 역경을 만난다. 그리고 우리에게 투쟁은 삶의 일부다. 무언가 중요한 일을 하고 세상에 자신의 흔적을 남기길 원하는 사람이라면 더더욱 그러하다. 인생은 원래 투쟁이다.

투쟁을 부정적으로 받아들일 필요는 없다. 선택은 당신 몫이다. 이 책에 있는 모든 것을 무시하고 역경과 정면승부할 수도 있다. 물론 그 선택이 당신을 무너뜨릴 수도 있고, 무너뜨리지는 않더라도 꿈을 달성하는 시기가 조금 미뤄질 수도 있다. 여러분 중에 이런 생각을 하는 사람이 있을 수 있다. "월드와이드 리더들은 미쳤어! 이건 말이 안 되잖아. 운이 따르거나 환경이 받쳐주지 않는 한 도저히 불가능해. 그리고 저 사람들은 내가 어떤 상황인지 알지도 못하잖아!" 맞다, 그렇게 생각하기 쉽다. 하지만 그런 생각을 하고 있다면 결국 주변 사람들로부터

---

* 한 계열 독립의 기준이 월 7,500PV라는 점을 고려할 때 10개 계열이 독립한 것 이상의 실적.

** 다이아몬드는 한 회계연도 안에 6개 계열을 플래티넘 이상 자격으로 만드는 것을 말하는데, 란과 조지아 리는 9개 계열을 독립하며 도전을 시작하였다.

제대로 얻어맞고 꿈을 접게 될 가능성이 높다. 실제로 많은 사람들이 꿈을 포기한다. 내가 이 책에서 언급한 그 어떤 것도 결단, 노력, 그리고 올바른 자세 없이는 이룰 수 없다.

무엇보다 긍정적인 상상력과 배우고자 하는 욕구가 필요하다. 역경이 당신을 무너뜨리려고 할 때 당신은 도움을 줄 수 있는 상위 스폰서들을 만나고, 오디오를 듣고, 책을 읽고, 미팅에 참석하고, 사람들을 만나 제품을 전달하고, 사업에 더 집중하며 어떠한 수단을 동원해서라도 다시 자신을 정상 궤도에 올려놓기 위해 노력해야 한다.

만약 그렇게 할 수 있다면, 그리고 어려움들을 극복하는 데 필요한 모든 능력을 이미 가지고 있다는 사실을 믿을 수만 있다면, 당신은 앞으로 자신이 성취하게 될 결과에 놀라게 될 것이다. 부정적으로 성과 없는 투쟁을 하는 대신 긍정적으로 투쟁하며 역경을 극복할 수 있다.

긍정적 투쟁과 부정적 투쟁에는 큰 차이가 있다. 긍정적 투쟁은 삶 그 자체이다. 삶이 우리를 가슴 떨리게 하는 이유는 자신의 성장과 성취의 과정을 직접 목격하게 될 것이기 때문이다. 당신은 열매 맺을 것이다. 모든 일이 일어나는 순간을 경험하게 될 것이다. 어려움을 극복해가는 짜릿함을 즐기게 될 것이며, 역경을 극복한 성공자의 발자취를 따라가는 즐거움을 느끼게 될 것이다. 다가올 미래를 생각한다면 어느 쪽을 선택하겠는가? 당신의 투쟁은 어떤 모습이기를 원하는가? 제발 당신의 믿음이 기회를 얻게 되길 바란다. 1년의 기회가 주어진다면? 론과 나는 하나님이 자신의 신실하심을 증명하실 거라 믿는다. 투쟁은 믿음으로 맞이해야 한다. 만약 당신이 긍정적 투쟁을 1년 동안 지속할 수 있다면 성장한 자신에게 놀라게 될 것이다. 결과가 뻔한, 틀에 박힌 세상에 갇혀 사는 것보다 낫지 않은가? 그들도 우리와 똑같이 고군분투하겠지만, 보여줄 만한 결과는 아예 없거나 크지 않을 것이다.

롼의 상사가 그에게 최후통첩을 했을 때처럼, 당신의 인생에 역경이 찾아오면 흥분해야 한다. 당신의 인생에도 뭔가 좋은 일이 일어나려고 하고 있기 때문이다. 변화의 기운이 느껴지는가? 그것은 당신에게 일어날 변화인가, 아니면 당신이 잡게 될 기회인가?

고난 자체가 문제가 되지는 않는다. 당신이 그런 상황에서도 계속 꿈꿀 수 있는가가 더 중요하다. 꿈을 좇는 과정에서 역경을 만나면 더 쉽게 행복해질 수 있다. 이것이 바로 자유기업 시스템이 줄 수 있는 약속이다. 만약 당신이 꿈을 꾸고 그 꿈을 비전으로 바꾸고 열심히 노력한다면, 정말 예상치 못한 상황을 제외한다면, 그 꿈을 막을 수 있는 것은 아무것도 없다. 당신은 적게 성취할 수도 있고 크게 성취할 수도 있다.

고난 자체가 문제가 되지는 않는다. 당신이 그런 상황에서도 계속 꿈꿀 수 있는가가 더 중요하다. 꿈을 좇는 과정에서 역경을 만나면 더 쉽게 행복해질 수 있다.

그것은 모두 당신의 노력, 지식, 배우고자 하는 의지에 달려 있다. 긍정적인 투쟁을 선택하는 것, 그것이 성공적인 삶의 조건이다.

"성공적인 삶이 무엇인가?"라고 묻는다면 나는 "가치 있는 목표를 향해 나아가는 것"이라 답하겠다. 그렇다면 "가치 있는 목표란 무엇인가?"라고 되묻는다면? "세상을 더 나은 곳으로 만드는 것"이라고 답하겠다. 더 좋은 결과를 낼수록 삶의 가치도 함께 올라간다.

"그럼 꿈이란 무엇인가?"

꿈은 여러분의 삶과 사랑하는 사람들의 삶을 풍요롭게 하는 보상이다.

하나님의 성공 법칙은 하나님의 경건한 우선순위에 따라 사는 것, 그리고 자신보다 이웃을 먼저 사랑하고 섬기는 것에 기초하고 있다. 그런 의미에서 당신을 격려하고 싶다.

하나님의 경건한 우선순위는 아래와 같다.

1순위. 하나님 : 다른 어떤 것보다 하나님을 기쁘시게 하는 삶이 중요하다고 믿어라. 하나님은 언제나 삶의 최고 우선순위가 되어야 한다.

2순위. 배우자 : 기혼자라면 당신의 배우자를 우선순위 2번에 두라. 자녀도, 상사도, 친구도, 친부모나 배우자의 부모도, 당신의 업라인도 아니다. 배우자를 인생에서 두 번째로 중요한 사람으로 생각하고, 당신의 행복보다 배우자의 행복을 위해 더 노력해야 한다.

3순위. 자녀 : 우선순위 3번은 자녀다. 자녀를 바르게 양육하고 이들과 함께 가정을 만들어야 한다. 꿈을 키우고, 어른을 공경하고, 다른 사람과 협력하고, 열심히 일하고, 지혜를 구할 수 있도록 자녀를 가르치라. 또한 주변 사람들을 섬기는 데 있어 당신이 먼저 모범이 되고, 그것을 잘 따르도록 가르치라.

4순위. 성공 & 돈 관리 : 다음으로 중요한 것은 직업이나 비즈니스에 집중하여 성공을 거두고 돈을 벌고 관리하는 것이다. 돈은 꿈을 실현하고 라이프 스타일을 유지하기 위해 필요하지만, 주변 사람들보다는 덜 중요하다. 돈은 단지 당신이 세상에 봉사할 수 있게 해주고 기여할 수 있게 해주는 도구일 뿐이다. 돈은 당신이 다른 사람들을 위해 창출하는 가치의 결과라고 할 수 있다.

174

5순위. 국가와 사회에 기여하는 시민 되기 : 다음으로, 국가와 지역 사회에 기여하는 시민이 되어야 한다. 미국인으로서 롼과 나는 항상 이 나라를 신이 우리에게 주신 선물이라고 생각해왔다. 많은 사람이 자유를 위해 대가를 치렀다는 사실을 결코 가볍게 여겨서는 안 된다. 우리는 나라에 보답하고 이러한 시스템이 유지되도록 도와야 한다.

6순위. 개인의 행복과 즐거움 : 이런 것들을 다 고려한 후에 비로소 우리는 개인의 행복과 즐거움을 이야기할 수 있다.

롼과 나는 하나님이 우리 삶의 다른 어떤 것보다 우선시되어야 한다고 믿는다. 우리가 직업으로 선택한 것이 하나님의 법칙을 방해해서는 안 된다.

우리는 어떻게 삶에서 하나님을 최우선으로 둘 수 있었을까? 우리는 하나님께 순종했다. 그리고 그의 법에 순종했다. 우리는 우리 스스로를 기쁘게 하는 일보다 그분을 기쁘시게 하는 일이 무엇인지 먼저 생각하려고 노력했다. 오래 고민하고 인내하며, 그가 우리 삶 속에서 그의 뜻을 이룰 수 있도록 시간이 필요하다고 믿었다. 우리가 그분이 말씀하신 대로 행하면 약속을 지키실 것을 믿었다. 그래서 우리는 세상에 만연해 있는 자극적이고 즉각적인 기쁨을 추구하는 중독에서 벗어나야 했다. 우리는 기다림을 선택했다. 하나님은 긴 안목으로 우리 삶에 역사하신다고 믿었기 때문이다. 우리는 오늘의 짧은 성공보다 미래의 긴 성공이 낫다는 것을 알았다.

우리가 해야 할 또 다른 중요한 선택은 어떻게 돈과 관계를 맺을 것인가이다. 론과 나는 하나님과 돈을 같이 섬길 수 없다는 예수님의 경고에 주목했다.

우리는 월급보다 하나님을 더 의지하는 법을 배웠다. 대부분의 사람들은 그것을 어려워한다. 돈을 위해 일하는 대신, 돈이 우리를 위해 일하게 해야 한다. 자녀가 방과 후 집에 돌아올 때 그들을 반길 수 있는 부모가 될 수 있도록 부부 중 한 사람은 시간적으로 자유로워야 한다. 다소 고리타분하게 들릴지 모르지만, 아이들과 시간을 함께 보낼 수 있는 부모가 되는 것이 얼마나 중요한지 많은 사람들이 잊고 있다. 아이들은 부모와의 상호작용을 필요로 한다. 만약 부모가 아이들과 시간을 보내지 않고 그 역할을 다른 사람에게 위탁하거나, 더 심한 경우 TV나 게임기에 의존하게 한다면 부정적인 영향을 받을 수밖에 없다.

아이들에게는 부모가 필요하다. 만약 둘 다 아이들과 함께할 수 있다면 금상첨화다. 베이비시터는 부모를 대신할 수 없다. 그들은 부모만큼 최선을 다하지 않는다. 나는 짐과 브라이언의 어린 시절 가장 좋은 시기를 엄마로서 함께할 수 있어서 정말 행복했다. 모든 엄마가 집에 있기를 원하는 것은 아니고 집에 있을 수 있는 상황이 아닐 수도 있겠지만, 나에게 그것은 축복이었다. 여전히 나는 그 시절을 마음속에 소중히 간직하고 있다. 이후 론이 시간적으로 자유로워지면서 우리의 상황은 더욱 좋아졌다.

부모가 모두 집에 있기 위해서는 먼저 가정의 빚을 청산해야 한다. 하나님께서는 "사랑의 빚 외에는 아무에게든지 아무 빚도 지지 말라"[9]고 말씀하셨다. 왜 그러셨을까? 하나님은 사람들이 재정적 압박에 직면했을 때 어떻게 변하는지 너무나 잘 알고 계시기 때문이다. 빚은 가정과 삶을 파괴하는 가장 큰 요인이다. 사람들로 하여금 꿈을 잃어버리게 만들고 그저 먹고사는 데만 충실한 삶에 만족하게 만든다. 빚은 사람들이 내년, 10년 후, 그리고 미래를 보기보다는 당장 들이닥칠 내일만 보게 만들어 합리적이지 않은 섣부른 결정을 하게 만든다. 그래서 로마서 13장 8절에서 "누구에게도 빚지지 말고 사랑하라"고 말씀하신 것이다.

빚이 없다면 하나님의 법을 어길 필요 없이 자신있게 나아갈 수 있다. 암웨이를 전업으로 하든 안 하든 상관없이 빚이 없는 삶을 강력히 추천하고 싶다. 그것이 나에게 커다란 마음의 평화를 주었기 때문이다.

그 문제가 해결되고 나면 부부가 함께 재택근무하는 것에 초점을 맞추라. 부부가 함께 일할 때의 시너지는 엄청나다. 남편과 내가 각각 다른 회사에서 일하며 '16시간의 이혼'을 감내하면서 만들어낸 결과와는 차원이 다르다.

다른 사람의 명령에 맞춰 일주일에 40시간, 50시간, 80시간을 낭비하지 않아도 된다면 무엇을 할 수 있을지 생각해보라. 란은 집에 있으면서 아이들과 온갖 재미있는 일을 하며 행복한 시간을 보낼 수 있었다. 선한 사람이 자신을 성장시키면서 동시에 공동체에 보답할 수 있는 일은 너무 많다. 지역사회에서 봉사하는 신앙심 깊은 사람들이 있다는 것은 국가적으로도 큰 이익이다. 애국심으로 기꺼이 자신의 시간을 내어 헌신하는 성공자들은 국가와 사회에 큰 변화를 가져다줄 수 있고 생명을 구할 수도

있다. 부부가 함께 자유롭게 사업을 운영하면서 사회에 이바지하겠다는 생각은 훌륭한 목표이며, 당신이 꿈을 실현하는 데 있어서 의미 있는 첫걸음이 될 것이다. 왜냐하면 꿈을 이루기 위해서는 돈과 시간이 필요하기 때문이다. 그다음에 우리가 이루어야 할 것은 재정적 안정이고, 그다음은 재정적 자유이다.

내가 말하는 재정적 자유는 더 이상 일을 하지 않아도 된다는 의미보다는, 인생에서 원하는 일을 할 수 있는 시간적·경제적 여유가 주어졌다는 의미로서의 자유이다.

사업을 바르게 진행한다면 잠언의 말씀 중 "선한 사람은 자손에게 유산을 남긴다"[10]는 하나님 말씀대로 당신의 가족과 그 가족의 가족들을 부양할 수 있는 수익을 창출할 수 있다.

내가 생각하는 자유기업 시스템에서는 첫째가 하나님, 둘째가 사람, 셋째가 정부이다. 독립선언문과 같은 문서도 국가의 수직적 관계를 유지하고 보호하기 위해 작성되었다고 믿는다.

"In God we trust(우리는 하나님을 믿는다)."

나에게는 이것이 바로 자유와 자유기업가 정신이다. 왜냐하면 정부가 공동체와 국가에 축복이 되는 선량한 시민을 규제할 필요는 없기 때문이다. 규제는 오직 자신을 하나님 위에 두고 우선시하는 사람들을 위한 것이다. 잘못된 우선순위로 삶을 살다 보면 많은 문제가 발생하게 된다.

나는 헬렌 스타이너 라이스(Helen Steiner Rice)의 시 〈신이 주신 추진력(God-Given-Drive)〉을 좋아한다.

추진력(Drive)과 신이 주신 추진력(Driven)에는 차이가 있다네.

하나는 이기심이요, 다른 하나는 하나님이 주신 마음이니

욕심에 이끌린 사람은 오직 한 가지 목표만 좇는다네.

영혼의 부요함이 아닌 세상의 재물과 성공을….

그는 날마다 채찍질하듯 더 높은 지위, 더 큰 이익을 향해 달리고,

야망과 부가 그의 필요가 되고 탐욕과 욕심이 그를 몰아간다네.

하지만 복된 이들은 신이 주신 추진력을 통해 열정으로 일하며

모든 이가 함께 살아가도록 돕는 사람들이라네.

비록 개인적 이익을 잃을지라도 그들의 열심은 헛되지 않으며

그들의 일은 인류 전체를 이롭게 하리니.

우리는 은혜 안에서 성장하지 않으면 결코 살아남을 수 없네.

그러니 도와주소서, 신실하신 하나님,

일상을 지배하는 힘에 굴하지 않고 올바른 선택을 할 수 있도록.

우리의 목적과 목표가 권력과 부가 아닌 영혼의 성장이 되게
하시고,

우리의 기준과 도덕성을 더 높일 수 있는

힘과 열정과 소망을 주셔서, 소수가 아닌 우리 모두가

주님이 원하시는 삶을 살게 하소서.[11]

론과 나는 매너리즘에 빠진 세상의 영향을 받기보다, 하나님이 주시는 강한 추진력이 필요했다. 우리는 자신만을 위해 사는 삶이 아닌, 더 큰 목적을 위해 살고 싶었다. 특히 이 사업을 어떻게 운영해야 하는지에 대한 고민을 할 때면 더 그런 생각이 들었다. 이것이 바로 월드와이드에 속한 모두를 위한 나의 간절한 기도 제목이다.

Principle 8

이 사업에서

당신은 혼자가 아니다.

이미 그 길을 걸어간 사람들이 있고

그들은 성공의 열쇠를 쥐고 있다.

그들에게서 배우라.

8

지혜는
경험으로부터

비즈니스가 성장하기 시작하면 모든 작업 방법이 시험대에 오르게 된다. 매주 4~6회 정도 미팅을 진행하는 것은 매주 1~2회 하는 것보다 고된 일이었다. 파트너 100명의 노력을 조율하고 교육하는 것은 12명과 연락을 유지하는 것과는 비교도 할 수 없을 만큼 힘들었다. 우리는 교육과 동기 부여를 위한 자료를 활용한 지원 시스템의 중요성을 절실히 깨닫기 시작했다. 만약 그러한 시스템이 구축되어 있다면 고객과 사업자 후원에 더 집중할 수 있을 것 같았다.

룬은 한 파트너 리더와 커피를 마시며 이야기를 나누다가 이 사실을 인지했다. 그는 "제 팀이 요즘 좀 지지부진합니다"라고 말했고 룬은 "네, 저도 그런 팀이 있습니다"라고 답했다. 두 사람은 잠시 생각에 잠겼다. 그러다 롼이 아이디어를 냈다.

"한번 바꿔보면 어떨까요? 당신이 저희 팀과 미팅을 진행하고, 제가 리더님 팀을 맡아보는 거죠."

그들은 의견을 같이하고 한번 시도해보기로 했다. 새로운 인물의 등장은 파트너들에게 새로운 에너지와 자신감을 주었다. 내용은 비슷했지만 신선했기 때문이다. 그 결과는 놀라웠다. 두 팀 모두 이미 알고 있던 비전과 지혜에 대해 확신을 갖게 되면서 새로운 힘을 얻었다.

이 경험을 통해 롼은 파트너들의 사업이 정체되지 않으려면 체계적이고 유기적인 지원 시스템이 필요하다는 확신을 얻었다. 그것은 우리가 기대하는 성장을 감당할 수 있는 시스템이어야 했다. 사실 비즈니스를 구축하면서 동시에 파트너들의 성장에 필요한 교육 프로그램을 만든다는 것은 쉬운 일이 아니었다. 그러나 시스템 없이는 후원하는 속도만큼이나 빨리 사람을 잃을 수도 있다는 생각이 들었고, 우리 역시 비슷한 문제를 겪고 있었다. 모든 사람에게 필요한 모든 것을 제공할 수 있는 상황이 아니었으므로 해결책이 필요했다.

롼은 이 문제를 업라인에게 가져갔고, 교육과 동기 부여만 목적으로 하는 지원 시스템 구축에 관심이 있는 사람이 있는지 물었다. 그러나 아무도 관심을 보이지 않았다.

그러던 중 1970년대 초, 시애틀로 이사 온 지 얼마 안 된 부부를 소개받았다. 그들은 동부에서 활동하는 큰 그룹의 에메랄드 리더였는데 자신들이 이끌어갈 시스템을 함께 만들 사람을 찾고 있었다. 시스템이 없던 우리에게 그들은 하나님이 주신 선물이었다.

이 새로운 그룹과의 첫 번째 행사를 시애틀에서 열게 되었다. 이 부

부가 동부에서 초청한 몇 조의 다이아몬드 리더의 스피치를 듣게 되었
다. 그렇게 비즈니스를 크게 구축한 사업자들을 직접 만날 수 있다는
것이 우리에게 얼마나 큰 의미였는지는 말로 표현할 수 없을 정도다.
그들을 바라보는 우리의 눈은 별처럼 반짝거렸다. 그들은 3개월마다
이런 자리를 마련하겠다고 했고, 우리는 드디어 우리가 제대로 된 길을
가기 시작했다고 믿었다.

동부 해안 출신 다이아몬드들이 얼마나 세련되고 고급스럽던지, 큰
감명을 받았다(한 남자는 가죽 정장을 입고 있었는데, 그게 유행인가 보다 생각했
다). 나는 그 아내들의 아름다운 드레스와 보석에 기가 눌렸다. 그중 한
명은 발랄하고 잘 웃고 통통 튀었는데, '나한테 필요한 게 저런 부분이
겠구나'라는 생각과 함께 그녀처럼 되고 싶다는 생각도 들었다.

한 다이아몬드는 조용하고 사려 깊었는데 그녀의 이야기를 듣다 보
면 '아, 나도 저 사람처럼 해봐야겠다!'는 생각이 저절로 들었다. 그들
의 모든 것을 닮고 싶을 만큼 말투, 옷차림, 자신감 넘치는 모습이 나에
게는 대단하게만 느껴졌다. 몇 달 후, 독특한 개성의 또 다른 다이아몬
드 여성이 무대에 오른 모습을 보며 나는 또 다른 롤모델을 찾았다고
생각했다.

그렇게 사업은 잘 진행되어갔고, 우리
는 새로운 세상을 경험하게 되었다. 그
러나 원래 내 모습 그대로도 충분히 잘
할 수 있다는 것을 깨닫는 데는 몇 년이
더 걸렸다. 각자 자기 자리가 있으니, 무
대에서 본 여성들과 똑같이 할 필요 없이

원래 내 모습 그대로도 충분히
잘할 수 있다는 것을 깨닫는
데는 몇 년이 더 걸렸다. …
무대에서 본 여성들과 똑같이
할 필요는 없는 것이다.

내 모습 중에서 가장 괜찮은 내가 되면 되는 것이었다. 그것을 깨달은 후에는 화려한 사람이 아니라 하나님이 기뻐하시는 사람이 되기 위해 노력했다. 물론 그런 생각을 하기까지도 시간이 필요했다.

우리는 옳은 일을 해서 성공했는지 이상으로, 어떤 방법과 목적을 가지고 성공을 이루었는지가 중요하다는 것도 깨닫게 되었다. 만약 사업을 구축하는 것보다 자신의 자아를 구축하는 것에 더 집중한다면 곤란에 빠질 위험이 있다. 섬기는 마음을 갖지 않는다면 다른 사람의 행동이나 말에 상처를 받게 될 것이다. 사람은 다 비슷하다. 통제하려 들거나, 지나치게 경쟁적이거나, 완벽을 강요하거나, 사람들에게 성장할 공간을 허용하지 않는다면 배우자뿐만 아니라 스폰서, 파트너, 형제에 이르는 모든 관계는 갈등과 고통으로 가득 차게 될 것이다.

시간이 지남에 따라 작은 것들이 쌓인다. 우리가 합류한 시스템에서도 이러한 일이 일어났다. 롼과 나의 의욕이 너무 과해서였는지 몇몇

아버지는 이렇게 말씀하셨다.

"누가 공을 인정받는지 신경 쓰지 않는다면
우리가 얼마나 더 많은 성과를 낼 수 있을지 생각해보거라."

_ 짐 퓨리어

사람들은 우리와 함께 있는 것을 다소 불편해하는 것 같았다. 하지만 그 갈등의 불씨가 너무 작았기에 그들의 그러한 모습을 발견하기까지는 시간이 한참 걸렸다.

문제가 발생했다는 사실을 처음 알아차린 것은 롼이 그룹을 더 크게 성장시킬 방안에 대해 시애틀 그룹에 질문했을 때였다. 질문에 대한 답변은 모두 상투적이었고 구체적이거나 실용적이지 않았다. 우리는 그런 상황이 어색했지만 견디기 힘든 수준은 아니었다. 게다가 롼은 평소에도 사람들의 반응에 다소 둔감한 편이어서 그날은 그냥 넘어갔다.

우리가 이들과 시스템을 공유하기 위해서는 3개월마다 시애틀에서 열리는 미팅에 의무적으로 참석해야 했다. 평상시에는 문제가 없었지만 악천후로 눈보라가 칠 때는 상황이 달랐다. 우리는 아무리 미팅이 있더라도 파트너들의 목숨을 담보로 해서는 안 되지 않겠느냐는 의견을 전달했지만 되레 성공에 필요한 추진력이 부족하다는 비난을 받았다. 우리는 더 이상 아무 말도 하지 못했다.

그러던 중 스키 나들이가 있었는데 롼과 나를 제외한 모든 사람이 초대되었다. 마음이 너무 아팠다. 우리는 이런 상황이 계속되면 득보다 실이 더 클 수도 있겠다는 생각도 했다.

비즈니스 구축 방법에 대한 철학도 달랐다. 그들의 시스템은 2~3개의 팀을 구축하고 건강하게 유지하기 위해 노력해야 한다고 가르쳤다. 그게 그들 시스템의 전부였다. 그 이상을 하는 것은 너무 과하다고 생각했다. 그러나 롼은 그것으로는 충분하지 않다고 판단했다. 우리는 7개에서 9개의 팀을 후원할 것을 권장하면서, 이 팀들을 관리하기 위해 일주일을 7일이 아닌 10일처럼 사용했다. 그렇게 10일로 쪼갠 일주일을 9일 동안은 팀 후원을 위해 활용하고 마지막 하루는 안식일로 정해서 쉬었다.

우리는, 우리가 사업을 너무 공격적으로 해서 사업이 결국 망가질 것이기 때문에 거리를 두어야 한다는 소문을 들었다. 믿을 수가 없었다. 우리 사업은 건강하게 성장하고 있었고 우리가 하는 방식이 효과가 있다고 믿고 있었다. 론은 이 소문에 맞서 충돌하기보다는 그룹 전체를 위해 한발 물러나는 쪽을 선택했다. 우리는 이 사람들과 몇 달에 한 번씩만 함께 모여 미팅을 진행하는 것으로 결정했다.

나는 시애틀에 갈 때마다 울었다. 솔직히 말하면 시애틀에 있는 동안 매일 밤 울었고 돌아오는 길에도 울었다. 그들이 론에 대해 부정적으로 이야기한다는 것을 들었고, 론을 제외한 나머지 사람들의 성장에

아버지는 이렇게 말씀하셨다.

"한 사람에게 하는 말과 행동은 모두에게 하는 것과 같단다.
누군가를 소홀히 대하는 순간,
의도했든 의도하지 않았든 그 사람에게
'너는 필요 없어, 너는 중요한 사람이 아니야'라고 말하는 것과 같다."

_ 짐 퓨리어

만 박수를 보냈기 때문이다. 그것이 나를 비참하게 만들었다. 롼은 오히려 나를 위로했다.

"조지아 리, 걱정하지 마. 나는 인정받으려고 이 일에 뛰어든 게 아니야. 어차피 나도 무대에서 스피치하는 거 좋아하지 않아. 그런데 나는 상관없지만 만약 그들이 나 대하듯 우리 파트너들을 대하는 날엔 나도 가만히 있지는 않을 거야. 내가 어떻게 해야 할지는 잘 모르겠지만 파트너들을 그렇게 대우받게 둘 수는 없지."

그후로도 우리는 약 5년 동안 그 상황을 견뎌야 했다. 우리가 그렇게 배우고 성장한 덕분에 사업을 시작한 지 6년 6개월 만인 1978년 3월에 에메랄드를 달성했다. 하지만 우리의 성취가 그들과 함께하는 시애틀 미팅의 상황을 더욱 악화시켰다.

우리는 다이아몬드 카운트다운을 시작했는데, 우리의 후원을 받던 사람들은 시애틀 미팅에 대한 불편함을 호소하기 시작했다. 그들 역시 환영받지 못한다는 느낌을 받았던 것이다. 롼은 말했다.

"계속 이렇게 있을 수는 없어. 뭔가 대책을 세워야 할 것 같아." (이러한 상황이 바로 세 번째 불문율 '어느 누구도 난처하게 하거나 폄하하지 말라'를 만들게 된 동기가 되었다.)

한편 암웨이는 우리가 노력한 결과에 대해 착실하게 보상을 해주었다. 하루는 저녁에 전화를 한 통 받았는데 상대방이 이렇게 말했다.

"안녕하세요, 조지아 리. 저는 리치 디보스(Rich DeVos)입니다."

나는 바닥에 털썩 주저앉고 말았다.

"네? 정말요?"라는 말밖에 나오지 않았다. 그가 대답했다.

"네, 그렇습니다."

"말도 안 돼요. 농담하시는 거 아니죠?"

내 귀에는 그가 미소 짓는 소리가 들리는 듯했다.

"농담 아닙니다."

그가 웃으며 말했다.

론에게 전화를 걸어 다른 회선으로 연결했다. 리치는 우리가 다이아몬드 핀을 우편으로 받기 전에 축하를 하고 싶었다고 말했다. 우리는 그가 시간을 내어 직접 연락을 했다는 사실에 매우 놀랐으며, 그 일은 우리 부부에게 큰 의미로 다가왔다. 우리가 속해 있던 시스템에 대한 의구심이 있었음에도 불구하고, 우리가 옳은 사업을 하고 있다는 확신 말이다.

시애틀에 기반을 둔 우리 시스템의 문제를 해결하기 위해 론은 도허리(Daugherys) 부부, 넬슨(Nelsens) 부부, 데이브(Dave)와 조 에거스(Jo Eggers) 부부, 그리고 헤지콕(Hedgecocks) 부부를 만나 '에메랄드 카운슬(Emerald Council)'이라는 모임을 결성했다. 우리는 아이디어와 의견을 나누기 위해 오리건주 벤드(Bend) 근처, 캐스케이드(Cascades) 산맥의 동쪽 경사면에 있는 아름다운 선리버(Sunriver) 리조트에 모였다.

휴가를 보내기에 좋은 시기였다. 숙소를 잡고 근처에 캠핑카 두 대를 주차한 후 요리도 하고 함께 식사도 했다. 우리는 자연의 아름다움을 즐기며 비즈니스에서 이룬 성취를 축하하고 앞으로 나아갈 길을 모색하는 시간을 가졌다. 론은 말했다.

"제가 어리석었다는 사실을 인정합니다. 그동안 우리는 잘못된 길로 우리를 인도하는 사람들의 조언을 듣고 있었습니다. 우리가 살아남기 위해서는 배울 수 있고, 우리가 구축하고자 하는 비즈니스를 만들어본 사람을 찾아야 합니다. 신뢰할 수 있고, 우리가 하는 일을 무시하지 않고 존중하며 본받을 수 있는 경건한 사람, 그리고 다이아몬드 이상의 비즈니스를 구축하는 데 도움을 줄 수 있는 사람, 바로 그런 사람을 찾아야 합니다."

그의 말에 동의한 사람들은 다음에 무엇을 해야 할지에 대한 브레인스토밍을 했다. 그 과정에서 시애틀 미팅을 통해 동부에서 활동하는 더 큰 성공자를 만났던 사실을 떠올렸다. 빌(Bill)과 페기 브릿(Peggy Britt)이 떠올랐는데, 혹시 그들이 우리를 그들의 날개 안에 품어주면 얼마나 좋을까 하는 상상을 해보았다. 만약 그것이 현실이 된다면 기뻐서 펄쩍 뛰어오를 것만 같았다. (우리는 그들의 테이프를 여러 개 접했고, 시애틀에서도 그들의 스피치를 들은 적이 있었다.)

롼이 말했다.

"다음 달에 그랜드래피즈(Grand Rapids)에서 연례 컨벤션이 열립니다. 우리를 받아줄 수 있는 사람을 찾겠다는 일념으로 참석해보려고 합니다. 그 사람이 빌 브릿이면 너무 좋겠죠? 저와 함께 가기를 희망하는 사람 있으세요?"

그렇게 롼과 두 사람이 그랜드래피즈 그랜드 플라자호텔에서 열리는 컨벤션에 참석하게 되었다. 그곳의 열기는 대단했고, 발디딜 틈 없이 사람들로 꽉 찼다.

첫 미팅이 끝나고 롼이 엘리베이터를 타기 위해 서 있었는데 문이 열리며 빌과 페기 브릿이 내렸다. 그들은 롼을 알지 못했지만, 하나님이 준비하신 이 기회를 롼이 놓칠 리 없었다.

"브릿 씨, 제 이름은 롼 퓨리어이고 북서부에서 열심히 사업하고 있습니다. 그리고 이번에 뉴 다이아몬드가 되었습니다."

빌은 악수를 청하며 축하해주었다.

"제가 지금 좀 곤란한 상황에 처해 있습니다."

이어 롼은 바로 본론으로 들어갔다.

"저는 두 분의 통찰력을 얻고 싶습니다. 바빠서 제 이야기를 들을 시간이 없으시다는 건 알지만, 저를 잘 모르시잖아요. 그러니 컨벤션 기간 중에 잠깐이라도 시간을 내주실 수 있을까요?"

빌은 롼을 위아래로 훑어보며 말했다.

"저도 만나서 반가운데, 죄송하지만 지금은 좀 바빠서요. 회의에 참석하러 가는 중이거든요."

그는 롼의 손을 잡은 채 롼의 눈을 더 깊이 들여다보았다. 그리고 말을 이었다.

"그냥 나와 같이 가시죠."

롼은 망설이지 않았다. 고개를 끄덕이며 빌과 함께 복도를 따라 걸었고, 빌이 회의를 하는 동안 회의실 밖에서 기다렸다.

빌은 회의가 끝나자 롼과 마주 앉아 무슨 일이 있었는지 들어보자고 했다. 롼은 가능한 한 정확하고 정직하게 모든 상황을 전달한 뒤에 마지막으로 물었다.

"제가 묻고 싶은 것은 리더님이 우리 그룹을 받아주시고 저의 멘토가 되어주실 의향이 있으신지입니다."

빌은 턱을 긁으며 잠시 생각에 잠겼다가 드디어 대답했다.

"알겠습니다. 당신이 잘하고 있다는 것을 증명할 의향이 있다면 기꺼이 그렇게 하겠습니다. 1년을 드리겠습니다. 뭔가 부정적이거나 불미스러운 일이 생기면 그때는 당신과 함께할 수 없을 겁니다. 그러나 제대로 사업을 하고 문제만 일으키지 않는다면 당신을 도와드리겠습니다."

이 말을 듣고 얼굴에 미소가 번졌을 롼의 모습은 상상만 해도 짜릿하다. 내가 그 자리에서 그 모습을 직접 봤다면 얼마나 좋았을까 하는 아쉬운 마음이 있다.

롼이 그랜드래피즈에서 돌아온 후 우리는 우리만의 미팅을 조직하기 시작했다. 그렇게 첫 번째 월드와이드 드림 빌더스 패밀리 리유니온(WWDB Family Reunion)이 1979년 7월 스포케인 컨벤션 센터와 오페라 하우스에서 열렸다.

> 이 말을 듣고 얼굴에 미소가 번졌을 롼의 모습은 상상만 해도 짜릿하다. 내가 그 자리에서 그 모습을 직접 봤다면 얼마나 좋았을까 하는 아쉬운 마음이 있다.

빌과 페기 부부가 첫 번째 게스트가 되어주었고, 그들이 소속된 브릿 월드와이드에서 초청된 다른 다이아몬드 부부도 스피치를 했다. 이것이 우리끼리 했던 첫 미팅이었고, 오페라 하우스는 사람들로 가득 찼다.

빌과 페기 브릿은 정말 훌륭한 사람들이었다. 두 사람에게는 자녀가 없었는데 우리가 마치 그들의 자식인 듯 느껴질 때가 많았다. 우리는 그들의 멘토링을 직접 받을 수 있다는 사실이 꿈만 같았고 너무 행복했다. 그렇게 우리의 미래는 다시 밝아졌다.

지혜를 구하고 그와 함께 깨달음을 얻으라

룬은 성공의 비결에 대해 이야기할 때 종종 다음 이야기를 들려주었다.

성공하고 싶어 하는 한 청년이 있었다. 청년은 성공을 향한 불타는 욕망과 뼛속 깊이 사무치는 열망을 가지고 있었다. 그것은 그의 모든 생각을 집어삼켰다. 청년은 성공을 위해 할 수 있는 모든 것을 하겠노라 결심했다.

그러던 중 자신을 도울 수 있는 현자에 대해 들었다.

청년에게 사람들은 "성공하고 싶다면 그 현자를 만나야만 합니다"라고 말했다.

"그를 어디서 찾을 수 있습니까?"

"그 사람을 찾으려면 온 마음을 다해야 할 겁니다."

청년은 몇 년 동안 이 현자의 위치에 대한 단서를 찾아 다녔다. 그러던 어느 날 마침내 현자가 사는 곳을 알아냈다. 그리고 바로 현자를 찾아갔다. 현자의 집에 도착한 청년은 문을 두드리다 안에서 손짓하는 것을 보고 들어갔다.

현자가 물었다.

"무엇을 원하십니까?"

"선생님, 성공의 비결이 뭡니까? 저는 젊으니 일하고 배우며 성장하고 싶습니다. 야망이 있습니다. 꿈이 있습니다. 무엇을 배워야 하나요? 성공하려면 어떻게

현자가 물었다.
"무엇을 원하십니까?"
"선생님, 성공의 비결이
뭡니까?"

해야 합니까?"

현자는 청년을 몇 초 동안 바라보다가 청년을 등지고 뒷문으로 가더니 정원으로 걸어나갔다.

그 청년의 마음이 어땠을지 상상이 되는가?

'무엇 때문에 이렇게 먼 길을 왔을까? 이렇게 무시당하려고?'

그의 모든 희망이 한순간에 무너지는 것 같았다. 청년은 실패했다고 느꼈다. 하지만 포기하는 자는 이길 수 없고, 승자는 결코 포기하지 않는 법이다.

포기할 생각이 없었던 청년은 현자를 따라 정원으로 들어갔다. 답을 들을 때까지, 필요하다면 몇 번이고 다시 물어봐야겠다고 생각했다.

드디어 현자 앞에 선 청년은 두 발을 땅에 단단히 딛고 고개를 숙이며 단호한 말투로 물었다.

"선생님, 왜 저에게 등을 돌리셨습니까? 도대체 성공의 비결이 뭔가요? 당신의 비결을 배우려면 어떻게 해야 하나요? 모두가 저에게 당신과 대화를 나눠야 한다고 했습니다. 나는 당신을 만나기 위해 빚을 지고 시간을 바쳤습니다. 제 질문에 답해 주시려면 제가 어떻게 해야 하나요? 성공의 비결이 뭔가요?"

현자는 차가운 강철 같은 회색빛 눈으로 청년의 영혼을 깊숙이 들여다보았다. 청년은 현자가 곧 입을 열 거라 생각했지만, 그는 다시 자리를 떴다.

강가로 내려와 물을 바라보는 현자를 쳐다보며 청년은 넋을 잃어가고 있었다. 혼란스러웠다. 무슨 일이 일어나고 있는지 믿을 수가 없었다. 청년은 다시 포기할까도 생각했지만 다른 선택지가 없었다.

청년은 스스로를 궁지에 몰아넣었다. 성공의 비결을 배워야만 했다. 청년은 달리 갈 곳도 없었다. 청년은 현자의 지혜가 자신의 꿈을 이루는 열쇠라고 믿었다. 그래서 다시 현자를 따라갔다. 현자는 천천히 강으로 내려갔다.

청년은 현자가 물이 배에 차오를 때까지 걸어나가는 것을 지켜보다가 다시 현자의 앞에 선 채 물었다.

"내가 성공하기 위해 무엇을 해야 합니까?"

그러나 현자는 한마디도 하지 않았다. 대신 청년의 어깨에 손을 얹더니 강철 같은 힘으로 청년을 물밑으로 밀어넣었다. 처음에 청년은 그것이 일종의 세례라고 생각했지만, 현자는 청년이 수면 위로 올라오지 못하게 계속 밀어넣었다. 청년이 발버둥 치며 수면 위로 올라오려고 했지만 소용없었다.

현자의 손아귀는 점점 더 단단해졌고 청년은 당황했다. 청년은 이 상황에서 벗어나기 위해 온 힘을 다해 이리저리 발버둥을 쳤으나 현자의 손아귀에 힘이 들어갈수록 꼼짝할 수 없었다. 곧 청년은 숨을 한 번이라도 들이마시는 것 외에는 아무 생각도 할 수 없었다. 여전히 현자는 무자비하게 청년을 밀어넣었으며, 청년이 익사할 것이라고 확신할 즈음 손아귀에서 힘을 빼며 청년을 풀어주었다.

청년은 기침을 하고 숨을 헐떡이며 현자에게 다가와서 노려보듯 바라보며 물었다.

"왜 그러셨어요? 정신이 나가신 거예요?"

"젊은이, 자네는 성공의 비결을 원한다고 하지 않았나? 방금
줬잖나. 살기 위해 싸운 것처럼 꿈을 위해 싸우는 법을 배울 때,
자네는 더 이상 성공에 대해 염려하지 않게 될 걸세."

먼저 지혜를 구하지 않으면 시간을 낭비하거나 심각한 손실을 초래
하는 실수를 반복하게 될 것이다. 왜 그럴까? 왜 사람들은 실수를 반복
할까? 다른 사람들에게 조언을 구하면 충분히 피할 수 있는 실수를 왜
반복하는 것일까? 일을 복잡하게 만드는 것보다 효율적으로 성공하는
것이 낫지 않을까? 이건 상식이다.

이것이 바로 월드와이드 드림빌더스 시스템에 속할 때 얻을 수 있는
강점이다. 론은 처음부터 그 점을 간파했다. 사업의 문제는, 사업의 성
장보다 개인의 성장이 빠르지 않는 한, 사업이 커지면 커질수록 더욱
부각될 것이다. 튼튼한 기초 없이 100년을 견디는 탑을 세울 수 없듯
이, 지혜와 규율 없이는 대를 이어 물려줄 수 있을 만큼 견고한 다이아
몬드 네트워크를 만들지 못한다.

진북(True North, 지혜)의 안내를 받으려면 자북(Magnetic North, 자아)의
끌어당김 현상을 고려해야 한다. 자신의 생각과 고집을 내려놓을 생각
이 없다면 절대로 원하는 목적지까지 갈 수 없다.

물론 우리의 사업이 모두 같은 모습일 수는 없다. 세계 여러 곳에서
사업이 진행되고 있고, 모두 다양한 방식으로 자신을 표현한다. 우리
는 각자 유일무이한 존재이며, 삶을 바라보는 관점 역시 모두 다르다.

그러나 전반적으로 건전한 비즈니스 원칙과 시스템은 서로 다른 모

아버지는 이렇게 말씀하셨다.

"모든 빛은 저마다 다른 벌레를 끌어당긴다."

_ 짐 퓨리어

습에도 불구하고 공통된 특징을 가지고 있다. 월드와이드의 루비, 에메랄드, 다이아몬드 역시 서로 다른 사람들이지만 모두 같은 원칙을 따른다. 이들은 모두 같은 내용을 가르치지만, 성격이 다르고 서로 다른 비유를 사용하며 소통한다.

우리도 같은 내용을 말하지만 다양한 방식으로 한다. 특정한 방식이 더 많은 공감을 얻기도 하지만, 월드와이드는 같은 지침을 따른다. 당신만의 표현과 경험은 쌓이겠지만 2~3년 지나면 어느 순간 당신도 흠모하는 루비, 에메랄드, 다이아몬드처럼 말하고 있을 것이다.

그 원칙을 고수할수록 당신은 당신의 업라인을 더욱 신뢰하는 법을 배우게 될 것이다.

그들의 성공은 당신을 성공할 수 있도록 돕는 능력에 달려 있다. 나는 기왕이면 나의 성공에 관심이 있고 나보다 나의 성공을 더 원하는 그런 사람에게 조언을 받길 원한다. 우물 바닥에 갇혔다고 상상해보라. 내가 탈출할 수 있는 방법은 다른 사람을 먼저 위로 올려보내서 그가 나를 끌어올려주기를 기다리는 것이다. 그러기 위한 전제는 무엇일까? 바로 그 사람이 믿을 수 있는 사람이어야 한다는 점이다. 그것이 바로 우리가 월드와이드를 만든 이유이다. 당신이 그런 좋은 사람들을 만날 수 있는 환경을 만들기 위해서.

Principle 9

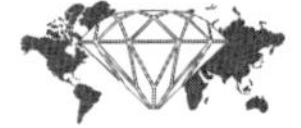

성품은 성공의 토대이다.

성격은 사업을 성장시킬 수 있지만,

성품은 그것을 지켜내고

더 높은 수준으로 끌어올릴 수 있다.

9

성품은
성공의 토대이다

시애틀에 기반을 둔 시스템에서 멀어지자마자 우리는 도전에 직면하게 되었다. 그때까지 우리는 큰 행사를 개최하거나 대규모 그룹을 위한 교육 자료를 만들어본 경험이 없었다. 모든 일을 바닥부터 하지 않으려면 이러한 작업을 많이 해본 사람의 도움이 필요하다는 것을 직감했다.

스포케인에서 퓨리어 패밀리 리유니온(Puryear Family Reunion) 행사를 기획하는 것과는 별개로, 데이브(Dave)와 조 에거스(Jo Eggers)는 그해 겨울 오리건주 애쉬랜드(Ashland)에 있는 애쉬랜드 힐스 컨벤션 센터에서 행사를 준비하고 있었다(그 시절에 데이브와 조는 애쉬랜드에서 180마일 떨어진 쿠스 베이에 살고 있었다).

브릿 월드와이드(Britt Worldwide) 그룹의 일정에 맞추어 그해 초에 드림나이트(Dream Nights) 행사를 개최하고 곧바로 팔로우업(Follow-up) 미팅을 준비할 예정이었다. 에메랄드 클럽 회원이었던 잭 도허리(Jack Daughery), 데이브 에거스(Dave Eggers), 그렉 헤지콕(Greg Hedgecock), 테론 넬슨(Theron Nelsen), 그리고 롼이 이 두 행사에서 스피치를 했다. 얼마 지나지 않아 우리는 이러한 행사를 기획하고 운영하는 과정에 소요되는 시간이 비즈니스를 구축하는 시간만큼이나 오래 걸린다는 사실을 깨닫게 되었다.

어느 날 롼은 데이브의 전화를 받았다.

"행사를 기획하고 준비해줄 사람을 고용해야 합니다. 사업자들이 사업할 시간을 너무 많이 뺏기고 있어요."

그즈음에 데이브는 스포케인으로 이사할 계획을 가지고 있었다. 스포케인은 훌륭한 공항을 가진 아름다운 지역이었고, 대부분의 에메랄드 리더들이 모여 사는 중심지이기도 했다. 롼과 나도 그곳을 워낙 좋아했고, 비슷한 이유로 스포케인으로 돌아가길 원했다. 마침 그해 여름 패밀리 리유니온 행사의 개최지도 스포케인으로 예정되어 있었다.

우리는 그룹의 시스템을 구축하는 과정에서 빌과 페기로부터 많은 조언을 받았는데, 솔직히 말해 조언을 받았다기보다는 우리가 일방적으로 궁금한 것을 끊임없이 물어보는 형식이었고 우리의 질문 공세에 압도당한 빌은 소통 채널을 단일화할 것을 요구하며 그 책임자로 롼을 선택했다.

그러나 롼은 이에 반대했다. 책임자가 되는 것이 그의 성격상 전혀 동기 부여가 되지 않았기 때문이다. 우리는 강한 의지와 성격, 심지어

속임수까지 써가며 권위를 가지려고 안간힘을 쓰는 사람들을 봐왔지만, 룐은 주목받는 위치를 그다지 좋아하지 않았다. 룐은 에메랄드 클럽에 속한 리더들과 같이 리더십을 공유하길 원했지만, 빌은 계속해서 한 명의 리더를 세워야 한다는 주장을 굽히지 않았다.

한번은 룐이 이런 이야기를 했던 기억이 난다.

"시애틀 시스템에서도 그랬듯이, 이런 일을 겪다 보면 해야 할 것과 하지 말아야 할 것을 통해 배우게 되는 데, 더 중요한 교훈은 하지 말아야 할 것을 통해 배우게 되는 것 같습니다. 어떠한 일도 원칙 없이 임의로 결정해서는 안 됩니다. 한 사람에게 적용되는 원칙이라면 다른 사람들에게도 적용되어야 합니다. 또한 초기 사업자나 오래된 사업자 모두 적용할 수 있는 시스템을 만드는 것이 중요하다고 생각합니다."

빌이 룐을 리더로 추천하자 모두 동의했다. 룐은 사실상 총재가 되었지만 책임감만 얻었을 뿐, 그가 그 직함을 마음으로 완전히 받아들인 적은 없는 것 같다.

나의 편견인지 모르겠지만, 룐은 월드와이드의 토대를 만들기 위한 최선의 선택이었다고 생각한다. 회계사와 사무실 매니저의 경험은 이미 그가 비즈니스를 효율적이고 효과적으로 운영하는 방법을 어느 정도 이해하고 있다는 것을 의미했다. 우리 시스템은 언제나 하나의 목표에 초점을 두고 있었다. 그것은 바로 모든 구성원의 요구를 충족시켜 최대한 쉽게 비즈니스를 구축하도록 하는 것이었다. 에메랄드 카운슬(Emerald Council. 월드와이드의 첫 관리팀)은 사업에 필요한 것들을 챙기고, 그룹의 성장을 시스템적으로 지원할 수 있는 방법을 모색해나갔다. 빌과 페기는 이 모든 과정에서 우리를 지원해주었다. 행사 지원뿐만 아니라 성공적인 사업 구축으로 배출된 많은 다이아몬드들이 기꺼이 우리 행사의 게스트가 되게 해주는 등 그들은 우리에게 많은 사랑을 베풀어주었다. 게다가 우리를 브릿 월드와이드(Britt Worldwide) 행사에 초대해주었다. 행사 참석은 두려움 그 자체였다. 시골뜨기 출신인 론과 나는 빌과 페기 말고는 아는 사람이 한 명도 없었지만, 배우고 성장하기를 갈망했기 때문에 그 기회를 놓치지 않았다. 우리는 용기를 내서 그곳에 갔고, 주목받으려 하지 않았다. 그리고 새로운 친구들을 사귀었다.

그후 몇 년 동안, 그들은 휴가를 같이 보내자며 우리를 초대했다. 빌은 기꺼이 자신의 시간을 론에게 내주며 지혜를 나누고 조언을 아끼지 않았다. 론은 언제나 우리 사업과 월드와이드의 성공을 빌과 페기의 공으로 돌렸고, 우리는 둘도 없는 친구가 되었다.

이 시기에 론과 나, 그리고 몇몇 다른 리더들은 스포케인에서 15마일 정도 떨어진 롱 레이크(Long Lake)에 있는 땅을 샀다. 그곳은 가족과 함께 수영, 보트 타기, 산악자전거 타기, 그리고 캠핑이 가능한 멋진 장소였다.

에메랄드 카운슬 회원들이 RV 차량을 소유하고 있어서 우리는 자주 그곳에서 캠핑을 하고 호수에서 각종 액티비티를 즐기며 다음 행보에 대해 이야기를 나누었다. 이 시간에 우리는 일상을 벗어나 활력을 얻으며 함께 꿈을 꾸었다. 우리는 이곳을 '다이아몬드의 땅'이라 불렀다. 성공하기 위해 세계를 여행하던 남자가 결국 자신의 집 근처 호수에 다이아몬드가 묻혀 있다는 사실을 발견했다는 이야기에서 따온 이름이다. 그런데 아이디어를 나누고 발전시키던 그 장소가 실제로 우리를 다이아몬드의 땅으로 안내해주었다.

에메랄드 카운슬 가족들은 다이아몬드의 땅 모닥불에 둘러앉아 마시멜로를 굽고 스모어 쿠키를 만들며 즐거운 시간을 보냈다. 우리의 수다와 농담은 자연스럽게 우리 시스템의 이름을 짓는 것으로 이어졌다. 처음 나온 아이디어는 '퓨리어 그룹'과 '퓨리어 월드와이드'였다. 이유는 우리가 알고 있는 큰 그룹들은 모두 설립자의 이름을 따서 지어졌기 때문이었다(브릿 월드와이드, 예거 그룹 등).

그러나 론은 거부했다. 이 조직이 자신의 조직이 아니라고 생각했기 때문이다. 우리 모두의 것이었고, 서명한 모든 리더의 것이어야 했다. 그는 조직의 모든 사람을 대표할 수 있는 이름을 원했다. 누군가의 이름을 따서 정하기보다는 그룹 전체의 DNA에 더 가까운 그런 이름이 필요했다. 그러자 누군가가 말했다.

"함께 꿈을 꾼다는 뜻을 넣으면 어떨까요? 꿈을 꾸는 사람들?"

순간 사람들의 마음에 동요가 일었다. 많은 논의 끝에 모든 사람이 '월드와이드 드림빌더스(World Wide Dreambuilders)'라는 이름에 동의했다. 드디어 WWDB가 탄생한 것이다(사전적으로 'worldwide'가 한 단어라는 사실은 우리도 알고 있었지만 뭔가 비범한 이름을 원했다).

우리는 첫 번째 직원을 고용하기로 했다. 이 직원은 행사를 기획하고 교육 자료를 수집하는 등 모든 실무에 두루 능하여 회원들에게 도움이 될 수 있는 매우 조직적인 사람이어야 했다.

나의 언니 캐시는 스포케인에 살고 있었고 우리가 아는 사람들 중 가장 조직적인 사람이었기 때문에, 우리는 그녀가 월드와이드 그룹을 구축하는 데 도움을 줄 수 있는 사람이라고 믿었다.

데이브와 조는 캐시와 점심을 같이 하며 시스템적으로 체계화시켜야 할 부분에 대해 상세히 설명하고 팀에 합류할 생각이 있는지 그녀의 의사를 물었다.

그 당시 캐시는 지역 은행의 주택담보대출 담당 직원이었고, 반복적인 일에 지쳐 있었다. 그러나 그녀가 맡게 될 이 일은 결코 반복적인 일이 아니었고, 사무실에 갇혀 있지 않고 태평양 북서부 전역을 여행할 수 있는 기회도 있었다. 설명을 듣고 난 그녀는 관심을 보였지만 모든 일을 너무 급하게 진행하고 싶어 하지는 않았다. 결국 생각할 시간을 달라고 했다.

캐시는 이 모든 일을 직장 동료 마디 터커(Mardy Tucker)에게 말했다.

"지금 받고 있는 급여 조건을 일단 맞춰주고 일주일에 3~4일 정도 9시부터 오후 3시까지 그들 집에서 일하자고 하는데 어떻게 생각하세요?"

그러자 마디가 말했다.

"그런 조건인데 수락을 안 하는 건 미친 짓이죠. 혹시 다음에 또 사람이 필요하다고 하면 저한테 꼭 연락 주세요!"

캐시는 그해 연말까지만 은행에 다니고, 우리가 제안한 일을 맡기로 결정했다. 월드

마디가 말했다.
"그런 조건인데 수락을
안 하는 건 미친 짓이죠.
혹시 다음에 또 사람이
필요하다고 하면 저한테
꼭 연락 주세요!"

와이드 드림빌더스의 첫 직원이 된 그녀는 1980년 1월 1일에 첫 근무를 시작하였다. (캐시는 그후 20년 이상을 WWDB에서 함께 일하게 된다.)

캐시는 데이브와 조의 개인비서로 아르바이트를 하며, 남은 시간을 월드와이드에 바쳤다. 롼과 나는 캐시가 일을 시작하기 한 달 전에 스포케인으로 돌아갔다. 월드와이드 드림빌더스 공식 명칭하에 진행된 최초의 드림나이트는 1980년 초 캐시와 조 에거스에 의해 기획되었다.

캐시가 월드와이드 운영에 있어서 탁월한 기준을 만들었다는 점을 자랑스럽게 생각한다. 그녀는 예산을 균형 있게 관리하고 집행하며, 늦게까지 남아 살림살이를 꼼꼼하게 챙겼다. 그녀는 똑똑하고 충성스러웠고 항상 최선을 다할 준비가 되어 있었으며, 이 사업이 태도와 함께 따뜻한 가슴을 필요로 한다는 것까지 이해하는 사람이었다. 정신없이 바쁘고 긴박한 상황에서도 그녀는 항상 친절하고 쾌활했다. 월드와이드가 시작된 초기부터 우리는 사람을 고용하는 데 있어서 실력보다 성품이 얼마나 중요한지를 배우게 되었다. 업무를 습득하는 것은 훌륭한 인격과 태도를 갖추는 것에 비하면 비교도 할 수 없을 만큼 쉽기 때문이다.

정신없이 바쁘고 긴박한 상황에서도 캐시는 항상 친절하고 쾌활했다. 월드와이드가 시작된 초기부터 우리는 사람을 고용하는 데 있어서 실력보다 성품이 얼마나 중요한지를 배우게 되었다.

개인 사업이 폭발적으로 성장함에 따라 롼과 나는 개인비서를 고용하기로 했다. 먼저 캐시에게 아는 사람이 있는지 물어보았다. 그녀는 직장 동료였던 마디를 추천했고, 우리는 그녀를 인터뷰한 후 바로 고용했다. (그후로도 몇 년 동안 캐시의 전 직장에서 몇 명을 더 고용했는데, 그 은행은 우리가 항상 최고의 직원들을 데려가는 것을 좋아하지 않았다.)

첫 1년 반 동안 캐시는 데이브와 조 에거스의 집에서 일했는데 그들의 사업과 월드와이드 업무에는 중복되는 부분이 상당히 많았다. 얼마 지나지 않아 월드와이드의 업무가 많아지면서 캐시가 할 일이 많아졌고, 그녀는 업무의 우선순위를 정하는 것을 힘들어했다. 이제 월드와이드 업무를 전담할 사람이 필요해졌다.

결국 우리는 캐시에게 데이브와 조의 개인비서 역할을 그만두게 했고, WWDB 사무실을 그녀의 집으로 옮겼다. 그 무렵 혼자 감당하기 힘든 일이 많아지자 캐시와 남편 제리(Jerry)는 집 지하실을 개조하여 WWDB 사무실로 사용하기 시작했다. 1983년에 우리는 캐시가 이전에 함께 일하던 조이스 업모(Joyce Uptmor)라는 여성을 캐시의 보조로 고용했다.

월드와이드의 첫 번째 CEO는 1982년에 고용되었다. 그 자리는 딕 데이비스(Dick Davis)에게 주어졌는데, 그의 아내 비키(Vickie)는 우리의 루비 파트너였다. 론이 딕을 처음 만난 것은 우리가 집에 아이들을 위한 운동장을 만들려고 할 때였다. 어느 날 아침 딕이 견적을 보여주기 위해 우리 집에 왔을 때 론은 목욕가운을 입고 집 진입로에서 그를 맞이했다. 프로젝트에 대해 이야기를 나눈 후 딕은 론에게 물었다.

"해가 중천에 떠 있는데 왜 아직도 목욕가운을 입고 계시는 거죠?"

론은 자연스럽게 암웨이에 대해 이야기했고, 우리는 결국 딕과 비키를 후원하게 되었다.

딕은 루비 레벨까지 성장했고, 론은 마디 다음으로 딕을 고용했다.

두 사람은 한동안 함께 일했다. 각자 맡은 업무는 달랐지만, 딕이 주로 롼과 월드와이드의 업무를 담당하여 함께 긴밀하게 일했기 때문에 딕이 월드와이드 CEO로 취임하는 것 자체는 큰 도약이 아니었다. 그는 오늘날 월드와이드 그룹을 구축하는 데 있어서 매우 중요한 역할을 하였다.

그는 모르는 일이 생기면 해답을 찾을 때까지 파고드는 사람이었다. 게다가 대립과 갈등을 마다하지 않는 성격이어서 대립과 갈등을 싫어하는 롼에게는 꼭 필요한 사람이었다. 딕은 롼의 지시에 따라 사람들 간의 갈등을 처리하며 사업을 정상 궤도에 올려놓는 데 기여를 했는데, 이처럼 딕과 롼은 강점과 약점을 상호 보완하며 훌륭한 팀이 되었다.

그후 WWDB는 자연스럽게 성장해나갔고 롼, 딕, 캐시와 나머지 직원들 역시 월드와이드의 성장 과정에 주목했다. 그들은 끊임없이 다음과 같이 질문했다.

"미팅이나 행사를 준비하는 일과 교육 자료를 발송하는 것 외에 사업자들이 원하는 것은 무엇일까요?"

얼마 지나지 않아 롼은 사업자들에게 암웨이 비즈니스의 속성을 이해하는 세무 전문가가 필요하다는 사실을 깨달았다. 세금 신고 기간이 다가올 때마다 그런 사람을 찾기가 쉽지 않았기 때문이다. 롼은 마디(1992년까지 우리의 개인비서로 근무하다 월드와이드로 옮겼다)에게 물어보았다.

"혹시 아는 공인회계사 중에 인격이 검증되고 우리 사업을 진지하게 받아들여줄 만한 사람이 있을까요?"

마디가 대답했다.

"네. 저희 처남이요. 그는 트라이시티에 살고 있어요."

롼이 마디의 처남과 이야기를 나눈 뒤, 그들은 암웨이 사업자들의 세금 신고를 전담할 세무사 사무소인 이그제큐티브 플래너스 노스웨스트(Executive Planners Northwest)라는 WWDB 자회사를 출범시켰다.

그다음에는 기억에 남는 WWDB 행사를 위해 영감을 주는 미디어를 활용하기로 결정했다. 우리는 이러한 작업에 관심이 있는 전문 사진작가를 찾았고, 그는 행사에서 멋진 사진을 찍어 멀티미디어 프레젠테이션을 만들기 시작했다. 그는 영상과 함께 음악과 내레이션이 들어간 슬라이드 쇼를 만들었다. 결과는 놀라웠다. 드림나이트와 다른 행사에서 영상을 선보였는데, 사람들은 화려한 음악과 영상에 매료되었다. 이는 월드와이드 회원이라면 누구나 사용 가능한 프레젠테이션의 디자인으로 이어졌는데, 일관성 있고 복제 가능한 시스템을 유지하는 데 도움이 되었다(롼은 사업 설명에 대해 '강아지도 입에 쪽지 하나 물고 할 수 있게 해야 한다'는 농담을 했으며, 실제로 강아지에게 쪽지를 줄 정도로 사업 설명 과정을 최대한 간단하게 만들고 싶어 했다). 이러한 노력은 훗날 월드와이드 프로덕션으로 발전하게 되었다.

그다음으로 월드와이드에 필요한 것은 데이브와 조의 차고에 보관되어 있던 강의 테이프와 책 같은 교육 자료였다. 우리는 사업에 필요한 자료들을 정리하고 주문이 들어오면 북서부 지역 사업자들에게 개별적으로 발송할 준비가 되어 있어야 했다. (훗날 전 미국 전역으로 확대되었다.)

우리는 먼저 각종 행사에서 녹음을 하기 시작했고, 다양한 설명회 음원을 제작하고 브로셔와 각종 자료를 만들었다. 이 노력은 훗날 다이아몬드 정기 간행물로 발전하였다.

월드와이드는 다양한 서비스 확충을 통해 사업자들이 비즈니스 구축과 파트너 관리에 더욱 집중할 수 있도록 하였다. 또한 다이아몬드 여행사도 만들었다. 여행 전담 부서를 운영하는 것이 경제적으로 더 유리했기 때문이다(인터넷 예약이 활성화되면서 결국 그 부서는 폐쇄되었다). 40주년(저술한 2021년 기준)이 된 오늘날에도 월드와이드는 끊임없이 사업자들의 요구 변화에 지속적으로 대응하며 성장하고 있다.

1992년에 캐시와 제리는 집을 줄이는 것을 고민하며 딕에게 WWDB 사무실을 만들어 옮기는 것에 대해 논의했다. 연말 무렵, 그들은 한동안 비어 있던 오래된 회사 건물을 발견하게 되었다. 비록 건물은 볼품 없고 각종 벌레로 뒤덮여 있었지만 그들은 깨끗하게 손을 보았고, 그곳이 바로 월드와이드 본부가 되었다.

롼은 포용하는 성격의 소유자였다. 그는 월드와이드를 본인의 비즈니스를 위해 존재하는 조직으로 생각하지 않았다. 월드와이드는 처음부터 회원들의 성공을 위해 만들어진 조직이므로 진정한 주인은 회원들이라고 생각했으며, 월드와이드 직원들 역시 그런 마음가짐으로 모든 일에 임했다. 나는 그것이 오늘날 월드와이드의 차별성을 만들었다고 믿는다. 월드와이드는 언제나 정직과 효율성, 그리고 서비스 정신을 기반으로 운영되었다.

진정한 성공의 기반은 인격이다

그리스 철학자이자 물리학자인 아르키메데스(Archimedes)의 한 저서에는 '나에게 충분히 긴 지렛대와 그것을 걸쳐놓을 지렛목만 주어진다면 나는 지구도 들어 올릴 수 있다'라는 유명한 구절이 있다.

우리에게 암웨이는 모든 일을 가능케 하는 지렛대이다. 하지만 지렛대를 지탱할 수 있는 단단한 지렛목이 없다면 아무 소용이 없다. 바로 성품이 우리의 기반이며 지구를 들어 올릴 수 있는 단단한 지렛목이다. 성품을 갖추어야 이 사업을 통해 진정한 잠재력을 발휘할 수 있다. 만약 당신이 원하는 것, 갖고 싶은 것에만 집중한다면 진정한 성공은 없을 것이다. 그런 것들은 일시적이라 잠시 머물다 사라지지만, 당신이 다른 사람들을 위해 한 일은 오래 남는다.

그렇다면 성공이란 무엇일까? 성공은 우리를 더 나은 사람으로 성장시키고, 세상에 의미 있는 흔적을 남기게 하는 여정이다. 성공은 가치 있는 목표의 점진적 실현이다. 그렇다. 성공을 통해 우리가 누릴 수 있는 보상은 분명히 있지만, 성공의 축복을 누리면 누릴수록 그것이 우리 자신만을 위한 것이 아니라는 사실을 깨닫게 된다.

처음에는 인생의 시급한 문제들을 해결할 꿈을 꿀 것이다. 빚을 청

아버지는 이렇게 말씀하셨다.

"내 지식의 섬이 커질수록 나의 경이로움의 해변은 더욱 넓어진다."
배우면 배울수록 내가 모른다는 사실을 깨닫게 된다.

_ 짐 퓨리어

산하고, 배우자 중 누구도 다른 사람 밑에서 일할 필요가 없게 만들고, 가족을 건사하며 미래를 준비하는 일 말이다. 하지만 그런 필요들이 채워지고 나면 당신은 다른 사람들에게도 같은 자유를 줄 수 있기를 꿈꾸기 시작할 것이다. 당신이 세상을 떠난 후에는 어떠한 유산을 남기고 싶은가? 우리가 성장하면서 고민해야 할 것은 이런 것들이다. 그래서 성공은 목적지가 아니라 여정인 것이다.

모든 여행이 그렇듯, 출발 지점에서 여행 전체를 미리 볼 수는 없다. 여행이 진행된 만큼만 볼 뿐이다. 마치 언덕에 올라서면 새로운 풍경이 눈앞에 펼쳐지는 것처럼, 목표를 이룰 때마다 더 크고 멋진 꿈이 눈앞에 펼쳐질 것이다.

가고자 하는 방향이 명확할수록 도전을 극복하려는 동기를 얻을 것이다. 당신 앞에 놓인 장애물을 디딤돌로 바꾸라.

가치 있는 일을 성취한 사람들의 이야기를 들어본 적이 있다면 큰 꿈을 이룬다는 것이 얼마나 힘든 일인지 잘 알 것이다. 위대한 일을 이루어낸 사람들은 모두 수많은 역경에 직면했다. 그것이 성공하는 사람과 포기하는 사람의 차이를 만드는 것이 아닐까? 성공한 사람들은 시련에 굴복하지 않으며 역경이 그들을 넘어뜨려도 다시 일어나 앞으로 나아갔다. 그들은 이불을 뒤집어쓰고 울지 않았고, 도전을 통해 배우며 다음 도전에 맞설 수 있도록 성장하였다.

이상하게 들릴지 모르지만, 나는 당신이 이 사업에서 어려움을 겪기를 바란다. 왜냐하면 그 어려움이 당신의 성공에 필요한 성품 형성에 도움이 되기 때문이다. 당신은 회복력을 길러야 한다. 그리고 인내해야 한다. 그 과정을 통해 당신이 극복한 어려움과 같은 상황에 처한 사람들을 도울 수 있는 사람이 될 수 있다. 가치 있는 것은 결코 쉽게 얻어지지 않는다. 아주 작은 꿈까지도 이룰 수 있을 만큼 크게 사업을 성장시키고 싶다면 전사가 되어야 한다. 정신력이 강한 악바리가 되어라. 부정적인 세계와 자신을 분리하라. 그리고 매일 아침 눈을 뜨면 성공을 선택하라. 올바른 사고와 행동을 하고, 부정을 거부하라. 성품의 기초 없이는 어떠한 것도 쌓을 수 없다.

성품은 당신이 꿈을 이루기 위해 계속 나아가고 노력할 수 있는 단단한 기반을 마련해줄 것이다.

성품은 헌신, 긍정적 자세, 노력, 희생, 규율, 겸손, 타인에 대한 봉사, 동기 부여, 정직과 같은 모든 개인적 특성을 포괄하며, 꿈을 추구하는 데 필요한 핵심 요소이다. 성공의 비결은 재능이 아니라 성품이다. 성품은 선물이 아니고 규율이다. 성공한 사람들은 올바른 방법으로 일하지, 본인이나 다른 사람에게 상처를 주는 손쉬운 방법을 선택하지 않는다. 마라톤을 완주하고 싶다면 마음이 내키지 않더라도 뛰어야 하는 것처럼 말이다.

규율은 외부의 자극이 아닌 내적 욕망으로부터 나온다. 이것은 어려운 일을 반복적으로 도전할 때 얻어진다. 나의 일정에 충실하고, 계획에 충실하고, 비전에 충실하며, 타협하지 않을 때 얻어진다. 잭 하일스(Jack Hyles) 목사는 저서 《블루 데님과 레이스(Blue Denim and Lace)》에 이렇게 적었다.

그것은 의무에 대한 순종이자 옳은 것에 대한 순종이며, 해야 할 일을 무의식적으로 행하는 것이다. 이것이 바로 성품이다. [12]

아버지는 이렇게 말씀하셨다.

"언덕 위에서 기르는 말을 상상해보아라.
녹색 풀이 무성한 언덕 위, 맑고 푸른 하늘을 배경으로 서 있는 말,
꿈틀거리는 근육과 엄청난 힘을 가진 그런 말을 상상해보아라.
그 말은 당장이라도 앞으로 돌진할 수 있는
엄청난 힘을 가지고 있다.
자, 그 말의 입에 재갈이 물려져 있다고 상상해보자.
재갈은 고삐에 연결되어 있고,
고삐를 손에 쥔 사람은 바로 주인이다.
이것이 하나님이 말씀하시는 겸손이다.
하나님께 순종하는 말의 힘, 자신만만하지만 길들여질 수 있고
더 위대한 원칙에 복종하려는 자세,
이것이 바로 겸손이다."

_ 짐 퓨리어

겸손함 없이 성품을 키우기는 힘들다.

겸손을 잘못 이해하는 사람들이 많다. 그것이 마치 '당신의 현관 매트가 되어드리겠습니다. 절 마음껏 밟으세요. 아무리 저를 함부로 대하셔도 소란 피우지 않을게요'라는 뜻으로 착각하는 듯하다. 그러나 순복과 마찬가지로 겸손 역시 나약함이 아닌 강인함에서 나온다. 겸손

이 진정성을 가지려면 우주에서 자신이 있어야 할 자리와 부름받은 목적이 무엇인지 먼저 알아야 한다. 그리고 그 기반 위에서 행동하라. 겸손한 사람은 절대 본인을 하찮게 생각하지 않으며 오히려 소중하게 여긴다. 그들은 배우는 자세를 견지하며, 야망이 있다. 또한 책임감이 강하고, 항상 자신보다 다른 사람들을 높이려고 한다. 겸손은 성장 마인드를 갖는 데 있어서 매우 중요한 요소이다.

진정한 힘은 겸손에서 비롯된 통제와 자기관리에서 나온다. 그것은 마치 사람들의 새싹 같은 친절하고 온화한 마음을 오해와 논쟁이라는 잡초와 함께 뽑지 않는 신중한 손길 같은 것이다. 겸손하다는 것은 국가의 흐름에 지대한 영향을 미칠 수 있는 비즈니스를 구축하면서 다른 사람을 배려하는 자세를 유지하는 것을 의미한다. 겸손한 사람은 영향력과 함께 연민의 마음을 품고 있는 사람이다. 그들은 전쟁에서 이기는 것보다 사람들의 마음을 자유롭게 하여 꿈꿀 수 있게 하기를 더 바란다.

로버트 슐러(Robert H. Schuller) 목사는 저서 《해피 마인드(The Be 'Happy' Attitude)》에 이렇게 적었다.

약한 이도 이럴 때는 충분히 강해질 수 있다.

문제를 과제로 인식할 때,

슬픔을 하인처럼 이용할 때,

어려움을 이익으로 전환할 때,

장애물을 새로운 기회로 만들 때,

비극을 멋진 승리로 역전시킬 때,

걸림돌을 디딤돌로 바꿀 때다.

그들은 불협화음을 재미난 간주곡으로 여기고,

좌절 속에서도 열매를 거두며,

적을 친구로 만들고,

역경을 짜릿한 모험으로 받아들인다. [13]

월드와이드에서 성공한 리더들을 이보다 더 잘 묘사한 글이 있을까?
이와 같은 마음으로 함께 성장해나갈 수 있길 바란다.

Principle 10

당신이 동경하는 것을
모방하라.

사업과 인간관계에 뿌린 것은
결국 몇 배로 돌아올 것이다.

10

뿌린 것을
배로 거두리라

1980년대 초, 우리는 성공적인 비즈니스의 비밀을 알게 되었다. 그것은 바로 일관성과 복제다. 롼은 다른 팀과 미팅을 하면서 다양한 리더들이 일관된 내용과 사업 원칙을 이야기하는 것이 얼마나 큰 시너지를 내는지를 보게 되었다. 이는 사업자들의 지식 기반을 강화하고 정보에 대한 신뢰성을 높이는 동시에, 이 방법이 복제 가능하다는 확신을 주었다.

이것이 바로 우리가 오래전에 나누었던 '개가 입에 메모 한 장 물고 따라 할 수 있을 정도로 간단해야 한다'는 시스템의 출발점이었다. 월드와이드 프레젠테이션은 쉽게 따라 할 수 있도록 구성해야 했고, 가르칠 원칙들은 이해하기 쉽고 최대한 간단해야 했다. 일관성이 높아질

수록 신규 사업자들이 겪을 혼란은 줄어들었고, 자신에게 제시된 방법이 성공한 사람들의 사업 진행 방법과 같다는 사실에 신뢰감을 가지고 더 빠르게 이 사업에 발동을 걸 수 있었다.

월드와이드의 5가지 불문율

문제는, 사람들이 물어보지 않고 자신이 생각한 일을 시도한다는 점이었다. 이러한 시도는 그들이 속해 있는 팀 전체에 부정적인 파장을 일으켜서 파트너들 간에 마찰이 생기고 사람들은 서로의 동기를 의심하기 시작한다. 결국 업라인의 누군가가 개입하여 사태를 수습하고 정상화시켜야 했다.

이러한 일로 인해 첫 번째 불문율이 탄생했다.

"새로운 일을 시작할 때는 반드시 업라인과 먼저 상의하라."

이것은 통제의 문제가 아니라 성공에 관한 문제였다. 어떠한 새로운 것도 체계를 잡아나가는 시스템 안에 있지 않으면 문제로 인식될 수밖에 없었다. 집단지성은 강점이지 결코 약점이 아니다. 새로운 것을 시도했지만 비참한 결과를 얻는다면 그 누구도 그것을 반복하고 싶어 하지 않는 것은 당연하다. 그러므로 상위 스폰서와 상의하라는 규정은 그런 불상사를 예방할 수 있는 가장 좋은 방법이었다. 이것은 '뜨거운 난로를 만지지 말라'는 말과 비슷

집단지성은 강점이지 결코 약점이 아니다.
새로운 것을 시도했지만 비참한 결과를 얻는다면 그 누구도 그것을 반복하고 싶어 하지 않는 것은 당연하다.

하다. 우리 파트너들이 직접 아픈 경험을 함으로써 교훈을 얻게 할 필요는 없기 때문이다.

나는 항상 룐을 나의 스폰서라고 생각했다. 사실 그는 이 사업에서뿐만 아니라 결혼생활과 가족에게도 언제나 스폰서의 역할을 해왔다. 주도권의 문제가 아니라 하나 됨을 위해서였다. 부부가 진정한 인생의 동반자라면서 왜 사람들은 함께 결정을 내리지 않는 것일까? 룐은 항상 나에게 자신의 생각을 이야기했고 나도 그렇게 했다. 우리는 언제나 함께할 때 더 강했다.

나는 어떤 일을 하든 룐과 상의했고 그럴 때 항상 더 좋은 결과를 얻을 수 있었다. 함께 결정을 내리면서 우리의 결혼생활과 사업은 더욱 단단해졌다. 룐은 다음과 같이 가르치곤 했다.

우리가 사업과 삶에 활용할 수 있는 세 가지 힘은 말의 힘, 순복의 힘, 그리고 단결의 힘입니다. 그러나 저항하면 힘을 모을 수 없습니다.

만약 당신이 삶의 주도권을 갖기 원한다면 기꺼이 순복하고 말, 행동, 그리고 관계에 있어서 책임지는 모습을 보여야 할 것입니다.

이 규칙은 그 자체로는 좋은 것도 나쁜 것도 아니다. 좋은 사람들은 좋은 결과를 만들 것이고, 나쁜 사람들은 큰 피해를 줄 것이기 때문이다. 오랫동안 우리는 핀과 상관없이 자기만의 작은 '제국'을 건설하려는 '작은 나폴레옹'들을 너무 많이 봐왔다. 그들은 그 '제국'을 건설하기 위해 남들이 어떤 피해를 보던 개의치 않으며, 자신에게 유리하게 이 규칙을 적용하려 했다. 그들은 유사한 방식을 사용했다. 자신의 그룹을 시스템에서 분리시키고 상위 스폰서들과 대화하는 것에 대한 두려움을 심어주었다. 그렇게 함으로써 그들이 주도권을 가지려고 한 것이다. 이러한 이유로 월드와이드의 불문율이 생긴 것이다.

파트너들에게 무엇을 하고 무엇을 하지 말아야 하는지를 결정할 수 있는 기준이 필요했다. 그래서 론은 그룹 내 누군가가 새로운 아이디어를 제시했을 때 그것을 평가하기 위한 세 가지 질문을 정했다(아들 짐은 이를 'IBO 권리장전'이라고 말한다).

1. 그것은 도덕적/윤리적인 일인가?
2. 그것은 합법적인 일인가?
3. 그것은 복제 가능한 일인가?

제시된 의견이 이 세 가지 질문을 통과하지 못하면 고려 대상이 되지 못했다. 또한 세 가지 질문 모두에 대해 "예"라는 답을 얻었다고 해서 반드시 좋은 의견이라는 의미도 아니었다.

우리는 제시된 의견이 이기심이 아니라 논리와 상식에 근거하고 있다는 것을 확신해야만 했다. 당장 눈앞의 성장에 눈이 멀어 장기적으로 얻을 수 있는 성공을 희생할 수는 없었기 때문이다. 그렇게 월드와이드는 새로운 회원들이 마음고생하지 않으면서 빠르게 성장할 수 있는 지혜로운 시스템을 서서히 구축해갔다.

WWDB는 운영 시스템을 구축하는 과정에서 1년 단위의 행사 일정

아버지는 이렇게 말씀하셨다.

"어떤 것을 평가할 때 가장 안전하고 좋은 자세는
최대한 오래 지켜보는 것이다."

의심의 여지없이, 아버지는 내가 아는 사람 중 문제를 가장
장기적인 관점에서 고민하는 사람이었다.
아버지는 항상 어떤 것이 줄 수 있는 효과를 긴 안목으로 바라봤고,
만약 그것이 불분명하면 '관망'하는 자세를 취했다.
아버지는 그로 인해 적지 않은 비난을 받기도 했다.
동생은 그런 아버지의 성격을 파악하고 나에게 이렇게 말했다.
"여유를 가져. 아버지의 첫 번째 'NO'는 'NO'가 아닌 거 알잖아.
그건 그냥 '생각해보자'는 뜻이야."
아버지는 가끔 직감적으로 어떤 일이 옳지 못하다고 느끼면
자신을 불편하게 하는 것이 무엇인지 바로 표현하진 못했지만
조금 더 생각할 시간을 요구할 때가 많으셨다.
말콤 글래드웰이 ≪블링크(Blink)≫에서 말한 것처럼,
생각하고 토론할 충분한 시간을 갖기보다
자기 방식을 고집하던 다이아몬드 리더들이 자격을 유지하지 못한 채
월드와이드 그룹을 떠난 일을 생각하면 너무나 슬프다.
그것은 그들에게도 안타까운 일이지만, 그들이 자기 방식을
고집함으로써 많은 파트너들이 상처를 받았다.

_ 짐 퓨리어

표도 만들었다. 이것이 오늘날 월드와이드의 가장 중요한 4개의 시즌 별 행사인 드림나이트(Dream Nights), 스프링 리더십(Spring Leadership), 패밀리 리유니온(Family Reunion), 프리 엔터프라이즈 데이(FED; Free Enterprise Day)로 자리 잡게 된 것이다. 이 행사들은 해를 거듭하면서 지 속적으로 발전하여 회원들에게 더 큰 가치와 의미를 부여하게 되었다.

초기부터 미팅 참석률은 매우 높았다. 1978년 12월, 워싱턴주 체니 (Cheney)시에 있는 이스턴 워싱턴 대학 파빌리온에서 개최된 행사에는 게스트 스피커로 빌 브릿이 초대되었다. 인터넷이 없던 이 시절에는 전 화로 소식을 전하고 우편으로 전단지를 보낼 수밖에 없었지만 그날 밤 체육관은 만원이었다. 2주 전에 급하게 공지가 나갔음에도 불구하고 1,500명 이상이 참석하였다.

그로부터 약 15년 후인 1993년, WWDB는 시애틀 킹돔(King Dome) 에서 역대 가장 큰 3만 7,000명 규모의 행사를 진행할 만큼 성장하게 된다. 이 많은 사람들이 한 자리에 모였다는 것은 대단한 일이었지만, 론이 멘토링을 위해 중요하다고 생각한 섬세한 감성 터치는 부족했다. 무대와 관객 간의 거리가 너무 멀었고, 행사 흐름도 자연스럽지 않았 다. 전체적인 느낌은 차갑고 인간미가 다소 부족하다는 느낌이 들었 다. WWDB가 그 정도의 행사를 성공리에 마친 것은 경의를 표할 만했 지만, 정책위원회는 조금 더 작은 규모의 행사를 표준으로 하는 것이 좋겠다는 결정을 내렸다.

현재 우리가 개최하는 행사는 최대 1만2,000~1만5,000명 규모다. 더 많은 행사를 개최해야 하므로 효율성은 떨어질 수 있지만 이렇게 하는 것이 월드와이드가 가진 '가족같이 친밀한 공동체 DNA'에 더 잘 부합한다고 판단했다.

우리가 처음부터 지금까지 고집하고 있는 또 하나의 전통은 일요일 아침 행사 전 초교파적인 예배를 드리는 것인데 의무 사항은 아니다. 월드와이드는 기독교 단체도 아니고, 기독교의 가르침을 따라야 회원이 될 수 있는 것도 아니다. 하지만 롼과 나는 우리가 하는 모든 일에서 하나님을 섬기길 원했고, 우리가 이룬 모든 것에 대해 그분께 감사하고 싶었다. 게다가 주말에는 많은 참석자들이 원래 다니던 동네 교회에서 멀리 나와 있는 데다 우리가 예약한 장소는 비어 있는데 굳이 그곳을 사용하지 않을 이유가 없지 않을까 생각했다. 우리는 행사 참석 여부와 상관없이 아는 모든 사람들에게 이러한 예배가 있다는 사실을 알리고 예배를 개방했다.

물론 우리의 선한 의도에도 불구하고 충돌, 의견 차이, 분열은 있었다. 우리가 시스템에서 강조하는 불문율은 결코 그냥 만들어지지 않았다. 아픈 경험을 통해 만들어진 것이다. 모든 사람이 우리의 운영 방식에 동의하지도 않았다.

한번은, 한 다이아몬드 리더의 파트너 몇 명이 그 다이아몬드의 관행을 문제 삼았다. 그들은 그의 사업 방식을 그다지 좋아하지 않았으며, 사업에 있어서도 잘못 전달하는 부분이 많다고 느꼈다. 그들은 롼에게 전화를 하여 그 다이아몬드를 월드와이드에서 '퇴출'시켜야 한다고 주장했다. 해결해야 할 문제를 상의하고자 연락했다기보다 최후통첩을 한 것이다. 나는 PUD에서 롼이 그의 상사와 겪은 일을 떠올리며, 그들이 롼에게 한 행동을 분명히 후회하게 될 거라고 확신했다.

월드와이드를 떠나고 싶은 사람은 언제든지 자유롭게 떠날 수 있지만 누구를 내쫓는 것은 우리 방식이 아니었다. 우린 가족이고, 가족을 내쫓는 경우는 없다. 대신 문제를 해결할 수 있는 방법을 찾아야 한다.

란의 태도는 한결같았다. "우리가 도울 수 있다면 돕겠습니다."

란의 태도는 한결같았다.

"우리가 도울 수 있다면 돕겠습니다. 그러나 월드와이드가 너무 커져서 사업에 제약이 있다고 느끼고 별도로 시스템을 운영하길 원한다면 당신이 직접 시스템을 구축할 수 있도록 돕거나 아니면 다른 시스템에 가입할 수 있도록 도와드리겠습니다."

그는 빌 브릿이 우리에게 보여주었던 태도와 비슷한 태도를 취하려고 노력했다. 우리는 빌의 축복을 받기 위해 함께했던 것이 아니었다. 그리고 우리는 언제든지 우리가 최선이라고 생각하는 것을 선택할 자유가 있었다. 하지만 이 팀은 그런 것에는 관심이 없어 보였다. 그들은 그들만의 방식을 원했고, 이렇게 말했다.

"당신이 그를 월드와이드에서 쫓아내지 않으면 우리가 떠날 겁니다."

란의 반응은 어땠을까?

"글쎄요. 죄송한데, 저는 아무도 월드와이드에서 내쫓을 생각이 없습니다."

그들의 반응은 이랬다.

"네, 그럴 줄 알았습니다."

그리고는 전화를 끊어버렸다. 그게 마지막이었다. 그들은 결국 월드와이드를 떠났다.

그것이 우리가 겪은 첫 번째 팀의 분리였고, 불행히 그 뒤로도 그런 일이 있었다(다행히 그렇게 많지는 않았다).

이것이 두 번째 불문율을 만들게 된 배경이었다.

"크로스라이닝(Cross-Lining)*하지 말고 문제가 발생하면 즉시 업라인에게 알려라."

우리에게 몇 명의 다이아몬드 리더가 속한 그룹이 있었는데, 이들이 만약 서로에 대한 부정적인 마음이 쌓이기 전에 좋은 의도를 가지고 업라인에게 도움을 청했더라면 아마도 해결책을 찾을 수 있었을 것이다. 누군가가 그들의 업라인에게 불만을 품고 자신의 입장을 정당화하기 위해 부정적인 이야기를 퍼뜨리기 시작하면 그것은 결국 그들의 다운라인의 마음에 의심만 심어주는 꼴이 되어버린다. 결국 분리되어 나간 이 다이아몬드 그룹은 다이아몬드 자격을 유지하지 못했고, 그들의 파트너들 대부분은 더 이상 사업을 하지 않는다.

그들이 자기 방식을 고집한 대가로 얼마나 많은 파트너들의 꿈을 잃게 만들었는가? 크로스라이닝은 다른 사람의 사업을 해치는 행위일 뿐만 아니라 팀을 파괴하기 위해 사람들을 모집하는 것이나 다름없다.

우리 모두는 도전에 직면한다. 누구나 좋아하는 것과 싫어하는 것이 있고, 각자 민감한 부분이 있기 마련이다. 하지만 우리는 뒷담화와 건설적인 대화의 차이, 즉 부정적인 말과 부족함을 보완하고자 하는 말의 차이를 알아야 한다. 그리고 무엇이 사업이고 무엇이 사업이 아닌지도 구별할 수 있어야 한다. 당신의 최종 목적은 무엇인가? 동정심을 유

---

* 크로스라이닝은 형제 라인, 즉 같은 스폰서를 가진 사업자들끼리 부정적인 이야기를 주고받는 것을 말한다.

발하여 옳다는 말을 듣기 원하는가? 아니면 옳은 방법으로 문제를 해결하고 싶은가? 두 가지를 동시에 이루는 것이 꼭 가능한 것은 아니다.

뒷담화와 불평의 부정적인 기운은 우리의 어두운 본능을 채우며 사람들 간의 관계를 무너뜨린다. 즉 인정사정 봐주지 않고 허물어뜨린다. 우리는 서로를 존중하고 높여주어야 한다. 그것이 가능하려면 문제가 생겼을 때 다운라인이나 형제 라인이 아닌 업라인과 상의해야 한다. 왜냐하면 문제를 해결할 수 있는 가능성이 가장 높은 사람들이 이들이기 때문이다. 우리의 다운라인이나 형제 라인에게 이러한 부정적인 기운은 스트레스 그 자체여서 전혀 도움이 되지 않는다. 그들은 당신의 부정적인 기운을 해결하는 데 도움을 줄 힘이나 동기가 없으며, 그들 나름대로 문제를 가지고 있어 당신의 도움이 필요할 수도 있다. 반면 당신의 업라인은 당신에게 집중하고 있는 사람들이다. 그들은 당신을 돕는 것을 바탕으로 자신의 미래를 만들어가고 있다.

어떤 부정적인 것도 당신 선에서 끝을 내야 한다. 'The buck stops here(모든 책임은 내가 진다)'라는 문구는 우리에게도 훌륭한 좌우명이다. 그것은 성숙함을 나타내는 말이고 책임감 있는 사람이 되기 위한 본질이기도 하다. 아이들은 사소한 일로 싸우지만, 어른들은 불평하지 않고 어려운 문제들을 감당한다. 만약 당신이 직면한 문제가 해결하기 힘든 것이라면 실질적인 도움을 줄 수 있는 사람들에게 도움을 청하라. 그것 또한 성숙한 행동이다. 변호사에게 혈압을 재달라고 요구하지 말고, 의사에게 차를 수리해달라고 하지 말라. 당신에게 도움을 줄 수 있는 사람에게 손을 내밀어라. 바로 당신의 업라인이 당신에게 도움을 줄 수 있는 사람들이다. 그들은 처음부터 당신에게 이 사업을 권할 만큼 당신을 믿었다는 사실을 잊지 말자.

스폰서와 업라인은 부모와도 같다. 당신은 이 사업에서 그들의 '자녀'이다. 그들은 당신이 잘되기를 간절히 원하며, 당신이 가진 문제를 다양한 관점에서 바라볼 수 있는 경험을 가지고 있다.

어떤 상황이나 문제를 그들에게 알리는 것을 부정적으로 생각할 필요는 없다. 그것은 단순히 해결해야 할 문제일 뿐이다. 반면에 같은 문제가 다운라인이나 형제 라인에게 넘어가면 그건 그냥 부정적인 쓰레기가 된다. 어떤 문제든 상관없다. 당신이 겪은 일 중 가장 고통스러운 일이어서 입 밖으로 내기 힘든 일일지라도 그저 불평을 늘어놓는 것보다는 업라인에게 가져가서 대화를 하면 해결책을 찾을 가능성이 훨씬 더 높다. 그리고 업라인은 누구보다 입이 무거우니 비밀 유지에 대해서는 걱정하지 않아도 된다. 업라인을 제외하고 그 누구도 당신의 문제를 알 수 없다. 왜냐하면 당신의 문제는 그들의 문제이기도 하기 때문이다.

가족의 맥락에서 보면, 다운라인에게 얘기하는 것은 마치 내가 롼이 한 일에 대해 조금 서운하다고 아들 짐에게 가서 이야기하거나 언니에게 투덜거리는 것과 같다. 나에게는 그럴 권리가 없다. 그들도 그들만의 삶이 있고 그들에겐 그들의 문제가 있다. 굳이 나의 문제까지 보탤 필요는 없다. 그래서 문제가 생기면 난 항상 롼에게 갔다. 만약 롼과 나에게 문제가 생길 때면 빌과 페기 브릿을 찾아갔다. 아니면 기도를 통해 아예 궁극의 상위 업라인에게 그 문제를 들고 갈 때도 있었다. 하나님은 항상 우리 곁에 계시고 절대 우리를 거부하지 않으시기 때문이다. 해답은 언제나 위로부터 온다.

그 생각이 발전하여 세 번째 불문율이 탄생했다.

"어느 누구도 난처하게 하거나 폄하하지 말라."

자기 자신을 돋보이게 하기 위해 다른 사람을 깎아내리는 행위는 부정적인 영향을 주는 것 이상으로 나쁘다.

나에게 이 규칙은 나의 옷차림이나 행동으로 인해 론이 난처해지지 않는 것일 수도 있겠다는 생각이 들었다. 그래서 론의 사업 파트너답게 예의를 갖추고 품위 있게 입고 다니려고 노력했다. 평상시 동네를 돌아다닐 때도 내가 어떻게 보일까 고민했다. 흘러내리는 긴 가운을 입고 식료품 가게에 가지는 않았지만, 청바지와 테니스화를 신을 때도 우리 업계를 대표하는 사람처럼 입으려고 노력했다. 갑자기 누군가와 마주칠 수도 있기 때문이다. 이러한 태도는 나의 옷차림, 말투, 행동으로 인해 론이나 우리 사업을 망신시키지 않기 위한 노력의 일부였다. 어딜 가든 나는 나의 하나님, 나의 가족, 우리 사업을 대표하기 때문이다. 나의 말과 행동이 누군가를 무너뜨리거나 수치스럽게 하지 않고 존중하고 높이길 바랐다.

이 사업 덕분에 론은 주님 곁으로 가는 마지막 날까지 나와 가장 친한 친구가 될 수 있었다. 남편과 아내가 파트너로서 함께 일하면서 이렇게 많은 시간을 함께 보낼 수 있는 사업은 거의 없다. 나는 그것을 항상 소중하게 여겼다. 서로를 난처하게 하거나 아프게 한다면 함께하는 시간이 그리 좋지만은 않을 것이다.

이것이 세 번째 불문율을 만든 이유이다. 이 규칙은 우리가 사업을 진행하고 키워나가는 동안 배우자와 좋은 관계를 유지하기 위해서 매우 중요하다. 이 사업은 우리가 결혼했을 때 서로에게 품었던 사랑과 존경심을 회복시켜주었다. 이러한 가치들은 지켜지는 것이 당연하지 않은가.

이 규칙의 또 다른 측면은 유머를 어떻게 사업에 활용할 것인지에 관한 것이다. 시간이 지날수록 사람들은 각자의 프레젠테이션에 '치장'을 하고 그것을 그들만의 고유한 것으로 보이려는 경향이 있었다. 우리 사업의 본질은 다른 사람에게 우리가 하는 일을 따라 할 수 있도록 가르치는 '복제'로, 곧 반복을 의미했다. 그러나 같은 정보를 끊임없이 반복해서 전하려다 보니 '지루함'이라는 덫에 빠지기 쉬웠다. 반복의 지루함을 가장 쉽고 효과적으로 해결하는 방법이 유머이다.

유머는 잘 사용하면 문제가 되지 않지만, 그 과정에서 누군가를 놀림감으로 만든다면 그들의 감정을 상하게 할 수 있다. 실제로 그러한 사례가 있다. 업라인 중 한 명이 다운라인에 대한 농담을 해서 파트너

아버지는 이렇게 말씀하셨다.

"농담을 하거나 부정적인 예시가 필요하다면
자신이 그 농담의 대상이 되고 그 예시가 되어라."

_ 짐 퓨리어

의 마음이 상했고 그들의 관계가 손상되었다. 업라인은 다시 실수하지 않도록 조심해야 했지만 파트너에게 다가가 너무나도 가볍게 "그냥 농담 좀 한 걸 가지고 왜 이래"라고 했다.

다른 사람을 희생시키는 유머는 부정적 동기 부여이다. 다른 사람에게 절대로 부정적 동기 부여를 하지 말라는 말 외에 어떻게 설명해야 할지 모르겠다. 직장 상사들이 부정적 동기 부여를 할 수 있는 이유는 직원들은 직장을 그만둘 수 없다고 생각하기 때문이다. 하지만 암웨이 사업자들은 각자 자기 사업을 하기 때문에 부당한 대우를 참을 필요가 없다. 선의의 경쟁 분위기는 필요하지만, 업라인이 사람들을 수치스럽게 만들거나 핀 성취를 빌미로 서로 과도하게 경쟁하게 만든다면 순식간에 약육강식의 싸움으로 변질될 수 있다. 이런 분위기가 단기적으로는 득이 될 수도 있겠지만 장기적으로는 모두 무너지고 말 것이다.

얼마 지나지 않아 우리는 네 번째 불문율을 만들었다.

"금전 거래를 하지 말라."

암웨이의 오랜 규칙에 따르면, 다른 사람의 보너스를 수령하면 24시간 이내에 지급해야 했다.* 받은 보너스가 입금되는 즉시 각 파트너의 보너스 수표를 발행하여 전해주었는데, 이것은 이해하기 쉽고, 반드시 지켜야 할 중요한 절차였다. 그런데 혹시 이외의 다른 금전 거래가 업라인과 다운라인 사이에 생긴다면 어떨까? 만약 파트너가 경제적으로 어려워져서 비즈니스를 지속하기 위해 현금이 좀 필요한 상황이라면 어떻게 해야 할까? 과연 돈을 빌려줘도 괜찮은 것일까? 좋은 투자 기회

---

* 과거에는 플래티넘 리더가 자신의 다운라인 보너스를 일괄 수령하여 나누어 주었다.

아버지는 이렇게 말씀하셨다.

"처음에는 아무도 이 사업에 관심이 없는 것 같아서 좌절했지만,
시간이 지날수록 감사했습니다."

아버지는 처음의 열다섯 명의 고객을 확보하지 않았다면
생활비로 사업자금을 충당해야 했을 것이라고 말했다.
실현 가능한 사업이라는 것은 이해했겠지만,
여유가 없었기 때문에
실행 가능한 선택지는 아니었을 것이라고 말했다.
이 때문에 아버지는 사업에 대한 '거절'을
잠정고객 확보의 기회로 전환함으로써
자신의 사업이 실행 가능한 기회가 되었다고 했다.
아버지는 현명한 제품 애용을 통해 생활비를 절약하여
초기 사업비용으로 활용할 수는 있지만
복제할 가치가 있는 비즈니스로 만들기 위해서는
반드시 소비자 매출이 필요하다고 늘 가르쳤다.
아버지는 기회를 나눈다는 측면에서 '실패'하였지만
매출을 올리는 소비자 측면에서 성공함으로써
암웨이라는 기회가 합법적인 장기 비즈니스라는
확고한 믿음을 갖게 되었다.

_ 짐 퓨리어

가 생긴다면? 그런 기회를 공유하지 않고 혼자 간직하는 것은 과연 옳은 행동일까?

암웨이 사업을 성장시킨다는 관점에서 볼 때 대출 없이 현명한 소비를 통해 절약한 돈과 소매 판매를 통해 얻은 수익으로 사업을 해나가는 것이 우리가 월드와이드 회원들과 나눌 수 있는 최고의 조언이자 기회라는 사실을 깨달았다.

자립심은 독립적인 자영사업가(IBO: Independent Business Owner)가 성공하기 위해 반드시 필요한 자질이다. 위에서 언급한 규칙을 위반할 때마다 누군가는 큰 대가를 치러야만 한다.

우리는 사업 초기에 이 교훈을 얻은 것이 큰 축복이라고 생각했다. 처음에 롼이 기회를 전달하려고 했던 열아홉 명은 사업에는 관심이 없었지만 롼은 그중 열다섯 명을 소비자로 확보한 덕분에 비즈니스를 진행할 수 있었다. 그는 이 사업이 소매 판매만으로도 수익성이 있고 복제할 만한 가치가 있는 사업이라는 측면에서 '합법적 비즈니스'라고 판단했다.

이런 일도 있었다. 한때 큰 그룹을 이끌던 리더가 단기간에 고수익을 보장한다는 이야기를 듣고 투자를 했다. 그리고 파트너들과 그 기회를 함께 나누고 싶다는 순수한 마음에 정보를 공유했다. 하지만 이 투자회사는 폰지 사기(Ponzi Scheme)임이 밝혀졌으며, 그의 팀에 속해 있던 여러 리

더들이 많은 돈을 잃게 되었다. 그들은 매우 화가 났고, 결국 당국도 개입하게 되었다. 우리는 비즈니스 리더가 되면 적용되는 규칙도 바뀐다는 것을 알게 되었다. 즉 리더의 조언과 그 결과에 따르는 책임은 도덕적으로나 법적으로 더 커질 수밖에 없다.

이번에도 론은 그 리더를 월드와이드 그룹에서 퇴출시키는 대신 해결책을 찾으려고 노력했다. 모든 사람의 신뢰를 되찾기까지 길고 힘든 여정이었지만, 우리는 그 리더에게 소송비용을 빌려주었고 결국 그는 전액을 상환하였다.

또 다른 논쟁의 여지가 있는 영역은 재정 자문 영역이다. 우리는 항

아버지는 이렇게 말씀하셨다.

"짐, 네가 하는 일에만 집중해. 우리는 재정 고문도 아니고,
가족, 영적 상담사, 뭐 그런 사람들이 될 수는 없어.
우리는 암웨이 비즈니스 상담사야.
모든 영역에서 공감하고 어려움과 배운 것을 나누는
친구는 되어줄 수 있지만,
전문적인 조언을 할 수 있는 자격증이 있는 것도 아니고
그런 위치에 있지도 않다는 것을 명심해야 한다."

_ 짐 퓨리어

상 사람들에게 '현명한 사람은 조언자가 많다'는 원칙을 실천하도록 권장해왔지만, 너무 많으면 오히려 도움이 되지 않는다. 누군가가 롼에게 "롼, 저는 ○○를 좀 해볼까 하는데…"와 같은 질문을 할 때마다 그는 항상 같은 방식으로 대답했다.

"글쎄요, 당신이 이야기한 것을 토대로 저 같으면 ○○를 하지만 당신은 내가 아니니 결국 스스로 결정을 내려야겠죠? 그런데 혹시 이런 부분은 생각해보셨나요?"

이렇게 이야기한 후 그들이 하고 싶은 것, 사고 싶은 것, 또는 이직하는 문제 등 그 무엇이든 스스로 판단할 수 있도록 다양한 질문들을 던졌다.

다른 사람의 돈을 존중한다는 것은 그들의 성공을 우선시하고, 그들을 먼저 생각하며, 그들의 필요를 충족시킨다는 뜻이다. 이는 그들이 다른 사람의 도움 없이도 스스로 문제를 해결할 수 있을 만큼 충분한 능력을 지녔다고 믿고 그들을 신뢰하는 것을 의미한다. 사람들은 회의적인 시각으로 이 사업에 뛰어들지만, 그럴만한 이유가 다 있다. 세상에는 무수히 많은 사기가 존재한다. 월드와이드는 무엇보다 신뢰를 우선시하는 안전한 장소가 되어야 한다. 우리는 그 신뢰를 생명처럼 지키고자 한다. 그래서 우리는 다음 네 가지를 절대 하지 않는다.

1. 금전 거래를 하지 않는다.

    (특히 파트너의 돈을 빌리는 행위)

2. 투자를 권유하지 않는다.

    (특히 업라인이 다운라인에게 투자 요청 또는 권유하는 행위)

3. 자선단체 기부를 권유하지 않는다.

(특히 업라인이 다운라인에게 기부 요청 또는 권유하는 행위)

4. 친구나 가족이 하는 다른 사업을 권유하지 않는다.

성경은 "네 보물 있는 곳에 네 마음도 있으리라"(마태복음 6:21)[14]라고 적었다. 우리는 우리에게 중요한 것에 투자해야 한다. 누군가에게 정말 중요한 것이 무엇인지 알고 싶다면 그들이 돈을 어떻게 쓰는지 보라.

만약 우리가 관계를 소중히 여긴다면, 다섯 번째 불문율은 설명이 필요 없을 것이다.

"다른 사람의 배우자를 함부로 대하지 말라."

우리는 서로의 사업, 결혼, 가족을 절대로 농담의 소재로 삼지 않는다. 월드와이드는 결혼의 신성함을 존중한다. 그리고 본인의 가족과 다른 사람들의 가족을 존중한다.

당신이 세상에 뿌린 모든 것은, 그것이 좋은 것이든 나쁜 것이든 심지어 모르는 사이에 뿌려진 것이든, 시간이 지나면 거두게 되는 경우가 많다. 당신이 가르치는 것뿐만 아니라 당신이 말과 행동을 통해 파트너들에게 비친 모습은 고스란히 복제되어 조직에 퍼져나갈 것이다. 만약 당신이 사업을 제대로 하고 있다면 기뻐하라. 어디를 가든 그것을 나누고 다른 사람들에게 모범을 보인다면 그 노력은 배가 되어 돌아올 것이다. 좋은 것을 나누고 사람들의 기대치가 높아지면 당신은 그들에게 도전 가능한 새로운 목표를 제시한 것이다.

그러나 만약 당신이 인색하고 부정적인 태도로 일을 대충한다면 완전히 다른 것을 뿌리는 것이다. 그 결과 열매는 맺지 못하고 잡초만 무성해질 것이다.

안전밸브 : 의견 충돌이 있을 때 할 일

월드와이드는 그후로도 분열과 실수를 겪어야 했다. 그러나 우리는 단지 살아남는 것에 머무르지 않고, 문제가 발생할 때마다 중요한 교훈을 얻었다. 여러 갈등으로 타격을 입긴 했지만 더 강해지고 현명해지는 기회가 되었다. 우리가 직면한 어려움은 사업에 대한 지식은 물론 목표를 달성하는 데 있어 사람들이 필요로 하는 것들을 더욱 명확하고 확실하게 정리해주었다.

사람들의 생각은 모두 다르기에 동의하지 않는 경우도 종종 있었다. 동의하지 않는 사람들이 나쁘다는 뜻은 아니다. 생각이 다르기 때문에 의견 충돌이 있을 때 평화롭게 갈등을 해결할 수 있는 방법이 필요했다는 것이다. 사실 갈등을 해결하는 편이 사업을 그만두거나 그룹을 떠나는 것보다는 확실히 낫다. 그런 이유에서 론은 '안전밸브'라는 개념을 생각해냈다.

론이 우리에게 가르쳐준 것처럼 먼저 LOS*를 지켜야 한다. 당신이 업라인과 관계를 유지하기 위해 최선을 다하지 않는다면, 다운라인이든 업라인이든 그 누구도 당신을 신뢰하지 않을 것이다. 만약 당신이 당신을 돕고 있는 업라인과 의견이 맞지 않는다면, 당신은 그들과 함께하는 것을 불편해하며 피하기 시작할 것이다. 그것은 당신이나 당신의 파트너들에게도 전혀 도움이 되지 않는다. 업라인과의 문제로 어려움을 겪고 있다면, 당신은 그 즉시 암웨이 분쟁 조정 프로세스를 통해 도움을 받을 수 있다.

그러나 암웨이 본사에서(월드와이드 그룹 역시 마찬가지이다) 권장하는 것은 먼저 업라인과 대화를 통해 상황을 정리하는 것이다. 그렇다고 해서 '나는 옳고 당신은 틀렸다'는 태도로 접근해서는 안 된다. 업라인이 당신에게 가르치는 내용이 시스템에서 벗어난 것처럼 보인다는 사

---

* Line of Sponsorship. 사업에 있어서의 네트워크 계보를 말한다.

실을 알리고, 그것에 대해 해명할 수 있는 기회를 줘야 한다. 오해가 있을 수도 있기 때문이다. 이 과정은 두 사람 모두에게 더 나은 의사소통 방법을 배울 수 있는 좋은 기회가 될 것이다.

그러나 여전히 그들이 가르치는 것이 트루 노스가 아니라면 그들의 업라인 멘토에게 그 내용을 확인해줄 것을 요청하라. 그래도 납득이 가지 않는다면 세 명(당신과 업라인, 그리고 그들의 멘토)이 상담할 수 있는 시간을 요청하라. 만약 그들이 요청을 거부한다면 당신은 그들의 업라인에게 직접 연락을 취해서 그 문제에 대해 논의할 수 있도록 요청해야 한다. 만약 그렇게 했는데도 해결하지 못한다면 그 위의 상위 업라인을 참여시키도록 하면 된다.

그 과정은 LOS를 따라 올라가면서 다이아몬드, 그 위의 다이아몬드, 그리고 그 위의 다이아몬드…를 거쳐 문제가 해결되고 모든 관계자들이 화해할 때까지 지속해야 한다. 그래도 해결되지 않으면 월드와이드 그룹 관리팀의 도움을 받기 바란다. 그래도 해결이 안 된다면 이 문제는 암웨이 본사와 IBOAI(Independent Business Owners Association International)를 통해 해결하면 된다. 목표는 가능한 한 오해를 풀고 관계를 유지하는 것이다. 론이 강조한 문제 해결을 위한 접근 방법은 성경 마태복음 18장 내용을 참고한 것이다.

모든 해결책은 다운라인이나 형제 라인이 아닌 LOS의 업라인을 통해 찾아야 한다. WWDB를 떠난 모든 사람들은 먼저 형제 라인에 부정적인 소문을 퍼뜨려 자신을 정당화한 후 함께 떠날 사람들을 모았다. 나는 언제나 그들과 함께 떠난 사람들에 대해 의아해했다. 암웨이는 LOS 내에서 나의 위치를 마음대로 바꿀 수 있도록 허용하지 않는다(그것은 암웨이가 당신이 당신의 LOS 밖에 있는 그 어떤 사람으로부터도 보너스를 수령하도록 허용하지 않는다는 뜻이다). 그렇기 때문에 누군가가 당신에게 팀을 떠나자고 미혹할 때는 왜 그런 제안을 하는지부터 먼저 자문해봐야 할 것이다.

당신이 무엇을 뿌리건 그건 온전히 당신의 선택에 달려 있다. 성공을 원한다면 다른 사람의 삶에 성공의 씨앗을 심어라. 사랑을 원한다면 사랑의 씨앗을 심어라. 그리고 대화할 때마다 누군가에게 영감을 주어라. 변하지 않는 진리는 말한다.

당신이 무엇을 뿌리건 그건 온전히 당신의 선택에 달려 있다. 성공을 원한다면 다른 사람의 삶에 성공의 씨앗을 심어라.

"당신이 대접받고 싶은 대로 다른 사람을 대하라."

이것이 어쩌면 가장 강력한 행복의 원칙이 아닐까.

Principle 11

받는 자가 아니라 주는 자가 되어라.

돈은 꿈을 가능하게 하는

하나의 도구일 뿐이다.

대성당을 지으려는 사람이

망치질에만 사로잡혀서는 안 된다.

11

가장 밝게
빛나는 것

1995년 8월 열린 월드와이드 드림빌더스 정책위원회 회의는 두 가지 이유에서 의미가 있었다. 하나는 분열의 혼란 속에서 회복된 것이고, 다른 하나는 법적으로 월드와이드 드림빌더스의 소유권을 다이아몬드 리더들에게 넘긴 것이다. 아마 후자가 월드와이드 역사상 더 큰 의미가 있다고 할 수 있다.

처음부터 롼은 월드와이드의 주인이 그들이라고 생각했다. 그러나 불행하게도 그 권리를 법적으로 명시할 방법이 없었고 누군가는 그 소유권을 가져야만 했기에 빌의 제안으로 그 책임을 우리가 지게 된 것이다. 그동안 다이아몬드 리더들은 언제나 월드와이드 이사회 역할을 했고, 롼은 월드와이드의 모든 결정에 있어서 이들의 동의를 구했다.

1994년 워싱턴주에서도 유한책임법인(LLC)을 허용하는 법이 채택되었다. 롼은 이 소식을 듣자마자 월드와이드의 소유권을 다이아몬드 리더들에게 이전할 계획을 세웠다.

이 회의를 기점으로 월드와이드는 법적으로 완전히 다이아몬드 리더들의 소유가 되었다. 이 결정으로 인해 월드와이드는 다른 시스템들과 완전히 차별화되었다. 이것이 월드와이드 시스템이 오늘날 세계에서 가장 큰 시스템 중 하나가 된 이유라고 생각한다. 누구든 월드와이드 드림빌더스에서 다이아몬드 자격을 획득하고 1년 이상 유지하면 월드와이드의 오너가 될 자격이 주어진다. 단, 정책위원회의 일원이 되려면 다이아몬드 비즈니스가 해당 수준 이상의 자격을 유지해야만 한다.

그 당시 사람들은 롼이 이러한 조치를 취하는 것을 이해하지 못했다. 심지어 암웨이 본사도 그것에 대해 롼을 비판하며 질문을 던졌다. 아마도 그것이 재앙의 시작이 될 거라고 생각하는 것 같았다.

하지만 롼은 자신의 주장을 고수했다. 우리는 사업이 우리에게 가져다준 모든 보상과 사업 파트너들에게 내린 축복에 그저 감사할 따름이었다. 우리는 월드와이드를 우리가 소유한다는 것 자체가 더 말이 되지 않는다고 생각했고, 이 시스템을 만들고 그 축복을 널리 전파하기 위해 노력한 사람들의 것이어야 한다고 판단했다. 월드와이드는 마음껏 꿈꿀 수 있는 자유와 자기 안의 잠재력을 발휘하여 그 꿈을 성취할 수 있는 기회의 메시지이다. 그리고 다 같이 더 강하고 살기 좋은 가정·국가·세상을 만들어가기 위한 것이며, 하나님이 우리를 부르신 목적에 합당하게 살아가도록 사람들을 돕기 위해 만들어진 것이다. 우리에게는 이러한 기회를 나눌 수 있다는 사실이 우리가 받은 그 어떤 것보다 큰 기쁨이다.

진정한 부

란과 나는 항상 돈이 우리를 행복하게 해줄 수 없다고 강조해왔다. 사람들은 돈을 많이 버는 것, 이 사업에서 새로운 핀을 성취하는 것이 자신을 행복하게 만들어줄 거라 생각하지만, 내 경험상 아무리 큰 액수의 돈이나 높은 핀도 당신을 행복하게 만들어주지는 못한다.

그렇다면 어떻게 해야 행복해질 수 있을까? 당신의 삶에 꿈과 목적이 있을 때, 그리고 란과 나의 경우처럼 그 모든 것이 하나님 뜻에 달려 있음을 알 때 진정한 행복을 경험하게 된다. 그것이 활력 있고 가슴 설레는 삶을 살 수 있는 비결이다.

당신이 누군가를 돕는다는 것, 그들의 삶이 당신과 함께함으로써 더 풍요로워졌다는 것을 아는 것이 행복이다. 당신의 꿈을 이루는 것처럼 좋은 일도 없지만, 그 기분을 10배로 증폭시키고 싶다면 다른 사람들도 꿈을 성취할 수 있도록 도와주어라.

란과 나는 행복한 결혼생활을 시작했지만 아주 가난해서 잡초와 바위가 우거진 공터에 놓인 17미터 길이의 컨테이너 집에 살았다. 우린 빈털터리였지만 행복했다. 이유가 무엇이었을까? 우리에겐 꿈이 있었다. 가족, 친구, 집에 대한 꿈, 우리가 좋아하는 것들을 마음껏 누리는 꿈이 있었다. 비록 그 꿈을 어떻게 이루어야 하는지는 몰랐지만 그건 중요하지 않았다. 우리는 함께 모험을 떠났고, 세상을 상대할 준비가 되어 있었다.

그러나 세상은 우리의 꿈과 희망을 짓밟으려 최선을 다하는 듯했다. 세상은 우리가 꼬리를 살랑살랑 흔드는 강아지가 되길 원했다. 우리가 점점 더 많은 빚을 지길 원했고, 삶에 대한 불만으로 가득 차서 우리에게 분풀이를 하고 싶어하는 직장 상사를 위해 평생 일하길 원했다. 그리고 누군가의 통제 아래에서 온갖 스트레스를 받으며 간신히 입에 풀칠이나 하며 살길 원했다.

그러던 와중에 우리는 이 사업을 만났고 다시 조심스럽게 꿈꾸기 시작했다. 우리가 모은 돈과 부는 결코 우리를 행복하게 만들어주지 못했다. 우리를 행복하게 만든 것은 다시 꿈꿀 수 있는 자유, 그리고 그 꿈들을 이룰 수 있는 자유였다.

꿈들을 성취하고 나니 더 큰 꿈을 주실 하나님을 위한 자유를 누리게 되었다. 그리고 다른 사람들도 같은 경험을 할 수 있도록 돕는 방법을 가르쳐주셨다. 돈은 단지 도구일 뿐이다. 중요하지만 그 자체가 목적이 될 수는 없다.

론은 이렇게 말하곤 했다.

"나는 행복한 빈털터리였고 행복한 부자였습니다. 돈과 행복은 아무런 관계가 없습니다. 당신이 무언가 만들어가고 있다는 것을 아는 것, 목표를 가지고 인생의 네 가지 영역인 가족, 직업, 영적 성장과 재정에 대한 비전을 갖는 것, 이것이 바로 행복입니다."

그 어떤 것도 당신의 꿈을 좌절시키도록 내버려두어서는 안 된다. 하나님은 우리가 좌절하는 이유를 두 가지로 말씀하신다.

1. "두 마음을 품어 모든 일에 정함이 없는 자로다"(야고보서 1:8).

우리는 한 번에 하나의 비전만 가져야 한다.

2. 비전을 가졌지만, 넘을 수 없을 것 같은 장애물이 길을 가로막고 있어서 비전을 성취해나갈 길이 보이지 않을 때 좌절하게 된다.

우리를 찾아온 좌절한 사람들을 이 사업을 통해 돕는 것이 우리의 목표다. 그들의 꿈을 비전으로 바꾸도록 돕는 것이 우리가 해야 할 일이고, 그들이 장애물을 극복하고 꿈을 이룰 수 있도록 돕는 것이 우리의 비전이다.

꿈이 있고 심장이 아직 뛰고 있다면 원하는 삶을 살 수 있는 기회는 얼마든지 있다. 인생은 단순히 결정을 내리는 여정이다. 우리는 그저 당신이 자신의 행복을 위해서 좋은 결정을 잘 내리기를 바란다. 말하자면 꿈을 포기하고 싶은 마음을 참아내는 결정, 성공으로 가장된 숫자나 명예에 현혹되지 않는 결정들을 해야 할 것이다.

성경은 우리에게 선택권이 있다고 말한다. 하나님을 섬길 수도 있고, 돈을 섬길 수도 있다. 많은 사람들은 그것이 우리가 돈을 벌면 안 되는 이유라고 생각한다. 하지만 내 경험상 돈을 얼마나 가졌느냐와 상관없이 돈은 우리의 우상이 될 수 있다. 빚은 우리를 노예로 만든다. 매주 월요일 아침마다 집이 압류되지 않게 하기 위해 출근해야 하는 것만큼 삶을 우울하게 만드는 일도 없다. 결국 돈이 없는 사람들은 돈을 가진 사람들보다 돈을 더 많이 섬기게 된다.

> 돈이 없는 사람들은
> 돈을 가진 사람들보다 돈을
> 더 많이 섬기게 된다. …
> 부에는 책임이 따른다.
> 부는 선하든 악하든 강력한
> 힘이 있다.

롼과 나는 돈을 섬기지 않기 위해 돈을 벌기로 했다. 돈이 우리의 꿈을 위해 일하도록 만들었다. 그리고 다른 사람들이 꿈을 실현할 수 있도록 돕는 데 그것을 활용했다.

돈의 지배를 받지 않기 위해 우리는 우리가 책임질 수 있는 친구들과 사랑하는 사람들이 필요했다. 인생의 여정을 함께할 꿈, 역경, 성공을 나눌 사람들이 필요했다.

많은 사람이 간과하는 부분이지만, 부에는 책임이 따른다. 부는 선하든 악하든 강력한 힘이 있다. 부를 현명하게 다스리기 위해서는 가치를 공유하는 사람들에 대한 책임이 요구된다. 우리는 받는 사람이 아닌 주는 사람이 되어야 한다. 나는 더 이상 배울 것이 없으니 내가 이룬 성취에 안주할 수 있다고 생각하기 쉽지만, 만일 우리가 사랑하고 믿고 존경하는 사람들에 대한 책임을 소홀히 한다면 부는 우리에게 축복이 아닌 저주로 돌변할 수도 있다.

신뢰감 있는 사람들은 다음의 네 가지 특징을 가지고 있다.

신뢰감 있는 사람들의 첫 번째 특징은 연약함(Vulnerability)**이다.**

다른 사람들로부터 쉽게 상처를 받을 수 있다는 뜻이다. 그들은 실망하거나 낙담할 수 있는 상황에서도 위험을 감수하며 기꺼이 자신의 꿈을 이루기 위해 믿음을 한 단계 도약시킨다. 미팅을 위해 네 시간이나 걸리는 거리를 마다하지 않고 달려갔지만 아무도 없고, 지혜로운 조언을 한다고 했는데 파트너는 그 조언을 무시한 채 반대로 행동하고, 인생 최고의 사업 설명을 했다고 생각했는데 아무도 반응하지 않을 수 있다. 그런 일은 얼마든지 일어난다.

그러나 그런 실패를 감수하지 않는다면, 그리고 연약해질 준비가 되어 있지 않다면 결코 성공에 다가갈 수 없다. 실패는 당신을 정의하지 않는다. 오히려 실패가 당신의 동기를 불러일으켜야 한다. 실패는 단순히 배움의 기회를 제공할 뿐이다. 실패를 통해 배우고 다음에 더 잘하면 된다. 모든 "NO"는 "YES"에 한 발짝 더 다가서게 한다. 우리는 실수와 좌절에 좀 더 너그러워질 필요가 있다. 긍정적인 자세로 위험을 감수하라. 마음에 상처를 입더라도 사람들을 축복하려고 노력하라. 그것이 자신을 축복하는 유일한 방법이다.

사업 초기에 롼이 이 사업에 대한 나의 부정적인 태도를 우리 사업을 더욱 빠르게 성장시키기 위한 밑거름으로 사용했다는 것을 너무 다행스럽게 생각한다. 만약 그가 내 말에 굴복했다면, 이 사업을 통해 우리가 경험한 멋진 일들은 말할 것도 없고, 우리 아이들을 내가 직접 키울 수 있는 기회도 놓쳤을 것이다. 내 생각이 편협했다는 것을 인정한다. 우리의 관계를 더욱 돈독하게 하고, 경제적으로 안정되고, 좋은 친구들과 멋진 여행을 하고, 자녀와 손주들에게 멋진 유산을 남길 수 있는 기회 앞에서 열린 마음을 갖지 못했다.

이 사업에서 누군가를 후원한다는 것이 어떤 의미인지 기억하길 바란다. 그것이 월드와이드가 존재하는 이유이다. 사업을 전할 때, 그들이 이 사업의 가능성을 보지 못하더라도 절대로 화내지 말라. 당신이 그곳에 있는 이유는 당신을 위해서가 아니라 그들을 위해서다. 그들을 축복하기 위해 있는 것이니 조금 기다려주길 바란다. 만약 이 사업이 그들을 위한 사업이라면, 그리고 이 사업으로 성공하여 가족을 행복하게 할 수 있다면, 그들도 내가 그랬던 것처럼 결국 돌아올 것이다.

그들을 사랑하고 축복하라. 그리고 그들과 긍정적인 관계를 유지하

라. 그들은 당신을 거절한 것이 아니다. 이 사업의 기회를 거절한 것이다. 그것 때문에 자존심에 금이 갔다고 생각하지도 말고, 포기하고 싶다는 생각도 하지 말라. 이 사업으로 성공한 사람들을 보라. 그들이 어떠한 행동을 하는지, 그들이 어떻게 계속 앞으로 나아갈 수 있는지, 그리고 그들이 누리는 자유를 어떻게 다른 사람들과 나누는지 잘 지켜보라. 그들이 바로 당신에게 등대가 되어줄 것이다.

신뢰감 있는 사람들의 두 번째 특징은 배우려는 자세(Teachability)다.

그들은 단지 배우려고 하는 것을 넘어 지식을 갈망한다. 듣는 귀는 빠르고, 자신과 자신의 행동을 정당화하기를 더디 한다. 그들은 말하기 전에 다른 사람들이 하는 말에 귀를 기울이며 고민한다. 자신의 문제점을 바로잡을 자세가 되어 있기에 상담이 충분히 가능하다. 만약 그들이 뭔가 잘못하고 있다면, 문제가 확대되기 전에 업라인이 연락하여 그 문제에 개입해주길 원한다. 그들은 같은 실수를 반복하는 대신 다른 사람의 경험으로부터 배우길 원한다.

평소에 존경하는 지인들이 그들의 사업에 관심을 가지고 물어봐주길 바라며, 필요하다면 사업의 방향을 점검해주길 바란다. 그들은 업라인의 전화 목소리만 들어도 가슴이 설렌다. 업라인과 마주 앉아 대화를 나누며 그들의 조언을 듣거나 칭찬받기를 고대한다. 다른 사람들이 그들의 성취에 주목하길 원하며, 더 큰 성취를 얻기 위한 업라인의 조언에 귀 기울인다. 그들은 자존심 상해하거나 방어적인 자세를 취하지 않으며, 이렇게 말한다.

"제가 그걸 몰랐네요. 알려주셔서 정말 감사합니다."

신뢰감 있는 사람들의 세 번째 특징은 적극성(Availability)이다.

그들은 사람들과 친해지고 만나는 것이 어렵지 않으며, 어떤 일을 하는 도중에도 다른 사람들이 끼어드는 것을 기꺼이 허용한다. 잘되길 바라는 마음이 크기 때문이다. 누군가가 위급한 상황이 발생하여 새벽 2시에 전화를 걸어도 화내지 않고 도움을 준다. (그렇게 얘기는 했지만 진짜 응급한 상황이 아니면 새벽 2시에 전화하는 일은 없길 바란다.)

만약 그런 연락을 받는다면, 대부분의 사람들은 새벽이라 고민을 할 것이다. 그러나 그들은 전화를 받고 어떻게든 도움이 되려고 할 것이며, 필요하다면 기꺼이 그곳으로 달려갈 것이다. 가족(자녀, 배우자, 부모)에게 언제나 준비된 사람이듯이, 월드와이드 가족에게도 분명히 필요한 사람일 것이다.

신뢰감 있는 사람들의 네 번째 특징은 정직함(Honesty)이다.

그들은 진실을 받아들이기 힘든 상황에서도 솔직하려고 노력한다. 진실을 인정하고, 자신을 방어할 목적으로 돌려 말하지 않는다. 허풍과 거짓을 싫어하며 거짓말을 하지 않는다.

이 사업에서 성공하기 위해서는 업라인과 다운라인에 대한 책임감이 있어야 한다. 연약하고, 배우려는 자세를 견지하며, 적극적이고, 정직을 소중하게 여기는 리더가 되어야 한다. 받는 사람이 아닌 주는 사람이 되어라. 남들로부터 부당한 대우를 받더라도 옳은 일을 선택하라. 주먹을 날리는 대신 다른 쪽 뺨을 내밀라. 때로는 작은 싸움에서 지는 것이 더 큰 승리를 위한 현명한 선택일 수 있다. 항상 옳을 필요는 없지만, 항상 옳은 일을 하려는 마음은 중요하다.

질문할 준비를 하고, 어려운 질문을 받을 준비도 하라. 모르는 것이 있다면 시간을 들여 답을 찾으면 된다.

룐이 한번은 이런 말로 회의를 마쳤다. 이 글은 그가 항상 강조하던 '받는 삶이 아닌 주는 삶'의 좋은 표본이 된다고 생각한다. 이 글은 1968년 켄트 키스(Kent M. Keith)라는 학생운동가(하버드대학교 학생)가 쓴 〈역설적 계명(The Paradoxical Commandments)〉이라는 글이다. 테레사 수녀는 이 작품을 너무 좋아해서 캘커타 아이들을 위해 자신의 집 벽에 적어놓았다고 한다.

사람들은 논리적이지도, 이성적이지도 않으며, 자기중심적이다.
그래도 사랑하라.
당신이 친절을 베풀면 숨은 의도가 있다고 의심할 것이다.
그래도 친절하라.

당신이 성공하면 거짓 친구들과 적들이 생길 것이다.

그래도 성공하라.

당신이 오늘 선을 행해도 내일이면 잊혀질 것이다.

그래도 선행을 베풀라.

정직하고 솔직하면 불이익을 당할 것이다.

그래도 정직하라.

큰 뜻을 품고 살아가면 그렇지 않은 사람들에 의해 넘어질 수 있다.

그래도 큰 뜻을 품으라.

사람들은 약자의 편을 들면서도 강자만을 따른다.

그래도 약자를 위해 싸우라.

오랫동안 공들여 쌓은 탑이 하룻밤 사이에 무너질 수도 있다.

그래도 탑을 쌓으라.

도움이 필요한 사람들에게 도움을 주고도 공격받을 수 있다.

그래도 도우라.

당신이 가진 모든 것을 주어도 세상은 당신을 걷어찰 것이다.

그래도 가장 좋은 것을 주어라.[15]

사람들은 우리의 최선을 필요로 한다. 반짝이는 모든 것이 금은 아니다. 가장 반짝이는 것은 당신의 노력에 감사하는 사람들의 눈에 맺힌 눈물이다. 그들에게 언제나 당신의 최선의 것을 주어라. 결국엔 그렇게 한 당신이 스스로 자랑스러울 것이다.

Principle 12

성공적인 가정은
안전하고 배움이 있으며,
최고의 잠재력을 발휘할 수 있도록
서로를 사랑으로 이끈다.

WWDB 가족을 위해서도
이와 같이 할 수 있다면
당신의 사업 역시 성장할 것이다.

12

우리의 언어로
소통해야 하는 이유

우리는 월드와이드 첫 40년 동안 멋진 모험을 하며 특별한 시간을 함께 보냈다.

재미난 일도 많았다. 멕시코에서 사업을 시작했을 때 롼이 뇌물을 받는 상황으로 몰릴까 봐 급히 멕시코를 떠난 일도 있었고, 루비(Ruby) 핀 도전을 기념하기 위해 마이크(Mike)와 로빈 캐롤(Robin Carroll), 그리고 다른 두 커플이 패밀리 리유니온 도중에 롼을 설득해 함께 스카이다이빙을 한 일도 있었다. 또 브릿 그룹과 WWDB의 몇몇 다이아몬드들이 함께 그리스와 다른 여러 곳으로 환상적인 여행을 갔던 것도 생각이 난다. 정말 멋진 추억들이 많다. 그 이야기들을 적을 지면이 부족하다는 것이 아쉬울 따름이다. 아무래도 책을 한 권 더 내야 할 것 같다.

이 모든 것이 특별한 이유는 월드와이드가 하는 일이 결국 가업을 만들어가는 일이기 때문이라 생각한다. 퓨리어 가문을 만들어가는 것을 말하는 것이 아니라, 물론 우리가 그 시초이긴 하지만, 모든 구성원(모든 IBO 부부와 개개인)이 마치 우리가 형제, 자매, 자녀이고 손자, 손녀인 것처럼 서로를 가족처럼 생각하는 그런 시스템을 구축해가고 있는 것이다.

우리에게는 태어난 가정과 선택한 가정이 있다. 월드와이드 가족은 랸과 내가 선택한 가족이다. 월드와이드에서 여름 행사를 '패밀리 리유니온(Family Reunion)'이라고 부르는 데는 이유가 있다. 진짜 그렇기 때문이다.

행사는 말 그대로 형제자매들, 고모 삼촌들, 부모와 사촌들이 오랜만에 재회하는 모임이다. 이것이 우리가 서로를 돕고 격려하는 방식이다. 세계적으로 이런 그룹을 찾기는 쉽지 않을 것이다.

왜 가족이라고 할 수 있을까? 가족 안에는 롤모델이 있다. 그리고 사랑, 지원, 안정과 안전 등 국가에 기여할 수 있는 훌륭하고 책임감 있는 어른이 갖추어야 할 모든 것을 제공해준다. 사업에서도 롤모델이 필요하다. 누구도 이 사업에 대해 다 알 수는 없기 때문이다. 대규모 행사들도 진행하고 있다. 이런 기회를 통해 풍부한 경험을 가진 성공자들의 이야기를 듣고 그들의 멋진 모습을 눈으로 직접 확인하는 동시에 그들의 마음을 이해하고, 그들이 사업을 구축하는 데 도움을 준 원칙들을 배울 수 있다. 우리는 그들이 지키려고 했던 규칙과 실천 방법을 배워야 한다. 이러한 규칙들을 잘 지켜나가기 위해서는 사랑과 따뜻한 훈육이 필요한데, 피·땀·눈물의 고된 시간을 견딜 수 있게 한 그들의 꿈은 도대체 무엇이었는지 들을 필요가 있다. 그것이 내가 이 책을 집필하자는 제안에 동의하게 된 이유이다. 이러한 것들은 잊혀져서는 안 된다. 월드와이드의 한 세대가 다음 세대로 성화를 넘겨주듯, 나는 당신이 우리가 상상하지도 못할 만큼 번영하기를 바란다. 우리가 멈춘 곳에서 우리의 어깨를 딛고 일어나 월드와이드 식구들과 그들의 손길이 닿는 모든 나라에서 더 나은 미래를 만들어주길 바란다.

우리 모두에게는 꿈꿀 수 있는 능력이 있다. 그래서 우리는 모였다. 이 사업에서 우리는 부모 자식과도 같다. '부모'는 우리를 이 사업으로 안내한 사람들이고, '자식'은 우리와 함께 이 사업에 동참한 사람들이다.

자식들은 자라서 새로운 사람들을 암웨이 가족으로 안내함으로써 그들의 '자녀'를 낳게 될 것이다. 그렇다면 부모들이 가장 바라는 것은 무엇일까? 그들이 큰 성공을 거두는 것이 아닐까? 어쩌면 당신은 그들이 돈을 많이 버는 것뿐만 아니라 인격적 성장을 통해 진심으로 행복하고 성취감 가득한 삶을 살게 되기를 바랄 것이다.

당신이 만약 암웨이 사업을 가족의 관점에서 바라볼 수 있다면, 반드시 성공할 것이다. 파트너를 자녀처럼 사랑하고 섬길 수 있다면, 자녀에게 오래 참는 것처럼 파트너에게도 인내심을 가질 수 있다면, 그들은 성숙해지고 번영할 것이다.

그들이 성숙해질 수 있도록 마음의 여유를 갖고 기다려줄 수 있다면, 그리고 그들을 판단하지 않고 사랑할 수 있다면, 당신은 그들의 성장과 성공을 경험하게 될 것이다. 당신이 그들의 장점을 격려하고 단점

을 인내한다면, 하나님도 당신을 강력한 도구로 사용하실 것을 우리는 믿는다. 당신은 이제 당신의 잠재력을 깨우고 다른 사람들이 그들의 능력을 발휘할 수 있도록 돕게 될 것이다. 롼과 나는 그것이 하나님께 돌려드릴 수 있는 최고의 선물이라고 믿는다.

이 사업을 하면 배울 것이 참 많다. 꿈을 실현하기 위해서는 성장과 변화가 필요하다. 사람들과의 신뢰가 쌓이고, 서로 필요할 때 언제든 지 도울 준비가 되어 있으며, 안정감 있고 사랑이 넘치는 환경에서는 성장과 변화가 잘 이루어진다. 가족이 하는 일이 바로 그런 일이다. 누 군가 당신을 비웃거나, 미팅에 아무도 나타나지 않거나, 전화 받기가 두려워지는 순간 당신이 기억해야 할 것은 이것이다.

"그래, 난 할 수 있어!"

분명 이 한마디가 마지막 남은 희망을 잡고 버틸 수 있게 해줄 것이다.

당신이 자녀를 바라보는 시선으로 파트너들을 바라보고, 그들이 성 공을 원하는 것보다 더 간절하게 그들의 성공을 원할 때 당신은 자신 에게 향해 있던 시선을 '자녀'에게 돌리며 뜻밖의 축복을 경험하게 될 것이다.

부모처럼, 당신에겐 두 가지 역할이 주어져 있다. 아버지로서 가족 의 성공을 위한 특별한 계획이 필요하고, 자식으로서 조부모의 지혜를 반영할 수 있어야 한다. 자녀들의 삶에 개입하며 조언을 해줘야 할 때 와 들어줘야 할 때, 도움을 줘야 할 때와 실수를 하더라도 스스로 결정 을 내리게 해야 할 때의 균형을 생각해야 하고, 언제 그들을 위로하고 언제 "그 정도면 됐으니 이제 다시 꿈을 위해 뛰자!"라고 말할지 고민 해야 한다. 그러한 균형은 조화와 결속을 만들어 생산성을 향상시키며 훌륭한 열매를 맺게 한다.

그러한 능력이 키워지면 자녀들이 부모의 성공을 본받듯 당신이 후원하는 사람들도 번창하게 될 것이다. 파트너인 '자녀'들은 플래티넘이 될 것이며, 암웨이는 그들을 플래티넘 그룹의 리더로 인정할 것이다. 그렇게 되면 그들의 책임감은 커질 것이고, 당신은 그들을 격려하며 함께 팀을 키워나갈 수 있을 것이다.

나는 사람들에게서, 우리가 했던 모든 일에 감사하며 론이 그들의 삶에 긍정적 영향을 줬다는 이야기를 들을 때 뭐라 감사의 말을 할지 모르겠다. 정말 감동이다. 그러나 사실 론과 내가 한 일은 별로 없다. 우리는 그렇게 대단한 사람들이 아니다.

그래서 이 모든 공과 영광을 하나님께 돌릴 수밖에 없다. 그가 우리를 인도하고 가르쳤다. 하나님을 향해 나아가다 보니 축복의 통로로 쓰임 받는 행운을 누렸다. 우리의 발걸음에 그분의 선하심, 은혜, 그리고 모든 것에 대한 주권이 없었다면 우리가 걸어온 길에서 그 어떤 것도 성취하지 못했을 것이다. 우리는 결코 이 사업을 해내지 못했을 것이고, 월드와이드 그룹을 만들지도 않았을 것이다. 우리는 평범한 사람들이었다. 하나님께서는 이러한 원칙과 실행으로 우리를 인도하셨고, 우리는 그분을 따라야 한다는 것을 알았다. 우리의 힘은 언제나 주님이시며 구세주이신 하나님으로부터 왔다.

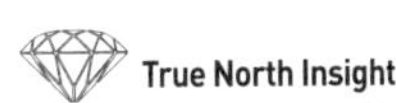

사실 론과 내가 한 일은 별로 없다. 우리는 그렇게 대단한 사람들이 아니다. 그래서 이 모든 공과 영광을 하나님께 돌릴 수밖에 없다. 그가 우리를 인도하고 가르쳤다.

나는 당신도 스스로 답을 찾고, 롼과 내가 믿는 하나님께서 당신을
이 땅에 보내신 모습 그대로 살아가기를 희망하고 기도한다. 이보다
더 큰 성취와 행복이 어디 있겠는가?

4개의 기초

마지막으로, 롼이 제시한 비즈니스 성장 방법의 기본 원칙과 실천
방안에 대해 이야기해보겠다.

기초 1 : 10코어*에서 정해놓은 일의 양을 채우라.

10코어(부록 B 참고)가 습관이 될 때까지 매일, 매주 꾸준히 실천하며
반복하라. 학습과 훈련을 통해 당신이 얼마나 많은 성취를 해낼 수 있
는 사람인지 알게 될 것이다. 사업의 중요한 결정은 최소 1년 이상 사
업을 경험해본 후 내리는 것을 권고한다. 10코어 습관을 만들어 그것
이 사업을 처음 시작했을 때 이루고자 했던 꿈으로 이끌어가게 하라.
그 이후에는 어디로 가야 할지 알게 될 것이다. 이것이 당신의 여정에
서 첫 번째 언덕의 정상이 될 것이고, 앞으로 펼쳐질 가능성을 더 넓은
시야로 바라보게 되는 첫 번째 기회가 될 것이다.

기초 2 : 영적인 우선순위를 따르라.

사업을 구축해나갈 때는 결혼, 가족, 재정, 신앙 등에서 진정으로 중

---

* 10코어의 실천 기준은 WWDB가 정한 최소 기준이다.

요한 것이 무엇인지 우선순위에 주의를 기울여야 한다. 균형 잡힌 삶을 추구하라. 당신은 동기의 원천이므로, 당신을 움직이게 할 만큼 충분히 큰 꿈을 가지고 있는지 확인하라. 그래야 삶의 우선순위를 지키고, 다른 사람들에게 바르게 행동할 수 있다.

기초 3 : 다섯 가지 불문율을 지키라.

불문율을 깨는 순간 당신의 신뢰는 바닥으로 떨어질 것이다. 사업의 규모가 커질수록 이러한 규칙들은 더욱 중요해진다. 사람들이 당신이 하고자 하는 것 이상을 할 거라는 기대는 하지 말라. 오히려 당신이 그들이 기대하는 것보다 더 많은 것을 해야 한다. 파트너들 보기에 자신의 이익을 먼저 챙기는 사람으로 보이지 않도록 조심하라. 성경은 우리에게 "가르치는 자는 더 엄격한 심판을 받게 될 것이다"[16]라고 말한다. 리더는 원래 더 높은 잣대로 평가받기 마련이다.

기초 4 : 트루 노스의 길에서 절대 벗어나지 말라.

자기 방식을 고집하지 말고 지혜를 따르라. 당신의 자아가 진로를 방해하지 않도록 하라. 믿음을 가지고 꿈을 비전으로 바꾸라.

노력 없이 얻어지는 보상은 없다. 다른 사람들이 보상을 이야기할 때 들으려 하지 말고, 그들이 사업을 하며 겪었던 고충을 나눌 때 귀 기울여 들으라. 당신이 겪은 어려움과 그들의 어려움을 비교하며 당신도 그들처럼 충분히 해낼 수 있다는 것을 믿고, 당신이 정복할 산을 오를 수 있는 용기를 얻으라. 비전을 품고 있다면 절대로 산 중턱에서 주저앉지 않고 정상을 밟게 될 것이다. 정상에서 바라볼 장관을 마음속에 그리며 어려운 순간들을 이겨낼 수 있도록 스스로를 단련해야 한다.

롼과 나의 인생을 돌이켜보면 역경이 우리를 얼마나 성장시켰는지 알 수 있다. 도전은 언제나 더 크고 더 나은 무언가를 향한 디딤돌이 되었다. 문이 하나 닫히는 것은 우리가 열 수 있는 또 다른 문을 찾을 수 있는 기회였고, 그렇게 찾은 문은 언제나 우리 꿈과 더 가까운 곳에 있었다. 긍정적인 자세를 유지할 수 있다면 반드시 문은 찾을 것이다. 성경은 "두드리라. 그러면 열릴 것이다"라고 했다.

역경이라는 수단을 통해, 당신이 대충 타협하고 나갈 수 있었던 문을 닫아주신 하나님께 훗날 감사하게 되기를 바란다. 인생은 원래 그런 것이다.

각각의 장애물은 꿈과 그것을 이룰 방법을 재점검할 수 있는 좋은 기회이다. 그것을 받아들이면 어느 순간 더 나은 방향으로 나아가는 자신을 발견하게 될 것이다. 올바른 자세로 좌절을 받아들인다면 당신의 비전은 언제나 당신의 상황을 이긴다.

비전이 현실이 되고 목표를 달성한 후에는 어떻게 해야 할까? 하루 동안 실컷 즐기고 자축하라. 그런 다음엔 그 성공을 다음 꿈을 향한 발판으로 삼아라.

성공을 향한 도전을 멈추지 말라. 성장

하고 더 많은 것을 이룰 수 있는 새로운 목표를 설정하라. 그것이 바로 인생이다.

론도 나처럼 말했을 것이다. 목표를 향해 나아가라. 꿈을 좇아라. 이 사업이 당신에게 우리가 경험한 것 이상의 축복이 되길 바란다. 우리는 하나님께서 당신을 위한 원대한 계획을 갖고 계시다는 것을 믿는다. 월드와이드 가족이 당신을 지원하고, 당신이 이곳에서 경험하게 될 사랑이 당신의 삶을 지탱해줄 것이다.

당신이 이루어낼 성취가 벌써부터 기대된다.

트루 노스의 12가지 원칙

Principle 1

당신의 과거는 당신의 미래를 결정하지 못한다.
꿈꿀 수 있는 능력과 성장하고 기꺼이 일하려는 의지가 당신이 원하는
비즈니스와 삶의 토대를 만들어갈 것이다.

Principle 2

모든 역경은 더 큰 유익의 씨앗을 품고 있다.
역경이 기회의 문을 하나 닫을 때 당신은 더 나은 문을 열 용기가 있는가?

Principle 3

꿈은 당신의 목적지이며, 비전은 당신을 그곳까지 이끌어줄 지도다.
꿈이 비전이 되지 않는다면 그 꿈은 결국 사라지고 말 것이다.

Principle 4

가능성에 머무르지 말고, 그것을 이루어라. 꿈을 이룰 수 있는 사람이
될 때까지 스스로 성장하라. 그리고 당신을 계속 앞으로
나아가게 할 더 큰 꿈을 찾아라.

Principle 5

오직 자신만을 위한 삶은 공허하다. 사랑하는 사람들을 위해 의미 있는
유산을 남기고 싶다면 더 큰 무언가를 위해 살며 그것을 열망하라.

Principle 6

직원은 주어진 일을 하고, 오너는 자신의 꿈을 위해 최선을 다하고,
성공하는 리더는 목적, 시스템, 그리고 그것들의 관계를 이해한다.

Principle 7

비즈니스와 세상을 변화시키는 일에는 언제나 더 높은 정상이 존재한다.
승리를 만끽하되 새로운 꿈을 추구하라. 그렇지 않으면 당신은 정체될 것이다.

Principle 8

이 사업에서 당신은 혼자가 아니다. 이미 그 길을 걸어간 사람들이 있고
그들은 성공의 열쇠를 쥐고 있다. 그들에게서 배우라.

Principle 9

성품은 성공의 토대이다. 성격은 사업을 성장시킬 수 있지만,
성품은 그것을 지켜내고 더 높은 수준으로 끌어올릴 수 있다.

Principle 10

당신이 동경하는 것을 모방하라.
사업과 인간관계에 뿌린 것은 결국 몇 배로 돌아올 것이다.

Principle 11

받는 자가 아니라 주는 자가 되어라.
돈은 꿈을 가능하게 하는 하나의 도구일 뿐이다. 대성당을 지으려는 사람이
망치질에만 사로잡혀서는 안 된다.

Principle 12

성공적인 가정은 안전하고 배움이 있으며, 최고의 잠재력을
발휘할 수 있도록 서로를 사랑으로 이끈다. WWDB 가족을 위해서도
이와 같이 할 수 있다면 당신의 사업 역시 성장할 것이다.

이상적인 비즈니스

론 퓨리어

"생각은 리허설이다." 프로이트가 한 말이다.
생각은 절대로 행동을 대신할 수 없다는 뜻이다. 이 말은 아직도 나에게 투자뿐만
아니라 세상 그 어떤 분야에서도 행동을 대체할 수 있는 것은 없다.[18]

리처드 러셀(Richard Russel)

다음은 〈2012 스프링 리더십 : 오디오 #WW651〉 스피치에서 발췌된 내용이다.

몇 년 전 우연히 리처드 러셀의 편지를 발견했습니다. 1977년 9월 8일 자 다우(Dow) 이론에 관한 편지였는데, 그 편지에는 '이상적인 비즈니스'에 대한 그의 고민이 담겨 있었습니다. 그의 생각을 논리적으로 정리한 내용이었지만, 그조차 이상적인 비즈니스가 어떤 비즈니스인지는 알지 못했습니다. 심지어 그는 '아직까지 그런 비즈니스는 존재하지 않는다'고까지 덧붙였습니다.

그렇다면 러셀이 정리한 이상적인 비즈니스 이론에 암웨이를 대입해보면 어떨까요? 그는 '이상적인' 사업의 요건을 11가지로 정리해서 설명했습니다.

첫 번째 요건은 세계적으로 판매되는 아이템이어야 한다는 것입니다.

암웨이가 얼마나 이 요건에 맞아떨어지는지 한번 볼까요? 그는 이렇게 적었습니다.

'이상적인 사업이 되려면 한 동네, 한 도시, 한 지역보다는 세계 어디에서나 판매가 가능한, 다시 말해 큰 시장을 가지고 있어야 한다.'

암웨이는 어떻습니까? 세계 85개 지역 및 국가에 존재합니다. 그 정도면 충분하지 않을까요? 맞습니다. 상당한 규모를 자랑합니다. 사실상 이것은 사업의 가능성이 무한하다는 의미도 되죠. 한계가 없습니다.

암웨이는 절대 여러분에게 "글쎄요, 당신은 그 정도까지만 할 수 있고, 그 이상에 대해서는 보상해드릴 수 없습니다"라고 하지 않습니다. 대신 "우리 사업은 안전합니다. 만족보증제도가 있기 때문에 불만이 있으시면 환불해드리겠습니다"라고 합니다. 회원 등록을 하셔도 사실상 아무런 리스크가 없습니다. 누구나 시작할 수 있습니다. 조지아 리와 나처럼 돈 없고 바쁜 사람들도 얼마든지 할 수 있고, 우리가 해냈다면 여러분도 할 수 있습니다.

이것이 바로 암웨이 사업의 장점 중 하나입니다. 이런 사업을 나는 본 적이 없습니다. 암웨이가 우리에게 사업적으로 안전한 발판을 제공하고 천장은 제거해버린 것이죠. 암웨이는 이렇게 말합니다.

"우리는 당신을 제한하지 않습니다. 당신의 유일한 한계는 당신이 얼마나 크게 꿈꿀 수 있느냐입니다. 얼마나 많은 사람들을 후원하고, 얼마나 많은 사람들이 성공할 수 있도록 도와주실 건가요? 그것이 바로 당신의 한계입니다."

그 목표는 주어지는 것이 아니고 스스로 정하는 것입니다. 따라서 암웨이는 이상적인 사업의 첫 번째 요건에 잘 맞아떨어지는군요. 그렇지 않나요?

이제 두 번째 요건으로 넘어가보겠습니다. 이상적인 사업이 되려면 아이템이 비탄력적 수요의 제품이어야 합니다. 다시 말해, 사람들이 가격과 상관없이 필요로 하는 제품이어야 합니다.

나도 처음에는 이게 무슨 뜻인지 잘 몰랐습니다. 사전을 찾아봤죠. '비탄력적'이라는 말이 도대체 무슨 뜻일까요? 경기가 안 좋을 때도 필요한 제품이라는 것이죠. 벤츠 승용차처럼 사치품이 아니라는 겁니다. 사치품은 경기가 좋아야 팔립니다. 비누는 주식시장이 어떻든 상관없이 팔립니다. 그것이 바로 비탄력적 수요가 있다는 것을 의미합니다.

암웨이는 비누만 취급하지 않습니다. 수백 가지 경쟁력 있는 제품을 보유하고 있으며, 180일(한국은 90일) 동안 품질을 보증합니다. 그 정도 기간이면 제품이 좋은지 안 좋은지 충분히 느낄 수 있는 기간 아닙니까? 이런 제안을 할 수 있는 회사가 과연 또 있을까요? 여러분, 그것들은 우리가 매일 쓰는 제품들입니다. 장볼 때 채소를 사듯 매일 장바구니에 넣는 생필품이죠. 예를 들어 세제를 한 박스 사서 반 정도를 사용하고 나머지를 가게에 들고 가서 "세제가 마음에 들지 않으니 환불해주세요"라고 할 수는 없겠죠? 아마 그 가게 주인이 여러분을 비웃을 겁니다. 그러나 암웨이는 다릅니다. 환불해줍니다. 믿어지십니까?

이렇게 많은 제품 지원을 받는 사업을 할 수 있는 것만으로도 자랑스럽게 생각해야 합니다. 시중에 판매되는 제품 중 최고의 홈 케어(Home Care) 제품인 암웨이 브랜드를 자랑스러워해야 합니다. 이 제품

266

들은 사용자들로부터 계속해서 좋은 평가를 받고 있을 뿐만 아니라, 여러 수상 경력까지 있습니다. 암웨이 제품은 유기농이라는 말이 사람들의 입에 오르내리기 전부터 유기농이었습니다. 그런가 하면, 다른 어떤 곳에서도 구할 수 없는 퍼스널 케어(Personal Care) 제품도 있습니다. 암웨이가 소유하고 있는 750여 개의 특허를 통해 제품들이 만들어지고, 그 노하우는 우리만이 가지고 있습니다. 대단한 일 아닙니까?

왜 사람들이 암웨이에 대해 이야기하는 것을 부끄러워하는지 모르겠어요. 옥상에 올라가서 외쳐야 하는 거 아닙니까? "드디어 찾았다! 최고의 사업, 완벽한 사업을!" 하지만 여러분이 그것을 믿지 않는다면 누구에게도 확신 있게 말할 수 없을 겁니다.

이 사업에서 성공하려면 시스템을 따르고 성장과 더불어 리더십을 키워가면 됩니다. 존 맥스웰이 진짜 리더가 되는 방법에 대해 강의했을 때[19] 나는 월드와이드 그룹을 생각했습니다. 우리는 그가 가르친 대로 실행해왔고, 그대로 가르쳐왔고, 그래서 지금 이 자리까지 올 수 있었습니다. 우리는 시스템을 따랐고, 중간에 포기하지 않았으며, 우리 자신에게 투자했습니다. 그렇습니다. 우리는 직장이나 상사에게 우리의 미래를 맡기는 대신 우리 스스로에게 걸어보기로 한 것입니다.

우리가 사업을 시작할 때 많은 사람들이 "그 일이 계속 유지될 거라고 생각해?"라고 말한 것이 기억납니다. 어머니는 거의 매일 밤 눈물을 흘리셨는데, 그 이유는 고등학교를 졸업한 유일한 아들이 직장도 없이 암웨이 제품을 판매하고 있다고 생각하셨기 때문이었습니다. 저는 경영대학을 나왔고, 직함이 있는 사무직이었습니다. 매일 와이셔츠와 넥타이를 맸죠. 그런 저를 어머니는 무척 자랑스러워하셨는데, 제가 암웨이 사업을 한다는 사실을 알게 되자 제품도 사용하려고 하지 않으셨습니다. 제품을 가져다드리고 나중에 다시 집에 가보면 세탁용 가루 세제 SA-8이 그대로 쌓여 있었습니다. "왜 이걸 안 쓰세요?"라고 물었더니 "써봤는데 옷에 자꾸 구멍이 나서…"라고 대답하셨습니다. 그러면 제가 "도대체 세제를 얼마나 넣으셨는데요?"라고 되묻곤 했는데, 나중에 알고 보니 써보려는 시도조차 하지 않으셨더군요. 어머니는 제가 암웨이를 계속 하는 것이 싫어서 제품이 좋지 않기를 바랐던 거였습니다. 제가 그냥 예전처럼 멋지고 안전하고 편안한 사무직으로 돌아가 행복하길 원하셨죠. 그녀는 밤새 통조림 공장에서 일했는데, 춥고 힘들고 우울한 일이었습니다. 그래서 제가 제때 나오는 월급과 그럴듯한 신분을 포기하는 것을 정신나간 짓이라고 생각하셨고, 더 이상 허황된 꿈을 좇지 않기를 바라셨습니다. 우리 부부에게 문제가 생기는 건 아닐까, 두려우셨던 거죠.

"가진 것에 만족해. 넌 네 아버지와 나보다 훨씬 더 많은 걸 가졌잖니. 도대체 왜 그걸 전부 포기하려고 하는 거니?"

그렇습니다. 그래서 우리 인생에 대해 조언하려는 사람이 누구인지 잘 판단해야 합니다. 여러분이 가장 사랑하고 존경하는 사람 중 몇몇 사람들은 우리의 의지를 꺾으려고 할 것입니다. 만약 그들이 여러분이 원하는 삶을 살고 있지 않다면, 그들을 사랑하고 존중하되 그들의 조언에는 귀 기울이지 마십시오. 여러분에게 필요한 건 그들의 조언이 아니라 여러분이 원하는 라이프 스타일을 가진 사람들의 조언입니다.

암웨이 사업은 자신의 독자적인 사업을 통해 무에서 유를 만들어낼 수 있는 일이며, 수천 달러의 종잣돈을 필요로 하지도 않습니다.

세 번째 요건으로 넘어가볼까요? 이상적인 사업은 직원을 고용할 필요가 적은 사업입니다.

직원 수는 적을수록 좋겠죠? 암웨이 사업을 시작하기 위해 몇 명의 직원을 고용하셨습니까? 제로입니다. 암웨이 사업은 땀이 자본인 사업입니다. 우리는 땀으로 첫 집을 샀습니다. 그게 무슨 뜻이냐고요? 돈이 없었기 때문에, 빚을 내어 집을 사지 않고 살던 곳을 수리해서 살았다는 뜻입니다. 이럴 경우 돈을 안 쓰는 대신 노동력을 넣어야 하는 것이죠.

이제 네 번째 요건으로 넘어가겠습니다.

이상적인 사업 아이템은 지속적 요구가 있는 제품이어야 합니다. 즉 소모품이자 필수품이어야 합니다. 그래야 제품을 다 쓰고 나서 몇 번이고 반복 구매가 일어나겠죠? 이 사업이 기발한 이유는 여기에 있습니다. 창업자, 리치(Rich DeVos)와 제이(Jay Van Andel)가 이 사업을 시작하면서 느꼈던 가능성도 바로 이것이었습니다.

창업자 두 분은 아마도 가장 영향력 있는 사람으로 역사책에 기록될 겁니다. 그들은 존 맥스웰이 언급한 최고의 리더들과 함께 기억될 것입니다. 그들의 꿈은 세상의 모든 꿈을 담고도 남을 만큼 컸습니다. 두 사람은 정말 세상이 고마워해야 할 특별한 사람들입니다. 생필품은 암웨이의 기반입니다. 유행처럼 왔다 사라지는 그런 아이템이 아니고, 사람들이 살아가는 데 반드시 필요한 제품들입니다.

암웨이 사업이 러셀이 제시한 네 번째 요건에 부합하죠? 상당히 그 조건에 잘 맞아떨어지죠?

다섯 번째 요건으로 넘어갑니다.

이상적인 사업은 비용이 적게 들어야 합니다. 비싼 가게를 얻을 필요가 없고, 전기요금·광고비·법률 자문비 등도 필요하지 않으면 좋겠죠? 우리가 그 회사의 제품을 판매하기 때문에 제조와 관련된 모든 일은 암웨이가 담당하지만, 그들은 우리에게 비용을 청구하지 않습니다. 다른 사업들은 모든 것을 스스로 처리해야 하지만, 이 사업은 그렇지 않습니다. 암웨이 본사가 알아서 처리해주니 비용이 들지 않습니다.

자 그럼, 여섯 번째 요건을 볼까요?

이상적인 사업은 경쟁사가 모방하기 어렵거나 모방이 거의 불가능한 제품들을 생산합니다. 이는 제품을 직접 개발하였거나, 제작하는 데 특별한 노하우가 필요하거나, 저작권 또는 특허에 의해 보호된다는 것을 의미합니다. 우리 사업에 적용해볼까요? 암웨이는 450여 개의 제품과 750여 개의 특허를 보유하고 있습니다. 이 제품들은 다른 곳에서는 절대 구할 수 없습니다. 어떻습니까? 딱 들어맞죠?

일곱 번째 요건으로 넘어갑시다.

이상적인 사업은 막대한 현금 지출이나 장비에 대한 대규모 투자가 필요하지 않습니다. 다시 말해, 당신의 돈이 묶일 일이 없습니다. 우리

270

부부는 40년 전에 사업 시작용 샘플 키트 값으로 29달러를 지불했습니다. 그것을 구입하기 위해 돈을 빌려야 할 만큼 우린 빈털터리였죠. 그러나 그후 단 한 푼도 빌리지 않고 29달러짜리 샘플 키트에서 파운더스 크라운까지 사업을 키웠습니다. 수익은 대부분 사업에 재투자했고, 개인적으로 사용할 돈은 따로 모았습니다. 이 정도면 정말 대단한 사업 아닙니까?

암웨이는 누구나 할 수 있는 사업입니다. 그것이 우리가 "돈이 없어요", "시간이 없어요"라고 변명할 수 없는 이유이기도 합니다. 오늘 이야기를 들으셨다면, 많은 사람들이 바쁜 와중에도 이 사업을 우선순위에 두고 열심히 진행하고 있다는 사실을 알게 되었을 겁니다. 그리고 오늘 무대에 오른 사람들의 사례를 통해 느끼셨을 겁니다. 그들은 누구보다 바쁜 사람들이었습니다. 시간과 돈의 문제가 아닙니다. 결국 우선순위의 문제입니다. 여러분에게 중요한 것은 무엇입니까? 꿈인가요? 아니면 TV인가요?

우리 모두에겐 여유 시간, 비생산적인 시간이 있습니다. 그 시간에 무엇을 하십니까? 아침 8시부터 오후 5시까지는 먹고 살기 위해 일한다면, 저녁 6시부터 자정까지는 내 인생, 우리 가정의 미래를 위해 일해야 하지 않겠습니까? 우리는 평생 시간과 돈의 지배를 받습니다. 하지만 여러분이 후회 없는 삶을 살기 원한다면 퇴근 이후의 시간을 어떻게 활용하느냐가 미래를 결정하게 될 것입니다.

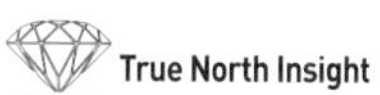

암웨이는 그 비생산적인 시간을 활용하기에 적격이고, 급하게 시작하지 않으셔도 됩니다. 처음부터 주 4~5일 밤을 사업에 할애해야 하는 것이 아닙니다. 여러분이 몇 시간을 이 사업에 할애하는지 시간을 재고 있는 사람은 없습니다. 여러분 스스로가 보스입니다. 일정은 스스로 정하면 됩니다. 여러분이 얼마나 바쁜지는 상관없습니다. 여러분의 일정에 암웨이를 끼워넣고, 우선 일주일에 하루이틀, 저녁 6시에서 자정 사이의 시간을 활용해보시기 바랍니다. 그러나 암웨이를 우선순위에 놓지 않는다면 이것도 쉽지 않을 겁니다. 모든 것은 여러분에게 달려 있습니다.

여덟 번째 요건을 봅시다.

이상적인 사업은 현금 흐름이 원활한 사업입니다. 현금 사업이라는 뜻이죠. 이상적인 사업은 자금을 묶어두지 않아야 합니다. 암웨이가 바로 그런 사업이죠. 아마도 다들 약간의 여유자금은 있으실 거라 생각합니다. 조지아 리와 내가 한 것처럼 해보세요. 우리는 우리 자신에게 투자하기로 했습니다. 처음 몇 년 동안, 모든 수익을 우리 자신과 비즈니스에 재투자했습니다. 이 사업은 미수금도 없고 은행 대출을 받을 필요도 없습니다. 다른 사업처럼 친척에게 손을 벌리거나, 투자자를 찾아다닐 필요도 없습니다. 제품을 애용하면서 사업 설명을 하면 됩니다. 그리고 사업에 관심을 보이는 사람은 후원하고, 나머지 사람들은 소비자로 만드시면 됩니다. 우선 첫 번째 원*을 완성하고 복제해나가

---

* 네트워크상 첫 번째 원은 나 자신을 의미하며, 사업자로서 할 수 있는 일을 한다는 뜻
  이다.

보세요. 이 사업이 되는 사업임을 증명하면 사람들은 이 사업이 안 된다고 반박하기 어려울 것입니다. 그렇게 한번 만들어보겠습니까?

여러분의 무대는 세계입니다. 나와 월드와이드 그룹과 업라인의 지원도 받게 될 겁니다. 또 암웨이 회사가 여러분 뒤에 든든하게 버티고 있습니다. 여러분은 암웨이라는 회사가 존재하는 유일한 이유입니다. 그냥 시작하면 되고, 계속 하면 됩니다.

암웨이의 새로운 사장은 부임 후 가장 먼저 부서장, 관리자, 부사장 등이 모두 참석하는 회의를 소집하여 이러한 메시지를 전달했습니다.

"우리가 가장 먼저 해야 할 일은 조직도를 뒤집는 것입니다. 암웨이와 우리 임원진은 아래에 있습니다. 가장 아래에요. 그리고 암웨이 사업자들은 우리 위에 있습니다. 그들이 아니었다면 우리 중 그 누구도 여기서 급여를 받고 있지 않을 거라는 사실을 먼저 깨달았으면 좋겠습니다. 그들은 당신의 고객입니다. 우리가 섬겨야 할 대상입니다."

정말 대단한 회사 아닌가요? 암웨이는 109억 달러 규모의 회사로, 최우선 과제는 독립 자영사업자인 여러분을 섬기는 것입니다. 여러분, 이런 회사를 만나게 된 것을 자랑스러워하지 않을 사람이 있을까요?

당신이 어떤 영화를 봤는데 정말 재미있었다면 어떻게 하나요? 그 영화를 권하고 싶겠죠? 주변 사람들에게 말하

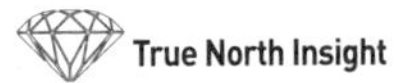

당신이 어떤 영화를 봤는데 정말 재미있었다면 어떻게 하나요? 주변 사람들에게 말하고 싶어지겠죠? "야, 나 진짜 최고의 영화를 봤어!" 라고 말하고 싶어 안달이 나겠죠? 그렇다면 이렇게 말해보는 건 어떨까요? "야, 나 진짜 최고의 사업 기회를 알게 되었어! 정말 완벽한 사업을 만났다니까."

고 싶어지겠죠? 친구들에게 "야, 나 진짜 최고의 영화를 봤어!"라고 말하고 싶어 안달이 나겠죠? 그렇다면 이렇게 말해보는 건 어떨까요?

"야, 나 진짜 최고의 사업 기회를 알게 되었어! 정말 완벽한 사업을 만났다니까."

그럼 상대방은 "그래? 그게 도대체 어떤 일인데?"라고 물어보겠죠?

"왜? 관심 있어? 설명하려면 한 시간 정도 걸리는데, 언제가 좋아?"

세상에나, 정말 쉽죠?

그런데 우리는 지금도 앉아서 돈벌이와 주유비를 걱정하고 있지 않습니까? 주유비를 걱정할 정도면 심각한 상태입니다. 여러분! 만약 여러분이 식료품비를 걱정하고 계신다면 정말 마음이 아픕니다. 하지만 걱정만 하지 말고 이제 뭔가 대책을 세워보면 어떨까요? 자기 자신이나 가족에게 미안해하지만 말고 뭐라도 좀 해봅시다. 그런 스트레스를 받을 필요가 뭐가 있습니까? 이 돈으로 뭘 먹지? 이 돈으로 갈 수 있는 여행지는 어디지? 그런 쓸데없는 고민은 더 이상 하지 않길 바랍니다. 우리는 불경기의 영향을 받지 않습니다. 암웨이 회사도 그렇습니다. 경기와 상관없이 사업을 확장해나갈 수 있기 때문입니다.

러셀의 이상적인 사업 요건 리스트 중 아홉 번째 요건은 정부 및 업계의 모든 규제에서 비교적 자유롭다는 것입니다. OSHA(Occupational Safety and Health Administration, 미 노동성 산하의 산업안전보건청)가 저희 집 앞에 나타난 적이 없으며, 어떤 정부 규제 기관도 우리에게 편지를 보내거나 뭔가 확인하기 위해 찾아온 적이 없습니다. 이유가 뭘까요? 암웨이 회사가 우리를 위해 모든 걸 관리하고 우리가 하는 모든 일이 법의 테두리 안에 있도록 하기 위해서 법률 부서를 따로 두고 있기 때문입니다. 의회와 함께 일하는 로비스트들도 있습니다. 그들은 우리를 위해 최고의 사람들과 함께 모든 일을 처리하고 있습니다. 암웨이는 언제나 최고의 전문가를 고용합니다. 어떻습니까? 이러한 점도 러셀의 요건에 잘 부합하지 않습니까?

좋습니다. 그럼 열 번째 요건입니다. 이상적인 사업은 자유로워야 합니다. 러셀은 원하는 곳 어디에서나 사업을 할 수 있어야 한다고 했습니다. 그러면서 언급한 장소가 플로리다, 캘리포니아, 카나리아제도였는데, 아마도 그때 상황을 고려할 때 그가 상상할 수 있는 가장 넓은 범위를 제시한 것 같습니다. 하지만 우리 사업은 그 범위를 조금 더 확장할 수 있겠죠. 세계 85개 지역 및 국가를 상상해보시죠. 스마트폰 하나면 불가능한 일이 없습니다. 제품 주문, 신규 등록 등 모든 것이 가능합니다. 정말 대단한 사업 아닙니까?

여러분은 오늘 이 무대에 오른 많은 연설자들을 통해 우리가 이 비즈니스를 지금 규모로 성장시키기 위해 지불한 대가에 대해 들었을 겁니다. 이제 우리는 다음 세대인 여러분이 그 기회를 이어받아, 우리가 만들어놓은 기반 위에서 한발 더 나아가 세계에서 가장 성공적인 비즈니스로 만들어주시기를 기대합니다.

그러기 위한 모든 준비는 이미 되어 있습니다. 여러분 앞에는 엄청난 인생이 기다리고 있습니다. 기회의 문은 활짝 열려 있지만, 여러분이 직접 걸어서 그 문을 통과해야 합니다. 만약 여러분 중에 한 분이라도 꿈꾸는 것에 관심이 없거나 그것이 유치하다고 생각하신다면, 모든 성공은 작은 꿈으로부터 시작된다는 사실을 상기시켜드리고 싶습니다. 모든 것은 마음에서 시작되고, 상상력에 달려 있습니다. 생각을 통제하는 법을 훈련하십시오. 모든 부정을 거둬내고 성공한 사람들이 생각하는 것처럼 생각하는 법을 배우십시오. 여러분의 생각을 비전과 꿈에 조율하고, 모르는 것을 배워나가며 성장해가시길 바랍니다. 10코어(부록 B 참고)를 하는 것이 바로 그것입니다.

　마지막, 열한 번째 요건입니다. 가장 중요하지만 간과하기 쉬운 부분입니다. 이상적인 사업은 우리를 매료시킵니다. 사랑하게 되고 푹 빠지게 합니다. 그런 사업은 당신의 모든 지성, 때로는 감정적인 에너지까지 쏟아넣게 만듭니다.

　나는 이 사업이 여러분에게 그런 사업이 될 거라는 사실을 의심하지 않습니다. 이 부분에서 우리 부부는 존 맥스웰과 같습니다. 혹시 존 맥스웰의 은퇴를 상상해보셨나요? 아마 상상이 안 되실 겁니다. 왜죠? 그는 그가 하고 싶은 일을 하고 있기 때문입니다. 그에게 기쁨을 가져다주는 일을 하고 있기 때문이죠. 조지아 리와 나도 마찬가지입니다. 우리는 이미 은퇴한 것과 다름이 없는 삶을 살고 있습니다. 은퇴? '은퇴'가 도대체 뭘까요? 우리에게 은퇴의 의미는 돈의 굴레에서 벗어나 재정적으로나 시간적으로 자유로운 선택이 가능한 삶입니다. 그게 바로 은퇴죠. 나는 서른다섯 살에 이 사업을 선택하고, 그로부터 3년 뒤부터 그런 삶을 살기 시작했습니다. 지금은 더 위대한 사명을 가지고 살고 있습니다. 다른 사람들도 우리와 같은 자유를 누리며 살 수 있도록 만들어줘야 한다는 사명이요.

조지아 리와 내가 해냈다면 여러분도 할 수 있습니다. 우리 얘기는 다들 아시겠지만, 우린 정말 특별한 구석이 하나도 없었습니다. 우리는 그저 인생 전반에 걸쳐 궁지에 몰려 있던 아주 평범한 사람들이었고, 운 좋게도 누군가가 우리 삶에 관심을 보이며 기회를 내밀었을 뿐입니다. 이 독특하고 특별한 사업의 기회를 말이죠. 처음에는 이 사업이 얼마나 독특하고 특별한 사업인지 알지 못했지만, 한 가지는 알고 있었습니다. 나도 할 수 있는 일이라는 것이요. 내 하루의 일정 어딘가에 어떻게든 끼워넣을 수 있을 것 같은 그런 일이었습니다.

어떻게 그 일을 알아들었냐고 묻는다면? 나는 가족을 위해 더 많은 것을 주고 싶은 꿈을 갖고 있었기 때문이라고 답하겠습니다. 그 꿈 때문에 이 일을 시작했고, 즐거울 때나 힘들 때나 화날 때나 낙심할 때도 일희일비하지 않고 그저 묵묵히 이 일을 꾸준히 해왔습니다. 원래 인생이 다 그런 거 아닌가요? 모든 사업이 비슷할 거라 생각합니다. 어차피 인생이 쉽지 않은 거라면 나 자신과 가족을 위해 무언가 만들어가면서 그 과정을 겪으면 어떨까요? 우리는 어떠한 보상이 우리를 기다리고 있는지 알았고, 그것을 위해 달려왔습니다.

여러분은 어떻습니까? 여러분의 꿈은 무엇인가요? 당신의 꿈은 당신을 얼마나 먼 곳까지 데려다줄 수 있을까요? 이제는 여러분 차례입니다. 직접 확인해보시기 바랍니다.

10가지 성공 습관,
10코어[*]

모든 다이아몬드 리더들은 공통적으로 다음의 10가지 성공 습관을 가지고 있다. 하지만 이러한 행동들이 암웨이 회사 또는 월드와이드 회원이 되기 위한 의무사항은 아니라는 점을 미리 밝힌다.

코어 1. 사업 설명하기(Show the Plan)

조직을 성장시키려면 일주일에 두 사람(커플 또는 싱글) 이상에게 사업의 기회를 나누어라. 당신의 목표는 고객과의 친밀감을 높이고, 그들과의 신뢰를 구축하며 이 사업의 기회를 알리는 것이다.

코어 2. 제품 애용하기(Personal Use)

먼저 내 가게의 단골 고객이 되고, 제품의 전문가가 되어라. 구매 습관을 바꾸고, 나 자신부터 계획적인 쇼핑을 습관화해야 한다. 각자의 예산에 따라 금액을 정하고 매월 1일에 정기구독 주**를 설정하라. 이는 사업 자금 조달에 도움이 될 것이다.

코어 3. 소비자 관리하기(Client Volume)

소비자 매출은 최소 50PV에서 시작하여 이글***이 되기 전에 200PV 이상을 구축할 수 있도록 노력하라. 소비자 관리는 수익성 및 사업 자금 조달에 도움이 될 것이다.

코어 4. 상담하기(Be Teachable)

성장하고 있는 업라인 멘토와 진솔하게 소통하라. 성공적인 사업을 구축한 리더와 어울릴 수 있는 기회이다. 이러한 시간을 통해 사람들과 소통하며 연결해나가는 방법을 배우고 발전시키라.

코어 5. 오디오 듣기(Audio)

하루에 적어도 한 개의 오디오를 듣는 습관을 만들어라. 오디오는 당신의 신념, 열정, 지식을 쌓는 데 도움이 될 것이다.

---

*   한국 월드와이드(WWDB-K) 그룹에서 제시하는 10코어는 순서에는 차이가 있으나 대부분 유사하며, 코어 9번과 10번은 북미 사업에만 해당되는 내용이다. 본 서적에 기재된 10코어는 저자의 요구에 따라 수정하지 않고 원서 그대로 번역한 것이며, 한국 월드와이드가 제시하는 10코어는 월드와이드 비즈니스 핸드북을 참고하기 바란다.

** 미국은 이를 DITTO라고 하고, 한국은 장바구니/SOP라 부른다.

*** 한국 월드와이드 이글 기준은 3개 계열 후원이지만, 미국 이글 기준은 6개 계열 후원이고 더블이글은 12개 계열 후원이다.

코어 6. 책 읽기(Read)

WWDB 권장 도서 목록에 있는 책을 하루에 최소 15분 읽으며 독서하는 습관을 들여라. 독서를 통해 리더십, 자기계발, 사업의 원칙들을 배워나갈 수 있다.

코어 7. 미팅 참석하기(Functions)

성공한 리더들은 성공적이고 수익성 높은 비즈니스를 구축하는 방법에 대한 훈련과 동기를 제공한다. 지역(매달 1회)에서 열리는 미팅과 주요 WWDB 행사(매년 4회)에 참석하는 것을 우선순위의 앞에 두어라.

코어 8. 신뢰감 있는 사람 되기(Be Accountable)

자신과 다른 사람들과 한 약속은 끝까지 지켜라. 그리고 다른 사람들이 제공하는 시간과 지식을 소중히 여겨라. 재정적 책임을 지고 아래의 불문율을 지켜라.

1. 새로운 일을 시작할 때는 반드시 업라인과 먼저 상의하라.

2. 크로스라이닝하지 말고, 문제가 생기면 즉시 업라인에게 알려라.

3. 어느 누구도 난처하게 하거나 폄하하지 말라.

4. 금전 거래(예: 투자, 대출, 기부 또는 다른 사업)를 하지 말라.

5. 다른 사람의 배우자를 함부로 대하지 말라.

코어 9. 커뮤니케이트 가입하기(CommuniKate)

예산이 허락한다면 커뮤니케이트(통합 메시징 시스템)* 가입을 권한다. 커뮤니케이트는 WWDB의 주요 소통 도구이다. 이를 통해 리더들의 영감, 동기 부여, 훈련을 받아라. 그 날의 메시지를 들어라. 이 도구를 사용하면 필요에 따라 추천을 통해 멘토와 직접 소통할 수 있다.**

코어 10. 멤버십 가입하기(Premier Membership)

커뮤니케이트 앱과 마찬가지로 예산이 허락한다면 WWDB 프리미어 멤버십 가입을 권한다. 프리미어 멤버십을 통해 비즈니스 보조 자료, 모바일 어플, 리더와 연결하기 등의 혜택과 도구를 이용할 수 있다.***

---

*   WWDB 리더들의 메신저 앱.

**   월드와이드 그룹과 커뮤니케이트 가입, 추천 자료 구입은 의무사항이 아니며, 암웨이 사업을 시작하는 것과 무관하다. 이곳에서 제안하는 방법들을 통해 결과를 만든 사람들이 많으나 당신의 결과를 보장할 수는 없다. 그러나 이러한 아이디어들이 당신의 사업 안정성과 수익성을 높이는 데 도움이 될 거라 믿는다.

*** 암웨이 회원 전용 앱.

방향을 잃지 않는다는 것

이 책을 번역하는 동안 나는 여러 번 멈춰 서서 내가 이 길을 왜 선택했고 지금 어디를 향해 가고 있는지를 다시 생각하게 되었다. 그 질문의 끝에서 남은 단어는 단 하나, 방향성이었다.

2013년, 국제사업(Multiple Business)을 통해 월드와이드 그룹(WWG)과 인연을 맺으면서 나는 이 그룹이 왜 세계적으로 인정받고 지속적으로 성장하는지 조금씩 느끼게 되었다. 그리고 그 중심에는 사람들을 하나로 만들고 지탱하는 원칙과 가치가 있다는 것을 알게 되었다.

롼과 조지아 리 퓨리어 부부의 여정은 결코 순탄하지 않았지만, 그들은 포기하지 않았다. 좋을 때나 나쁠 때나, 좌절할 때나 실망할 때나 같은 선택을 했다. 그 선택은 단순했다. 계속 한다는 결정, 그리고 방향을 바꾸지 않겠다는 약속이었다.

2026년 Global FCA 김일두 리더와 《True North》 한글판 출간을 기념하며.

성공은 단기간의 성과나 숫자로 증명되는 결과가 아니다. 그것은 시간이 쌓이며 드러나는 삶의 태도이자 선택의 결과인 것이다.

이 책은 월드와이드 그룹의 역사이자 론과 조지아 리 부부가 후배 사업자들에게 남긴 편지이며, 동시에 지금 이 길을 걷고 있는 우리의 이야기일지도 모른다.

이 책은 말한다. 그들이 해냈다면 당신도 할 수 있다고. 다만 그 길은 언제나 오르막이며, 속도보다 방향이 중요하고 성과보다 사람이 남는 사업을 해야 한다고. 이 책이 나의 사업의 트루 노스(True North)를 다시 한번 점검하는 기회가 되었듯이 당신의 여정에도 그런 계기를 주었기 바란다.

_ 김한석

1. The Holy Bible: English Standard Version (Wheaton, IL: Crossway Bibles, 2016), Ecclesiastes 2:13. Scripture quotations taken from The Holy Bible, English Standard Version, copyright © 2001 by Crossway Bibles, a division of Good News Publishers, are used by permission. All rights reserved.

2. For a concise summary of this topic, see Carol S. Dweck, Ph.D., "The Power of Yet," YouTube, September 12, 2014, https://www.youtube.com/watch?v=J-swZaK-N2Ic&t.

3. Carol S. Dweck, Mindset (New York: Random House Publishing group, 2006), loc. 159-162, Kindle. Excerpts from Mindset: The New Psychology of Success by Carol S. Dweck, Ph.D., copyright © 2006, 2016, by Carol S. Dweck, Ph.D. Used by permission of Random House, an imprint and division of Penguin Random House LLC. All rights reserved.

4. Ibid., loc. 175-177.

5. Kenneth Nathaniel Taylor, The Living Bible, Paraphrased (Wheaton, IL: Tyndale House, 1971, 1997), Mark 9:35. Used by permission of Tyndale House Publishers, Inc., Wheaton, Illinois 60189. All rights reserved.

6. Jim Collins, Good to Great: Why Some Companies Make the Leap . . . and Others Don't (New York: HarperBusiness, 2001).

7. See Ephesians 5:22.

8. Zig Ziglar, See You at the Top (Gretna, LA: Pelican Publishing, 1977), 205-206. Used by permission of Pelican Publishing. All rights reserved.

9. The Holy Bible: English Standard Version (Wheaton, IL: Crossway Bibles, 2016), Romans 13:8.

10. The Holy Bible: English Standard Version (Wheaton, IL: Crossway Bibles, 2016), Proverbs 13:22.

11. Helen Steiner Rice, The Poems and Prayers of Helen Steiner Rice (Grand Rapids, MI: Fleming H. Revell, 2003), 164. Used with permission of Helen Steiner Rice Foundation Fund, LLC. ©1968 Helen Steiner Rice Foundation Fund, LLC; a wholly owned subsidiary of Cincinnati Museum Center.

12. Jack Hyles, Blue Denim and Lace, https://www.baptist-city.com/Books1/Bluedenim.html.

13. Taken from The Be Happy Attitudes: Eight Positive Attitudes that Can Transform Your Life! by Robert Schuller, pg. 77. Copyright © 1985, 1996 by Robert H. Schuller. Used by permission of Thomas Nelson. www.thomasnelson.com

14. The Holy Bible: English Standard Version (Wheaton, IL: Crossway Bibles, 2016), Matthew 6:21.

15. Excerpt from Jesus Did It Anyway by Kent M. Keith, copyright © 2005 by Carlson Keith Corporation. Used by permission of G. P. Putnam's Sons, an imprint of Penguin Publishing Group, a division of Penguin Random House LLC. All rights reserved.

16. The Holy Bible: English Standard Version (Wheaton, IL: Crossway Bibles, 2016), James 3:1.

17. The Holy Bible: Holman Christian Standard Version. (Nashville: Holman Bible Publishers, 2009), Luke 11:9. Used by Permission hcsb ©1999, 2000, 2002, 2003, 2009 Holman Bible Publishers. Holman Christian Standard Bible®, Holman csb®, and hcsb® are federally registered trademarks of Holman Bible Publishers.

18. John Mauldin, Just One Thing: Twelve of the World's Best Investors Reveal the One Strategy You Can't Overlook (Hoboken, NJ: John Wiley & Sons, Inc., 2006), 209. Used by permission of Wiley & Sons, Inc. All rights reserved.

19. See https://corporatesolutions.johnmaxwell.com/blog/the-5-levels-of-leadership/ and John's books Developing the Leader Within You and The 5 Levels of Leadership.

2019년 포틀랜드 월드와이드 행사에서 조지아 리, 아내 이도연과 함께.

옮긴이 _ 김한석

연세대학교 건축공학과 및 동 대학원을 졸업했다.

대림산업 건축설계연구부에서 경력을 쌓은 뒤 건축사·실내건축사 자격을 취득하고, 건축·인테리어 전문 기업 DIGM A&I 공동대표, DIGM Associates 공동대표, 이도디자인 대표이사를 거쳐 현재는 쿠움건축사사무소 대표소장으로 활동하고 있다.

2001년 대학 후배의 권유로 암웨이 사업을 시작했으며, 본업과 병행하며 꾸준히 사업을 성장시켜왔다. 2013년부터 국제사업(Multiple Business)을 통해 미국 월드와이드 그룹(WWG) 드림하이(Dreamhigh) 팀과 인연을 맺고 미국과 한국을 오가며 글로벌 사업을 진행 중이다. 현재 더블 다이아몬드(Double Diamond)이며, 북미 지역 파운더스 에메랄드(Founders Emerald)이다.

- email_harrygkim@hanmail.net
- www.youtube.com_@와이낫프리덤
- 인스타그램_@harry_the_achiever & @smilelee_doyeon

번역 감수 _ 김남득

월드와이드 그룹(WWG) 매니지먼트팀의 멤버이자, IBOAI 이사회(Board) 멤버로 활동하고 있다. IBOAI는 북미 전역의 암웨이 IBO를 대표하는 공식 협의 기구로, IBO들의 사업 환경과 정책 전반에 대한 의견을 제시하며 건강한 비즈니스 생태계 조성에 기여하고 있다.

현재 트리플 다이아몬드(Triple Diamond)이며, 월드와이드 그룹(WWG) 드림하이(Dreamhigh) 팀을 이끌며 글로벌 리더로 활약 중이다.

TRUE NORTH 트루 노스

초판 1쇄 인쇄 | 2026년 2월 13일
초판 1쇄 발행 | 2026년 2월 20일

지은이 | 조지아 리 퓨리어
옮긴이 | 김한석
펴낸이 | 강효림

편집 | 곽도경
표지디자인 | 최치영
내지디자인 | 지유

용지 | 한서지엽㈜
인쇄 | 한영문화사

펴낸곳 | 도서출판 전나무숲 檜林
출판등록 | 1994년 7월 15일 · 제10–1008호
주소 | 10544 경기도 고양시 덕양구 으뜸로 130
　　　　위프라임트윈타워 810호
전화 | 02–322–7128
팩스 | 02–325–0944
홈페이지 | www.firforest.co.kr
이메일 | forest@firforest.co.kr

ISBN | 979–11–93226–71–1 (13320)

WWDB TRUE NORTH

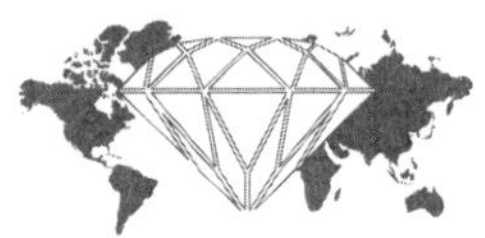